《高校学生伤害事故管理研究》编委会

高校学生伤害事故管理研究

主编：陈少平

图书在版编目(CIP)数据

高校学生伤害事故管理研究/陈少平主编.—厦门:厦门大学出版社,2021.9
ISBN 978-7-5615-8381-4

Ⅰ.①高… Ⅱ.①陈… Ⅲ.①大学生—伤亡事故—预防—研究 ②大学生—伤亡事故—处理—研究 Ⅳ.①G645.5 ②D922.183.5

中国版本图书馆 CIP 数据核字(2021)第 191244 号

出版人 郑文礼
责任编辑 高 健

出版发行 厦门大学出版社
社　　址 厦门市软件园二期望海路 39 号
邮政编码 361008
总　　机 0592-2181111　0592-2181406(传真)
营销中心 0592-2184458　0592-2181365
网　　址 http://www.xmupress.com
邮　　箱 xmup@xmupress.com
印　　刷 厦门市金凯龙印刷有限公司

开本 720 mm×1 000 mm　1/16
印张 19.25
插页 2
字数 346 千字
版次 2021 年 9 月第 1 版
印次 2021 年 9 月第 1 次印刷
定价 88.00 元

厦门大学出版社
微信二维码

厦门大学出版社
微博二维码

序

当今世界正处于大变局之中，新时代高等学校的安全稳定既是高校自身改革和发展的基础，又是保障社会稳定的重要组成部分。随着改革开放的深入和经济社会的发展，高等教育快速发展，我国成为高等教育大国，国家和社会发展迫切需要进一步提升高等教育质量，要从高等教育大国向高等教育强国迈进，人民群众需要高质量的高等教育，建设安全稳定的大学校园环境也是大学质量与内涵建设的应有之义，是提高高等教育办学质量不可或缺的内容。近年来，特别是全球新冠肺炎疫情暴发，高等学校安全稳定工作迎接新的挑战，高校学生安全管理工作面临着巨大压力和严峻挑战，抓好大学校园安全稳定工作成为和谐校园建设不可忽视的重要环节。从统计数据来看，大学生伤害事故总体呈现发生频次增多、社会影响增强以及解决途径日益法治化的特征，并越来越受到全社会的关注。

百年大计，教育为本。只有在校园安全稳定的基础上，大学生教育管理和人才培养才能取得成效，高校才能实现和谐发展、科学发展和内涵发展。《高校学生伤害事故管理研究》的作者大都是长期工作在大学生教育管理和安全保卫工作战线上的高校管理干部，他们是大学生思想政治教育工作第一线的工作者，也是大学生教育管理的研究者。本书主编陈少平同志担任过福州大学二级学院党委副书记、校团委书记、校党委学生工作部长，挂职屏南县委副书记，分管过政法工作，担任过福州大学二级学院党委书记、校人事处长、校办党办主任、校党委副书记，分管过福州大学学生教育管理和安全保卫工作，特别是担任阳光学院党委书记期间，全面负责一所

民办大学的党委工作，在阳光学院的教育管理和人才教育培养实践中，带领阳光学院学生教育管理干部认真研究教育管理规律，取得了很好的工作成效，学校党建工作、大学生教育管理工作和学校安全稳定工作也走在全省民办高校前列，受到上级党委的肯定。陈少平同志还曾兼任中国教育学会高等教育管理研究会理事、中国教育学会学生工作研究分会副理事长、福建省高等学校安全保卫协会常务副理事长，长期从事大学生教育管理和高校安全保卫的一线工作与领导工作，有着丰富的高校治理和大学生教育管理实践经验。曾指导研究生开展专题研究，完成了福建省思想政治教育重点课题“大学生意外伤害事故的法律责任和处置研究”，指导研究生以此为题完成了学位论文，对大学生伤害事故的管理具有丰富的实践经验和比较深入的研究。本书立足新时代中国高等教育发展实际，根据我国高等教育现状和一些高校处理大学生伤害事故的研究成果，运用管理学、法学、教育学、心理学等多学科交叉的研究视角，借鉴国内外高等学校大学生安全管控的经验、研究成果，总结作者多年高校管理工作经验，努力探索大学生伤害事故管理的法律依据和理论依据，寻求预防、应对、处置大学生伤害事故的有效办法，力求反映国内外关于大学生伤害事故管理的最新成果与趋势，为相关研究人员和学生安全管理实务工作者提供初步研究成果，为构建和谐平安校园努力探索，本书是作者多年来理论研究与工作实践相结合的成果。

目前，我国还没有针对大学校园意外伤害事故制定专门的法律法规，教育部 2002 年制定了《学生伤害事故处理办法》，并于 2010 年 12 月进行修订，该办法是国内高校学生伤害事故管理的主要依据。但该办法也存在法律效力较低、缺少配套的法律规定、学生伤害事故管理难以操作等问题，如何适应新时代高等学校学生安全管理需要，还需要进一步研究探索。《高校学生伤害事故管理研究》一书的写作目的就是力求通过全面系统的研究，从理论和实践相结合的视角，对大学生伤害事故的管理提出更具有针对性与可行性的思路与对策。本书结合马克思主义理论以及法学、管理学、社会学、教育学、心理学等相关理论，通过对大学生伤害事故研究文献的梳理，在参考国内外先进管理经验的基础上，集中研究探讨当前我国大学生伤害事故的预防、处置与有效管控，各章节环环相扣，重点突出，比较系统全面地概括了大学生伤害事故管理的理论与实务，具有很强的实践性、针对性和指导性。

本书吸收了高校安全稳定管理实践和大学生伤害事故管理的各种案例经验，并进行理论层面的研究与总结，为进一步做好大学生伤害事故预防、应对和管控提供理论思考与实践指导。因此，本书不仅具有一定的理论研究价值，而且具有较高的实践价值与借鉴意义，可以说是一部注重法律分析、理论研究和实践指导的有价值的专著。当然，事物是不断发展的，人们的认识也是逐步深入的，大学生伤害事故在其定性、归责、传播、救济、赔偿、善后等方面具有独特性和复杂性，理论研究和实践探索永无止境，大学生伤害事故管理还需要进一步努力探索、研究与总结。我相信，本书的出版将对我国高等学校提升应对大学生伤害事故的管理能力有所裨益，并将推动这一领域的研究探索，为我国高等学校的安全稳定建设和大学生教育管理提供借鉴与指导。

福州大学党委书记　张天明

2021 年 9 月 9 日

目　录

第一章 导论

随着高等教育的快速发展，在校学生规模不断扩大，大学成为人口密集的地方。社会快速变迁，快节奏的大学学习生活，青年成长期的各种思想、情感、心理问题在校园不断呈现，毕业生求职的压力日益增加，如果管理不当，有的就会演变为大学生意外伤害事故，这一切影响着校园环境稳定。一个学生背后是一个家庭、一个家族，大学校园安全问题成为社会、学校、家长们关注的焦点，特别是新冠肺炎疫情暴发以来，高校学生管理工作面临着更加严峻的挑战。

一、问题的提出

伴随构建和谐社会的主旋律，如何构建和谐校园已经成为高等院校研究和实践的热点。大学校园安全问题是和谐校园建设中不可忽视的一个重要环节。在新冠肺炎疫情背景下，大学生伤害事故由于发生频率日益频繁，社会影响力日益增强以及解决渠道和途径日益法治化而越来越受到高校及社会的关注。

（一）大学生伤害事故频率高

随着高校规模的不断扩大，学生人数日益增加，大学生伤害事故时有发生，由此产生的纠纷也日渐频繁。据统计，某高校被调查的 198 名大学生中，共有 23 人遭受过不同程度的伤害，受伤害率达 11.6%。南方某省 2017 年 3 月中旬到 4 月中旬的一个月时间内，几乎每两天便有一起大学生意外死亡事故发生。据专家估算，我国大学生伤害事故发生率约为 1%，这是一个非常庞大且惊人的数字。某调查报告对官方媒体平台（包括高校官方微博）所报道的自 2005 年 1 月 1 日至 2015 年 12 月 31 日的大学生自杀事件进行追踪调查，得出 203 例自杀事件有效样本。近 90%分布在大一到大四这四个年级段，其中大三自杀案例数所占比例最高，为 15.8%。除去自杀方式不详的案例，超过六成的学生选择以跳楼的方式结束自己的生命。此外，采取自缢、服毒和跳

水自杀的方式的学生也比较多，所占比率分别为 15.5%、5.3%和 3.4%。

对 2018 年全国第三季度突发公共卫生事件管理信息系统报告的食物中毒事件的流行病学特征进行描述性分析，学校报告食物中毒事件 20 起，中毒 527 例，事件数和中毒人数分别占食物中毒事件总数和中毒总人数的 16.81%、15.74%，微生物性食物中毒事件报告起数和中毒人数最多，分别占学生食物中毒事件总起数和中毒总人数的 60.00%、77.23%。

实验室是进行实验教学的场所。据统计，我国普通本科高等学校共有实验室 2647 个，实验教学培养了大学生的实践能力和综合素质，然而，实验室安全事故也时有发生，80%以上的实验室事故由火灾和爆炸造成。2001—2016 年，我国高校实验室共发生 100 余起安全事故，伤亡 600 余人。2015 年 4 月 5 日，徐州某大学化工学院一处实验室发生爆炸事故，导致 1 名学生死亡、4 名学生受伤。2016 年 9 月 21 日，位于上海大学园区的某大学化学与生物工程学院实验室发生爆炸，2 名学生受重伤。此类实验室事故屡屡发生，影响了高校正常教学与科研活动顺利进行，给高校师生的安全带来巨大威胁。

据报道，我国每年心源性猝死的人数就多达 55 万，其中中青年人群运动性猝死的人数呈不断上升的趋势，已经成为社会广泛关注的话题。据统计，2007—2016 年，约有 110 例高校大学生运动猝死的案例，涉及高校分布在我国 22 个省、自治区、直辖市。2007—2016 年大学生运动猝死例数和比例呈一个逐渐上升的趋势，尤其是进入 2012 年后，大学生运动猝死呈高发态势，但 2016 年大学生运动猝死案例有所减少，这可能是 2012—2015 年大学生运动猝死频发经由媒体报道而引起各方重视的结果。这也提醒我们，只要足够重视并采取针对性的防范，大学生运动猝死可以得到一定程度的预防。

(二)大学生伤害事故危害大

学生一旦在学校发生伤害事故，除自身伤害外，给发生事故的学生的家庭造成经济损失和精神负担，对独生子女家庭更是灭顶之灾，还对其他在校生的健康成长带来不利影响，同时也给学校带来一定程度的负面影响，增加学校学生工作的压力。此外，因为大学生伤害造成的群体性案件也不在少数，严重影响了社会的稳定。如 2008 年上海商学院学生宿舍火灾造成 4 名学生死亡事件，2014 年福州某大学学生溺水死亡事件引发的群体事件，2019 年北京交通大学“12·26”实验室爆炸 3 名学生死亡事件，新冠肺炎疫情暴发以来学生自杀和意外伤害事件增加……层出不穷的学生伤害事故，引起社会的极大反响，直接影响了高校的正常教学、管理以及师生学习生活秩序，而且使高校的形象和声誉受到了损害，直接影响了高校的稳定、改革和发展。云南大学发生了震惊全国的马加爵杀人案，引起了全社会的极大关注。事件的发生对当事人甚至局外人的伤痛是不可磨灭的，不仅引发云南大学学生的普遍恐慌，而且也引发整个社会的深刻反思。

(三)大学生伤害事故处置难

随着我国社会老龄化趋势的加快，大学生的人身安全状况成为政府、社会、家长普遍关注的热点问题，培养大学生健康成长成才已成为高等学校的重要责任。如果大学生发生人身伤害事故，将给家庭带来灾难性的后果，家长通常对高校提出种种甚至苛刻的赔偿要求，新闻媒体也会争相采访报道，引起社会舆论激烈争论和讨伐，无形中给高校施加重重压力，增加事故处理的复杂性。一旦事故发生，受伤害学生亲属就会聚集到学校，他们往往只从“情、理”上出发，认为把孩子交给学校，在学校受到伤害，学校必须负责任，通常向学校索取高额的赔偿。如果学校无法满足他们的要求，他们经常会采取各种极端方式对学校进行施压，如学生家长常有的上访、哭闹、扰乱、打砸等行为。他们不愿从“法”上出发，走正常的司法途径，向人民法院提起诉讼，由法院判定相关责任，表达自己的利益诉求。因此，在处理大学生伤害事故中必然就会产生“情、理、法”之间的矛盾冲突，这种矛盾冲突影响社会、学校安全稳定。如何妥善解决和应对，已成为当前高等学校处置大学生伤害事故的痛点和难题。

二、研究意义

研究大学生伤害事故的管理，对于依法加强高校学生管理工作具有重要的理论和实践意义。

(一)有利于系统了解大学生伤害事故的诱因

大学生伤害事故已经成为高校频发的现象，社会影响也日益增强，越来越多的人开始关注大学校园安全问题。了解伤害事故、思考事故类型、总结应对措施，是减少事故发生及其造成的损害、维持学校正常秩序的重要环节。本书的研究有利于系统了解大学生伤害事故产生的原因，有助于采取相应的措施加以预防和控制。

(二)有利于深化社会对大学生伤害事故的认识

由于传统观念影响，人们往往认为，学生一旦入学，高校就应该担负起对学生的所有责任，包括学习、生活、安全等。因此，只要大学生在校期间受到伤

害，高校就应该承担责任，对相关学生及其家长进行赔偿。高校往往在名誉维护和社会舆论的压力包围之下，无论其是否存在过错，都会给予相应的赔偿或补偿，而没有认真分析伤害事故产生的原因以及责任承担的法律依据。如果此类事件中，无论学校有无过错都承担责任，势必会影响学校工作的开展。本书试图通过对大学生伤害事故产生的原因、法律归责原则、法律处置等方面加以阐述，让社会加深对大学生伤害事故的认识，从而在源头上防止此类事故发生，为伤害事故的处置提供正确的法律思路。

(三)有利于加强政府对大学生伤害事故的重视

目前高校意外事故频发，越来越受到整个社会的关注，虽然教育部于2002年颁布《学生伤害事故处理办法》，为学生伤害事故的处理提供了一定的法律依据，有其积极意义，但法律效力层次过低。做好高校学生伤害事故的管理工作不是一朝一夕之功，防范和处理学生伤害事故并非一蹴而就，也不是出台几个文件、开展几项活动就能达到效果的。本书试图从宏观性、方向性、原则性上提出新启示，并希望通过本书的研究提高政府对大学生伤害事件的重视，进而尽快制定出台切实有效的法律法规来对大学生伤害事故处理进行系统的规制。

(四)有利于健康和谐校园的构建

近年来，随着我国社会结构的变化，大学生中独生子女增多、就业压力加大、治安环境复杂化、存在心理问题的学生增多，大学生中因第三人犯罪受到人身损害、大学生自杀事故、校园交通事故等伤害事故的发生概率大幅度上升，高校在处理此类事故时深感依据和标准不足，加上家属的激动情绪，甚至提出种种无理要求，许多高校只能迁就受害者家属的要求，影响了学校的正常运转。如果能建立较为清晰的高校学生损害侵权责任归责体系和责任形式，必将为高校和司法机构处理此类事故提供有益的帮助，促进高校的稳定。

(五)有利于大学生伤害事故管理长效机制的形成

近年来，大学生伤害事故频繁发生，社会大众和普通高校都加以重视，但是目前在应对大学生伤害事故时，仍然缺少相关的长效机制得以借鉴，应结合我国大学生实际情况，形成一些长效机制，即建立起完善的、可行性强、操作性强的保障体制，来应对目前频发的大学生伤害事故，以此真正形成由上而下的政策体系来加强大学生伤害事故的管理。

三、国内外研究综述

(一)国内研究综述

1. 国内立法现状

国家先后颁布了《教育法》《高等教育法》等法律,教育部与国家卫健委等行政部门也颁布了很多有关校园安全的行政规章。

法律法规主要有2020年颁布的《中华人民共和国民法典》、1995年颁布的《中华人民共和国教育法》(2021年修订)、1998年颁布的《中华人民共和国高等教育法》(2015年修订)、2001年国务院颁布的《关于特大安全事故行政责任追究的规定》。司法解释主要有2003年颁布的最高人民法院《关于审理人身损害赔偿案件适用法律若干问题的解释》(2020年修订),2001年最高人民法院颁布的《关于确定民事侵权精神损害赔偿责任若干问题的解释》(2020年修订)。涉及处理大学生伤害事故的行政规章比较繁杂,主要有1992年《普通高等学校学生安全教育及管理暂行规定》、2002年《学生伤害事故处理办法》(2010年修订)、2005年《普通高等学校学生管理规定》(2016年修订)。

此外,教育部、国家卫健委、公安部等部委还先后颁布了一系列通知、意见、规定。如1990年《学校卫生工作条例》《高等学校校园秩序管理若干规定》,1995年《关于加强学校体育活动中安全教育和安全管理工作的通知》,1997年《高等学校内部保卫工作规定(试行)》,2000年《关于深化学校治安综合治理工作的意见》,2001年《关于进一步加强学校安全保卫工作的意见》《机关、团体、企业、事业单位消防安全管理规定》,2002年《普通高等学校大学生心理健康教育工作实施纲要(试行)》《关于加强高等学校学生公寓安全管理的若干意见》《学校食堂与学生集体用餐卫生管理规定》《关于切实加强高等学校食堂管理工作的通知》,2004年《关于深入开展安全文明校园创建活动的意见》《关于加强学生军训安全工作的通知》,2005年《关于进一步加强和改进大学生心理健康教育的意见》《高等学校学生行为准则》《关于进一步加强高校学生住宿管理的通知》《关于加强高等学校实验室排污管理的通知》《学校食物中毒事故行政责任追究暂行规定》,2006年《关于进一步做好学校卫生防疫与食品安全工作的通知》《关于贯彻落实中办发〔2005〕25号文件精神深入开展安全文明校园建设工作的意见》。这些部门规章从学校秩序稳定、保卫安全、消防安全、交通安全、饮食安全、军训安全、实验室安全、体育训练安全、传染病预防、心理健康教育等方面作出了全方位的规范和部署,构成了一个完整的大学生人身安全防护体系。这对于稳定高校教育教学秩序和生活秩序，妥善处理大学生伤害事故，切实维护大学生和高校的合法权益发挥了重要作用。

2. 国内学者研究现状

在我国，大学生伤害事故日益增多，引起了学界和社会的广泛关注，相关专著和学术论文不断涌现。为了了解大学生伤害事故研究现状，笔者在中国知网以“大学生伤害”为主题进行模糊搜索，截至 2011 年，共获取检索结果 397 篇，其中期刊论文 339 篇，硕士论文 58 篇（见表 1-1）。另外，笔者同时检索了国家图书馆馆藏目录，以“学生伤害”为关键词获取相关著作 46 部。综合分析目前有关大学生伤害事故的专著与论文，其研究内容主要有以下两个方面：

一方面，大学生伤害事故的法律责任问题研究。

第一，在大学生伤害事故的法律界定方面，谭晓玉认为，此类事故是“学生在校期间所发生的人身伤亡事故”。① 褚宏启认为，此类事故是学生“在学校里因过失行为所导致的人身伤害事故”。② 王悦群则认为，这类事故“仅指在校学生因学校管理不善而造成的人身伤害事件”。③ 上述界定从不同侧面反映了大学生伤害事故的一些特点。《学生伤害事故处理办法》（2010 年修订），第 2 条对学生伤害事故的概念做了如下界定：在学校实施的教育教学活动或者学校组织的校外活动中，以及在学校负有管理责任的校舍、场地、其他教育教学设施、生活设施内发生的，造成在校学生人身损害后果的事故。

表 1-1　文献统计表

年份	期刊论文	硕士论文
1999	3	0
2000	5	0
2001	3	0
2002	6	0
2003	6	0
2004	7	0

① 谭晓玉：《学生人身伤害事故研究》，中国人民公安大学出版社 2005 年版，第 77 页。

② 褚宏启：《论学校事故及其法律责任》，《中国教育学刊》2000 年第 1 期。

③ 王悦群：《教育法制基础》，中央广播电视大学出版社 2001 年版，第 53 页。

续表

年份	期刊论文	硕士论文
2005	3	1
2006	13	0
2007	14	0
2008	15	1
2009	10	2
2010	25	5
2011	32	3
2012	26	7
2013	30	1
2014	22	4
2015	26	4
2016	28	6
2017	21	10
2018	19	7
2019	17	4
2020	8	3
合计	339	58

第二，在高校与大学生之间的法律关系方面，主要有以下三种观点：一是行政法律关系。陶若铭提出，“高校根据法律授权通过建立一系列规章制度来规范、教育每一个在校的大学生，这种管理具有相当权威性，学生处于绝对服从的地位，不能因为学生交了教育费用而有所改变，高校在学生管理工作中与学生形成的关系应为行政法律关系”。① 二是民事法律关系。朱孟强、佘斌认为，“当高校以单纯的教育教学组织的角色出现时，它是以组织实施教育教学活动为基本功能的独立的民事主体。大学生因教育教学活动与高校发生法律

① 陶若铭：《高校学生工作中的法律问题及对策》，http://wenku.baidu.com/view/50bc3067783e0912a2162a9d.html，访问日期：2013 年 3 月 16 日。

关系时，这种法律关系只能是民事法律关系”。[①] 三是特别权力关系。马怀德认为，“学校等事业法人与其利用者之间的关系与大陆法系国家公务法人与其利用者的关系非常类似，理论上仍属于特别权力关系”。[②] 梁京华等认为，高校处于主导地位，学生处于从属地位，高校与学生之间的法律地位具有相对不平等性，双方权利义务概括性，双方争讼方式特别性，从这些双方法律关系的主要特征中，不难推出高校与学生的法律关系应当是特别权力关系。[③]

第三，在大学生伤害事故的归责原则适用方面，主要有三种观点：一是过错责任原则。李余华认为，“在我国的法律中并未将学生伤害事故作为特殊的侵权行为单独作出规定，从其立法精神和立法体例看，普通学生伤害事故属于一般侵权行为，适用过错责任原则，这种规定是符合高校的教育教学规律的”。[④] 二是公平责任原则。沈月娣认为，“处理高校学生人身损害事故时，在当事人双方均无过错的前提下，应遵循公平原则，即根据双方或多方当事人的经济状况、社会同情因素、责任主体所尽义务的多少等实际情况，对受害人的直接损失公平合理地予以适当补偿”。[⑤] 三是无过错责任原则。目前，大多数学者认为大学生伤害事故不适用无过错责任原则，是因为无过错责任原则主要适用于双方当事人力量悬殊或者受害人确实不能够证明对方有过错的情形，而大学生伤害事故并不属于此类情形。

第四，关于大学生伤害事故法律责任构成要件，主要包括以下几个方面：一是损害事实的存在。罗海艳等认为，损害后果指学生的人身损害后果，有两个特征，即法律上的可补救性和客观确定性。[⑥] 二是行为人有违反法定义务的行为。岳言认为，“致使学生受到伤害，即造成损害事实的行为，必须具有违法性质，行为人才负有赔偿责任，否则，即使有损害的事实，也不能使行为人承

① 朱孟强、佘斌：《我国高校与大学生法律关系探讨》，《高等教育研究》2006 年第 8 期。

② 马怀德：《公务法人问题研究》，《中国法学》2000 年第 4 期。

③ 梁京华、赵平：《浅议高校与学生的法律关系》，《中国高教研究》2001 年第 9 期。

④ 李余华：《大学生人身伤害事故归责原则分析》，《华东交通大学学报》2006 年第 6 期。

⑤ 沈月娣：《高校学生人身损害事故的法律责任》，《高等教育研究》2006 年第 8 期。

⑥ 罗海艳、赵晓琳：《学生伤害事故案件认定与处理实务》，中国检察出版社 2006 年版，第 41 页。

担赔偿责任”。[1] 三是违法行为与损害事实之间的因果关系。方益权等认为，“学校违法行为与学生人身损害事实之间是否存在因果关系，是判断学校对校园侵权应否承担侵权责任以及责任范围的极为关键的要件”。[2] 四是过错。乔玉华认为，“在学生伤害事故中，过错是承担损害赔偿责任的基础，确定学校过错的标准，就是看学校是否尽到对学生的教育、管理和保护的注意义务”。[3]

另一方面，大学生伤害事故的应对研究。

第一，在大学生伤害事故预防对策方面。刘慧、吴猛认为，应健全和完善高校学生人身伤害事故法律法规，做到有法可依；建立和完善工作管理监督制度，加强对高校安全的监督；加强安全防范教育与管理，提高学生法治观念、安全防范意识；建立高校自我保护机制。[4] 李元芳认为，要建立高校安全管理领导责任制和责任追究制；建立健全高校安全管理规章制度，加强安全检查和管理；认真做好消防安全检查和隐患整改工作；开展法治教育、安全宣传教育，不断提高学生法治观念、安全意识、自护自救的能力。[5] 谢军认为，应从以下几方面着手建立高校学生伤害事故防范机制，要建立健全高校学生伤害事故防范立法和监督制度，完善高校管理和责任体系，加强大学生安全教育力度，完善学生意外保险和学生伤害责任保险制度。[6] 余正琨等认为，建立全方位的教育体系，是防范高校学生伤害事故发生的前提；建立层层责任体系，是防范高校学生伤害事故发生的基础；建立立体式的管理体系，是防范高校学生伤害事故发生的关键；建立完善的硬件体系，是防范高校学生伤害事故发生的保证；建立全面的合作体系，是防范高校学生伤害事故发生的补充。[7]

第二，在大学生伤害事故的处置方面。姚峥嵘认为，高校学生伤害事故的

---

① 岳言：《学校体育意外伤害事故法律问题之研究》，东北师范大学硕士学位论文，2008年，第8～9页。

② 方益权等：《校园侵权法律问题研究》，法律出版社2008年版，第194～195页。

③ 乔玉华：《高校学生伤害事故中的学校法律责任》，《国家教育行政学院学报》2007年第11期。

④ 刘慧、吴猛：《高校学生人身伤害事故类型分析及其防范》，《湖北经济学院学报》(人文社会科学版)2009年第1期。

⑤ 李元芳：《高校学生伤害事故的类型及处理原则与预防对策》，《高教论坛》2003年第4期。

⑥ 谢军：《高校学生伤害事故防范和处理机制》，《当代教育论坛》2010年第5期。

⑦ 余正琨、王川一、黄淑娟：《论高校学生伤害事故的防范机制》，《江西教育科研》2006年第3期。

处置原则有依法处理、客观公正原则，事故认定、认错责任原则，及时妥善、合理适当原则。① 陈丽平等认为，要加强管理，建立校园突发事件应急处理机制，多管齐下，提升大学生应对突发事件的处置能力，密切联系，与校外各种因素加强互动。②

第三，在大学生伤害事故中的心理危机干预方面。王鹏程认为高校心理咨询部门要通过平时的心理咨询活动，掌握学生的心理动态，及时发现学生的心理异常现象，在伤害事故发生后，心理咨询部门要通过专业的心理治疗方法，帮助学生保持和恢复心理健康。③ 秦浩认为高校可以通过"组织心理干预小组"，"利用校园文化的各种载体"，"与学生、老师、家长的有效配合"等方式来开展心理干预工作。④

第四，在大学生伤害事故中的媒体管理方面。漆小萍认为高校应发挥校内媒体的作用，外塑形象，内聚人心；要提高学生工作者和学生的媒介素养，提升应对媒体的能力，还要学会运用网络，掌握新的大众传播手段。⑤ 马宁奇认为高校要"加强舆情研判，培养快速把握舆论热点的敏感性，建立健全新闻发言人制度，培养一支具有扎实网络功底的网络评论员队伍，不断提高舆论引导和与媒体打交道的能力"，"对事件不美化、不炒作、不失实、不刊登照片，正确处理好与各种媒体的关系，将事件社会影响降至最低"。⑥

(二)国外研究综述

1. 国外立法现状

纵观世界各国，许多发达的资本主义国家都制定了校园安全法。早在20世纪60年代美国就由各州立法建立了校园警察，并且于1990年公布了《校园

① 姚峥嵘：《高校学生伤害事故的法律责任及处理和预防》，《石家庄经济学院学报》2007年第2期。

② 陈丽平、李义发：《试论高校突发事件成因及应对策略》，《牡丹江教育学院学报》2009年第4期。

③ 王鹏程：《高等学校突发事件预防与应对机制研究》，南昌大学硕士学位论文，2007年，第45页。

④ 秦浩：《高校突发事件应急管理机制研究》，苏州大学硕士学位论文，2010年，第22～23页。

⑤ 漆小萍：《大学生危机事件管理》，中山大学出版社2009年版，第186～192页。

⑥ 马宁奇：《高校突发事件预防对策探析》，《国家教育行政学院学报》2011年第3期。

安全法》。日本、加拿大等国同样也建立了一套以保护校园安全为内容的法律法规体系，这些法律法规的制定为其校园安全管理提供了执法依据。这些国家的立法经验和教训将是我国制定校园安全立法的宝贵资源。另外，在发达国家，一般都推行事故赔偿责任的社会化机制，以转移学校与相关老师和学生的赔偿责任。此外，发达国家的学生可以全面地参加各种保险活动，一旦遭遇伤害事故，其成员就可以从保险公司获得赔偿。

以日本为例，据统计，有关处理学生伤害事故的法律、法规达30多部，主要包括《学校教育法》《国家赔偿法》《传染病预防法》《日本体育及学校保健中心法》《日本体育及学校保健中心法施行令》等，形成了一套完备的法律体系。日本各学校也制定处理和防范学生人身伤害事故的规章制度。日本有关部门认为，应该制定一部单独的《学校安全法》，以解决现有法规中存在的缺陷和不足。学校安全虽然不仅仅指学校体育工作方面，但学校安全方面的法律法规的完善无疑为学校伤害事故处理提供了法律保障。

2. 国外学者研究现状

在国外，对高校 emergency（突发公共事件）、crisis（危机）、risk（风险）、potential problems（潜在问题）的研究，最初源自公共关系学学科的学校公共关系。1952年卡特里普、森特等著名学者对美国高校存在的一些“问题”（如管理成本上升、公众要求增长、学生人数和政府支持下降、媒介报道少而肤浅、公众批评、财政危机等）从公关角度提出了一些对策。正式提出并大声疾呼高等教育危机的是美国学者库姆斯，他从宏观角度对20世纪80年代世界高等教育的危机进行了研究，他的代表作《世界教育危机——八十年代的观点》考察了世界教育危机的产生和发展，详细论述了在全世界普遍存在的一些紧迫问题，诸如对学习需求的急剧增长、青年失业率的不断上升、日益严重的财政困难、国与国之间及各国内部大量存在的不平等现象，提出了解决这些问题的措施和途径。

近年来，西方学者们对校园突发公共事件及应对策略的研究兴趣加大，成果颇丰，较为权威的著作当推美国学者雷勒等的《校园危机反应实战指南》，推广到德国、日本等多国，堪称校园危机管理的学习范本，该著作是对美国校园中出现的一些“急性精神创伤”（Acute Traumatic Stress）进行对策研究，影响广泛。学者 Schonfeld David J. 和 Newgass Scott 等人提出诸如心理健康、自然灾害、恐怖活动、接触危险材料、武器威胁、教师罢工、意外事故等校园突发公共事件。“9·11事件”以来，一些美国学者结合近几年的反恐经验，总结出一套危机管理理论，他们认为危机管理包括四方面内容：缓和、预防、反应和恢复。美国教育部以此为基础，提出应对校园危机的核心是学校的全面安全，即全体师生的健康、安全和幸福，并随后下发《学校与社区指南》，主要内容就是如何应对校园危机。

相关资料显示，为防止意外伤害对学生造成的严重危害，2001 年美国国家疾病预防控制中心协同有关方面的专家，编写了《学生意外伤害、暴力和自杀预防工作指南》。该指南主要内容如下：根据伤害事件发生过程可将伤害干预策略分为事前干预、事中干预和事后干预三大类。根据预防措施的具体特点，干预策略又可分为主动干预和被动干预。其中，主动干预主要包括行为改变，而被动干预包括产品改良、环境改变和立法干预。尽管被动干预效果可能更明显，但可实施的难度较大。而主动干预下，当个体形成主动、长期和经常的个人保护性行为后，就可在较大程度上预防伤害的发生。

该指南从以下七个方面提出了加强学校伤害预防工作的建议：

(1)建立有利于安全促进和伤害预防的社会环境；

(2)建立有利于安全促进和伤害预防的自然环境；

(3)开展有关健康和安全的教育，帮助学生掌握必要的安全知识，树立正确的态度，倡导安全、健康的理念；

(4)提供安全的体育教学和课外活动，提供医疗卫生、咨询、心理和社会等方面的服务；

(5)满足学生在生理、精神、情感和社会适应等方面的需求；

(6)针对影响学校的危机和灾难，建立短期和长期应对机制，学校、家庭和社区互相合作，共同实施意外伤害、暴力和自杀预防工作；

(7)培训学校工作人员，传播安全促进和伤害预防的知识、技能和信念。

我们发现，尽管国内外学者对学生伤害事故研究较多，但很多都是局限在中小学生，而在大学生伤害领域的研究并不多。总的来说，国内外的一些研究成果与本书所要研究的大学生伤害事故有一定的相通之处，他们的部分学术研究成果和先进的经验做法是具有一定借鉴价值的。

四、研究目的

如前所述，各种大学生伤害事故使某些高校频频曝光，高校除教育、科研外的情况受社会的关注度达到前所未有的水平。随着高校大规模扩招，高校已经成为人员高度密集的场所，而当今社会重教育的观念，也使政府、家庭、公众、媒体、用人单位等对高校空前关注。这种关注使得大学生伤害事故更容易引起社会反响，更容易与某些外在因素产生互动，产生放大或者辐射的效应。因此，大学生伤害事故一旦发生,社会的焦点便会迅速集中,从而使高校面临着巨大的舆论压力。

本书根据我国高等教育现状,结合前人有关大学生伤害事故的研究成果,通过系统的梳理与分析,试图弄清楚其法律构成,了解高校与学生之间的法律关系以及在发生伤害事故时的归责原则,让社会、家庭对大学生伤害事故的诱因有一个系统的了解,以期引起政府部门和社会的重视,制定相关的政策加以规范;通过理论研究去指导实践,从而更加科学地分析实践中发生的有争议的案例,为将来进一步完善立法提供建议。明确大学生伤害事故的责任划分机制,促使高校有针对性地加强校园安全防范机制建设,从而尽量规避学生伤害事故引发的纠纷,进一步构建和谐校园。

五、研究思路

本书拟结合思想政治教育学、法学、公共管理学、管理学、经济学等相关理论,通过对大学生伤害事故研究文献的梳理,寻求大学生伤害事故处置的理论支撑。在此基础上,分别从大学生伤害事故的法律归责原则分析、法律处置与救济、事前防范、应急处置、善后处理、传播管理、心理干预与救济等方面进行阐述、分析,参考借鉴国外应对大学生伤害事故的经验,并对我国大学生伤害事故的典型案例进行分析,环环相扣,对高校的和谐稳定发展具有重要的理论和现实意义。

总体来说,本书的研究思路可概括为四个方面,即宏观与微观,理论与实践,横向与纵向,整体与局部。

(1)宏观与微观

在宏观上,分析大学生伤害事故的现状,包括大学生意外伤害事故的类型、构成要件、产生的诱因和特点;在微观上,探究大学生这一特殊群体与高校之间的法律关系,重点探究大学生与高校之间的行政法律关系。

(2)理论与实践

在探讨大学生伤害事故的概述基础上,提出了在法律归责原则上的具体认定,进而介绍大学生伤害事故的法律处置与救济;之后将详细阐释大学生伤害事故的事前预防、应急处置、善后处理、传播管理和心理危机的干预,环环相扣;最后,对我国大学生伤害事故的典型案例进行分析。

(3)横向与纵向

主要探讨欧美国家、亚洲国家在处理大学生伤害事故的经验,重点介绍美国、英国、日本的先进做法，比较我国与这些国家在处理大学生伤害事故的差异，为我国高校在应对大学生伤害事故方面提供可资借鉴的参照。这种比较不仅仅落在某一时间的节点上，而且从发展的角度分析了大学生伤害事故的管理。

(4)整体与局部

既从整体上研究我国大学生伤害事故的相关法律问题和管理措施，又从局部的案例研究入手，深入细致地探究我国高校在应对大学生伤害事故时的具体做法，从实践中发现问题、总结经验。

六、研究方法

本书将采用文献研究法、案例分析法、数量统计法、比较分析法等多种研究方法，力求全面、全方位对问题进行研究。

(一)文献研究法

为了更好地探讨大学生伤害事故的方方面面，采用文献研究法，大量检索中国期刊网、中国期刊全文数据库、博硕论文数据库等网站和数据库，广泛查阅超星图书馆等网上资料和高等教育相关文献资料，并进行认真总结归纳。

(二)比较分析法

分析比较国外应对大学生伤害事故的做法，结合我国高校实际情况，借鉴他国先进经验，提出适合我国国情的管理办法。

(三)案例分析法

搜集整理我国近几年来大学生伤害事故的案例，通过对具体案例的分析，结合我国当前的实际情况，从而提出适合我国大学生伤害事故管理的长效机制。

(四)跨学科研究法

从思想政治教育学、法学、公共管理学、心理学等多学科的角度开展研究，旨在探讨适合我国国情的大学生伤害事故处理长效机制。

(五)经验总结法

通过对实践中的大学生伤害事故存在的问题及其后续解决办法的搜集与整理，进行归纳与分析，使之系统化、理论化，提出解决大学生伤害事故的经验做法。

(六)数量统计法

针对本研究相关调查问卷的数据以及有关量表数据进行统计，对与大学生

伤害事故的有关数据进行分析。

(七)调查访谈法

在获得数据资料的基础上,对从事大学生伤害事故管理的专家学者和一些曾经遭受过伤害的学生进行访谈,获得专业指导意见及第一手资料,为研究工作的顺利开展奠定坚实的基础。

第二章　大学生伤害事故概述

近年来，我国高校学生伤害事故发生率逐步上升，由此引发的纠纷及索赔随之增多。大学生伤害事故管理现状主要表现出三大特点：大学生伤害事故的预防、处置、善后机制不完善；大学生伤害事故影响大；高校“安全生态”进一步恶化。

大学生伤害事故不仅给学生及家长带来不幸，也影响学校教育教学工作的正常开展，同时不利于高校素质教育和人才培养向更深层次推进。因此，大学校园安全问题是和谐校园建设中不可忽视的一个重要工作，如何构建和谐校园也成为高等院校研究和实践的重要课题。

本章从大学生伤害事故的概念界定、类型、特点三方面深入分析，从伤害事故现状入手，为后面各章的研究讨论奠定基础。

第一节　大学生伤害事故的概念

界定概念是研究和处理大学生伤害事故的前提。关于什么是大学生伤害事故，目前学界认识各异，尚无统一界定。有的学者认为，“学生伤害事故是指学生在学校就读期间或参加学校组织的校内外教育教学活动中，受到人身伤害或者死亡，以及对他人造成人身伤害或者死亡，学校应当承担相应民事责任的事故”①。这种观点从学校是否存在责任的角度揭示了学生伤害事故的本质，但忽略了除学校因素外的其他责任主体，因此存在漏洞。日本学者认为，学生人身伤害事故有广义和狭义之分。广义上的学生人身伤害事故是指在学校发生的学生、教员、设施、设备的事故以及盗窃、火灾等其他灾害的总称；狭义的学生人

① 杨立新、朱呈义、张国宏、蔡顺雯：《人身损害赔偿司法解释释义》，http://www.civillaw.com.cn/article/default.asp? id=23024，访问日期：2013 年 3 月 25 日。

身伤害事故是指在教育教学活动中密切相关的生活场面发生的学生受伤、疾病、死亡事故。[①] 我国台湾学者认为，学生人身伤害事故涵盖以下几方面：一是对成长中的青少年的一种人身权侵害；二是青少年在成长阶段，过团体生活时所发生的事故；三是青少年在学校活动中发生的事故，这种学校活动是在学校范围就学的青少年所无法避免的；四是事故绝大多数是在教师专业性活动中发生的；五是事故是在青少年接受教育权利下因学校有提供安全的义务而发生的；六是探讨事故的发生，旨在强化安全措施，预防再发生并追究法律责任。[②] 教育部发布的《学生伤害事故处理办法》(2010 年修订)第 2 条规定学生伤害事故是指"在学校实施的教育教学活动或者学校组织的校外活动中，以及在学校负有管理责任的校舍、场地、其他教育教学设施、生活设施内发生的，造成在校学生人身损害后果的事故"。第 37 条规定："本办法所称学校，是指国家或者社会力量举办的全日制的中小学(含特殊教育学校)、各类中等职业学校、高等学校。"可见，高校伤害事故属于学生伤害事故的范畴，但因其自身的特殊性，学界通常将其从学生伤害事故体系中剥离出来，对其加以研究。[③] 本书对大学生伤害事故做如下定义：所谓的大学生伤害事故是指在高校实施或组织的校内外教育教学中，以及在高校负有管理职责的教育教学设施、生活设施内发生的，造成在校大学生人身伤害后果的事故。

要正确认识和理解大学生伤害事故的概念，我们还必须对"高等学校""教育教学活动""教育教学设施与生活设施""人身伤害"等关联概念的内涵进行界定。

一、高等学校

根据《中华人民共和国高等教育法》(2018 年修正)第 68 条及《学生伤害事故处理办法》第 37 条之规定，高等学校从广义上是指由国家或社会力量举办的大学、高等职业院校、独立设置的专门学院、高等专科学校和成人高等学校，是实施高等教育的主体。从狭义角度，可以分为两个方面进行分析。从有无学历方

---

① 李登贵：《日本学校事故救济立法案的制定及司法解释》，《内蒙古师范大学学报》2004 年第 3 期。

② 郭增琦编著：《学生伤害事故认定与法律处理》，湖南人民出版社 2004 年版，第 1～2 页。

③ 张薇：《论高校学生伤害事件的学校责任及有效防范》，《思想・理论・教育》2005 年第 1 期。

面看，高等教育分为高等学历教育和高等非学历教育；从教育形式方面看，高等教育分为全日制高等教育和非全日制高等教育。我们这里所研究探讨的“高等学校”是指从事学历教育的全日制高等学校，包括公办高等学校、民办高等学校和独立学院三种类型。非学历教育的高等教育机构、非全日制的高等教育机构和培训机构(如成人高等学校、职业资格与技能培训机构、在职研究生学习班、自考助学班等)不属于本书研究范畴。

二、教育教学活动

教育教学活动是指学校按照培养计划组织实施的各种课程教学及各类教育活动，可分为校内教育教学和校外教育教学活动两类。

一是校内教育教学活动。校内教育教学活动是指学校按照培养计划在校园内组织实施的教育教学活动。包括课堂理论学习、实验操作教学和文体娱乐教育等。

二是校外教育教学活动。校外教育教学活动是指学校按照理论与实践相结合的要求，为了提高学生服务社会能力和实践能力，在校外为学生提供的各类教育教学活动。包括社会实践活动、单位学习活动、参加公益劳动、集体旅游活动等。

大学生伤害事故并不只限于高校组织实施的教育教学活动方面发生的伤害，还包括高校为教育活动提供的各种生活、学习和教学设施设备以及校园安全管理、学生安全管理教育等方面发生的伤害事故。

三、教育教学设施和生活设施

所谓教育教学设施是指为了满足学校的教育教学和科研工作所必备的物质基础，包括教育教学设备和教育教学场所两个方面。如图书资料、体育器械、广播电台、多媒体设备、实验仪器和教学楼、实验楼、办公楼、图书馆、田径场、实践基地等。

所谓生活设施，是指为了满足在校大学生生活和娱乐所需应当具备的基本设施。如学生宿舍、食堂、健身房、医院等。根据《学生伤害事故处理办法》第9条规定，无论是在高校实施或组织的教育教学活动中，还是在高校负有管理职责的教育教学设施和生活设施内，只要未履行相应教育、管理和保护的义务，造成大学生人身伤害的，高校应当依法承担相应的责任。

四、人身伤害

所谓人身伤害是指由于行为人侵害他人的人身权而给受害人造成的身体上和精神上的损害，包括身体伤害和精神损害。人身权分人格权和身份权两个方面。人格权是法律予以保护的与权利主体的人身不可分离的权利，如公民、法人或其他民事主体的生命健康权、自由权、名誉权等；身份权是法律予以保护的民事主体基于一定的地位、资格、关系或行为而产生的权利，如监护权、继承权以及著作权、发明权等。

第二节　大学生伤害事故的类型

划分大学生伤害事故类型，有助于分清责任主体，确定责任范围，为及时准确地处置大学生伤害事故创造条件。下面从不同角度对大学生伤害事故进行划分。

一、从大学生伤害事故的法律责任主体上划分

从大学生伤害事故的法律责任主体上划分，大学生伤害事故可分为学校承担责任的事故、具有完全民事行为能力的大学生承担责任的事故和第三人承担责任的事故。

（一）学校承担责任的事故

依据《学生伤害事故处理办法》（2010 年修订）第 9 条规定，学校承担责任的事故，是指高校或其教职员工由于工作上的过失，在生活设施、食品安全、教学活动、安全保卫等方面未尽到相关的管理、保护、组织和教育职责，对大学生造成伤害的，学校应该承担相应法律责任的事故。

（二）具有完全民事行为能力的大学生承担责任的事故

依据《学生伤害事故处理办法》（2010 年修订）第 10 条规定，具有完全民事行为能力的大学生承担责任的事故，是指具有完全民事行为能力的大学生由于过错，做出违反法律法规、社会公共行为准则及学校的规章制度，或是不服从学校相应的教育及管理，隐瞒可能对学生本人或是他人造成伤害的安全隐患，继续实施对他人进行伤害等方面的行为，造成自身或他人人

身伤害而应承担法律责任的事故。

(三)第三人承担责任的事故

依据《学生伤害事故处理办法》(2010 年修订)第 11 条、第 14 条规定,第三人承担责任的事故,是指高等学校及大学生以外的人士在组织学生活动或协助学校组织的学生活动过程中因提供场地、物件、服务、组织等方面由于过错致使大学生受害,或是因学校教师或者其他工作人员与其职务无关的个人行为导致大学生受害,或者因学生、教师及其他个人故意实施的违法违纪行为,造成学生人身损害的,或是因个人的监管、教育不利或有意隐瞒,致使未成年大学生遭受人身伤害或是致使他人受到伤害的,由致害人依法承担相应的责任。

二、从大学生伤害事故的严重程度上划分

从大学生伤害事故的严重程度上划分,大学生伤害事故可分为轻微伤害事故、轻伤害事故、重伤害事故和死亡事故。

(一)轻微伤害事故

轻微伤害事故是大学生伤害事故中身体伤害程度较小的事故,具体是指行为人侵害大学生身体利益,造成大学生人体局部组织器官结构的轻微损伤或短暂的功能障碍。如表皮擦伤、表皮剥脱、小范围的皮下血肿以及一些极轻微的骨折等。2014 年 1 月 1 日实施的《人体损伤程度鉴定标准》对各种人体轻微伤的情形都做了明确界定。

(二)轻伤害事故

轻伤害事故,是指行为人侵害大学生身体利益,造成组织、器官结构的一定程度的损害或者部分功能障碍,尚未构成重伤又不属轻微伤害的事故。2014 年 1 月 1 日实施的《人体损伤程度鉴定标准》对各种人体轻伤的情形都做了明确界定。

(三)重伤害事故

重伤害事故,是大学生伤害事故中身体伤害程度较严重的事故,具体是指行为人侵害大学生身体利益,造成人肢体残废、毁人容貌、丧失听觉、丧失视觉、丧失其他器官功能或者其他对于人身健康有重大伤害的事故。2014 年 1 月 1 日实施的《人体损伤程度鉴定标准》对各种人体重伤的情形都做了明确界定。

(四)死亡事故

死亡事故,是大学生伤害事故中身体伤害程度最严重的事故,具体是指行为人侵害大学生生命利益,造成其生命丧失的事故。参照《企业职工伤亡事故分类》(GB6441-86)之规定,死亡事故可分为重大伤亡事故(一次死亡1～2人的事故标准)和特大伤亡事故(一次死亡3人以上的事故)。国务院《生产安全事故报告和调查处理条例》(国务院令第493号)对此做出了不同的规定,该条例第3条规定,生产安全事故一般分为四个等级:特别重大事故(造成30人以上死亡的事故);重大事故(造成10人以上30人以下死亡的事故);较大事故(造成3人以上10人以下死亡的事故);一般事故(造成3人以下死亡的事故)。

三、从导致大学生伤害事故的形式上划分

从导致大学生伤害事故的形式上划分,大学生伤害事故可分为第三人侵权行为导致的伤害事故、学校教学和生活设施导致的伤害事故、校内活动导致的伤害事故、学校食品卫生问题导致的伤害事故、大学生突发疾病导致的伤害事故、校外实习实践活动导致的伤害事故、大学生自杀自残导致的伤害事故、校外发生的伤害事故以及在校意外事件导致的伤害事故。

(一)第三人侵权行为导致的伤害事故

"第三人"是指除高校和受害学生以外因侵权行为导致大学生人身伤害事故的组织和个人。第三人的范围很广泛,包括在校学生、校外社会一般人员,以及提供场地、设备、交通工具、住宿、餐饮、娱乐及其他消费与服务的经营者或活动组织者等,一般以个人侵权居多。

(二)学校教学和生活设施导致的伤害事故

《学生伤害事故处理办法》(2010年修订)第4条规定:"学校的举办者应当提供符合安全标准的校舍、场地、其他教育教学设施和生活设施。"学校的教学和生活设施,包括学校的楼房、墙体、道路、场地、林木、体育器械、实验器材、电力设施、消防设施设备等。因学校的教学生活设施陈旧、老化,未及时修复或拆除,设备设置不当,器材、器械、设备、设施产品质量不合格或不符合安全标准,设施、设备存在安全隐患,未及时修理或更新等原因导致大学生伤害事故的,学校应承担相应的民事赔偿责任。

(三)校内活动导致的伤害事故

当前,大学生参加的集体活动较多,集体活动已成为大学生活不可或缺的一部分。这些活动的组织形式不同,有学生自发组织,院校自行组织,也有学生社区安排。这类伤害事故的前提是在校园内发生的。当然,不同的组织形式中各方的责任的分担是不同的。

(四)学校食品卫生问题导致的伤害事故

《学校卫生工作条例》等有关法规明确规定:“学校应当认真贯彻执行食品卫生法律、法规,加强饮食卫生管理,办好学生膳食,加强营养指导”;“普通高等学校、中等专业学校、技工学校、农业中学、职业中学组织学生参加生产劳动,接触有毒有害物质的,按照国家有关规定,提供保健待遇。学校应当定期对他们进行体格检查,加强卫生防护”。当前,高校后勤、医务产业化、独立化,使得高校的直接管理功能越来越薄弱,弊端逐渐出现,食品卫生事故频频发生。

(五)大学生突发疾病导致的伤害事故

此类事故的发生往往是学生自身的健康原因造成的,学生是特异体质或有特定疾病。学校对于学生的身体状况不知情或是难以知情,一般来说,学校不承担法律责任。但是,以下两种情况下,学校应当承担相应的责任:一是学生有特异体质或特定疾病,不宜参加某种教育教学活动,学校知道或者应当知道,但未引起必要注意;二是学生在校期间突发疾病,学校发现,但未根据实际情况及时采取相应措施,导致不良后果加重。

(六)校外实习实践活动导致的伤害事故

实习实践是高等学校教学内容的重要组成部分,包括教学实习和顶岗实习。尤其是职业技术院校,实习尤为重要。由于实习学生缺少工作经验,技能不熟练,实习中发生的人身伤害事故逐渐成为一个新兴的事故类型。在法律责任承担上,一方面缺少相应的法律规定,另一方面学生处于学校和实习单位的双重管理,责任主体难以确定。

(七)大学生自杀自残导致的伤害事故

大学生是自杀的高危人群,近年来大学生自杀率有递增趋势。自杀或自残的诱因分为学生自身的原因和与学校有关联的原因。一般来讲,只要是学生自身的原因或者虽然与学校工作有关,但学校的教育管理工作合法或教育管理工作在法律法规容许的自由限度内并无明显不当的，学校不承担责任。

（八）校外发生的伤害事故

根据《学生伤害事故处理办法》（2010年修订）第13条的规定，“校外”可以理解为：（1）在学生自行上学、放学、返校、离校途中；（2）在学生自行外出或者擅自离校期间；（3）在放学后、节假日或者假期等各种学校工作时间以外，学生自行滞留学校或者自行到校的；（4）其他在学校管理职责范围外的。只要在这四种情形下发生的造成人身伤害后果的事故，且学校行为并无不当的，学校不承担任何法律责任。

（九）在校意外事件导致的伤害事故

在校意外事件导致的伤害事故是指非因当事人自己的故意或过失而偶然发生的伤害事故。一般具有以下条件：（1）事故是不可预见的；（2）事故是归因于行为人自身以外的原因；（3）事故是偶然发生的，不包括第三人的行为。依据《学生伤害事故处理办法》（2010年修订）第12条的相关规定，来自学校外部的突发性、偶发性侵害造成的人身伤害事故，学校不承担任何责任。意外事件最为典型的表现是“不可抗力”。根据《中华人民共和国民法典》第180条的规定，因不可抗力不能履行民事义务的，不承担民事责任。法律另有规定的，依照其规定。不可抗力是不能预见、不能避免且不能克服的客观情况。如地震、洪水、泥石流、山体塌方、台风、海啸、冰雹等自然灾害引发的学校事故，也包括其他不含人为因素的意外伤害事故。近年来，学生伤害事故及其所引发的学校法律纠纷越来越多，事故发生后，受害学生及其家属与高校之间存在严重的利益冲突。对于这类案件，学校到底应不应当承担责任？应当承担什么样的责任？为什么要承担责任？学界在认识上仍存在较大分歧，各地法院处理案件掌握的尺度也并不统一。本书首先明确学生伤害事故的概念，通过对学生伤害事故以及学校与学生的法律关系进行界定，并试图从突发应急处理及法律处理与救济等多个角度对高校的职责和责任承担加以分析。同时，通过对学生伤害事故的事前防范、应急处置、善后处理、心理干预等方面的探讨，希望为高校在预防与处理学生伤害事故问题上提供有效借鉴，避免由此引起的各类纠纷。

第三节 大学生伤害事故的特点

大学生伤害事故除了一般伤害事故所具有的特点之外,还具有自身的特点,大学生伤害事故必须具备以下四个法律属性。

一、大学生伤害事故的发生时间具有特定性

大学生伤害事故的发生时间是指大学生在哪些特定的时间内遭受伤害或使他人受到伤害而构成伤害事故。根据大学生伤害事故的概念,概括地说,在高等学校实施或组织的校内外教育教学活动中,学生遭受人身伤害或使他人遭受人身伤害,就构成大学生伤害事故。

教育教学活动是高等学校的基本活动,把大学生伤害事故限定在这个时间段内,在教育界是统一的。但是,对于什么是教育教学活动的范围,认识却有所不一。所谓教育教学活动,是指高校组织和实施的课程教学活动与教育活动。课程教学活动是指教师的教和学生的学构成的师生双边活动;教育活动是指高校根据社会的要求而有计划、有目的、有组织地对学生的身心施加影响,从而培养社会所需要的人才的活动。由此可见,教学活动是教育活动的具体化。一般来说,教学活动可以分为课堂教学、学生自学、社会实践活动和科学研究四种类型。

课堂教学期间是指高校教师根据各门课程的教学内容和固定的教学时间对固定班级的学生进行教育的期间。包括课堂讲授时间和课堂实验操作时间。

自学时间是指大学生独立安排、自主学习的时间。大学生和初高中的学生不同,其思维具有独立性和创造性,可以根据自己的需要独立安排自己的学习内容和时间,包括早自修时间、晚自修时间和其他非授课时间。对于自学,原则上应该是大学生安排在高校教育教学范围内进行的活动。

社会实践期间,是指根据教学计划和教学内容,高校安排学生到企业、工厂、学校等实践基地或是实践单位,通过调查、实习等形式,培养和训练学生的基本技能的期间。这些实践活动都纳入学校的教学计划和日程当中。

科学研究期间是指在校大学生参与科学研究和发明创造以及撰写学术论文和毕业论文的期间。从事科学研究已经成为越来越多高校对学生的要求,

而撰写毕业论文是每个学生必须完成的学业。因此,科学研究期间也应该纳入高校教学活动期间。

教学活动期间界定是明确高等学校对大学生履行教育、管理和保护职责的时间界限。笔者赞同这样的观点,那就是“大学生人身伤害行为或者伤害结果至少有一项或同时发生在高校对其负有教育、管理和保护职责的期间内,高校才可能承担法律责任。对于大学生未经学校同意擅自离校、节假日期间滞留学校、提前返校等高校管辖范围外发生的人身伤害事故,高校一律不承担法律责任,而应当由侵害人或受害人按照各自的过错承担相应的法律责任”。[①]

二、大学生伤害事故的空间具有特定性

大学生伤害事故的空间是指大学生在哪些地域内遭受或致使他人遭受人身伤害构成大学生伤害事故,即地域界限。概括地说,大学生在高校负有管理职责的教育教学设施和生活设施内,遭受人身伤害或致使他人受到人身伤害,构成大学生伤害事故。教育界普遍认为大学生伤害事故的地域界限,应为大学生人身伤害行为或者伤害结果至少有一项或同时发生在高校对其负有教育、管理和保护职责的地域范围内,高校才可能承担法律责任。此处地域范围主要是指大学校园内,但不应只限于校园内,不能以校园围墙的界限来判断学生人身伤害是否构成大学生伤害事故,而应该从高校是否负有教育、管理和保护职责等方面来判断。

三、大学生伤害事故受害主体具有特定性

在大学生伤害事故中,受伤害的主体应为在校大学生。大学生一般是指在高等学校接受教育的学生。根据《中华人民共和国高等教育法》第16条规定:“高等学历教育分为专科教育、本科教育和研究生教育。”因此,结合前文“高等学校”的定义,“大学生伤害事故”概念中的“大学生”是指在高等学校中接受全日制学历教育的学生(包括专科生、本科生和研究生),必须符合以下三个条件:第一,按照国家相关规定取得学籍;第二,接受高等教育;第三,在校全日制学习。凡是不具备上述条件之一者,均不属于本书所探讨的“大学生”,其在校遭受的伤害事故不属于大学生伤害事故范畴。

---

① 冯建立:《大学生伤害事故预防与处理》,科学出版社2009年版,第13页。

四、大学生伤害事故的法律责任主体具有特定性

所谓大学生伤害事故的法律责任主体是指对大学伤害事故承担法律责任的法人或自然人。一般说来,大学生伤害事故的主体包括具有法人资格的高等学校、具有完全民事行为能力的大学生以及第三人。

(一)具有法人资格的高等学校

根据《中华人民共和国高等教育法》第 30 条规定:"高等学校自设立之日起取得法人资格。"由此可见,高等学校自批准成立之日起是事业单位法人,其具有民事权利能力和民事行为能力,依法享有民事权利和履行民事义务。高等学校法人制度的成立,标志着高等学校可以依据其法人地位实施和组织教育教学活动,同时也应当独立承担在教育教学过程中产生的法律责任。高等学校和它的教职员工以及工作人员未履行对学生的管理、保护、组织和教育的职责而导致学生伤害的,高校就应该承担相应的法律责任。

(二)具有完全民事行为能力的大学生

根据《中华人民共和国民法典》第 17 条规定:"十八周岁以上的自然人为成年人。"第 18 条规定:"成年人为完全民事行为能力人,可以独立实施民事法律行为。"目前大学生绝大部分年龄都在 18 周岁以上,他们都是具有完全民事行为能力的自然人,具有完全的认知能力和辨别能力,能够独立参加相应的活动和处理个人事务,并独立承担相应的法律责任。因此,对于大学生本人故意违反法律法规、校纪校规,或者明知可能对自己或是他人人身造成危险却故意行之而造成损害后果的,应当由其本身承担责任。

(三)第三人

第三人是指高等学校和大学生自身以外的对大学生造成危害的自然人或是组织。第三人可以是为大学生社会活动提供场地、物件、服务、组织等方面要素的自然人或组织,或是组织大学生参加社会活动的组织或个人,或是因实施与其职务无关的个人行为的学校教师或者其他工作人员,或者是故意实施违法犯罪行为或违反社会公共准则及相关规定的学生、教师及其他个人。上述人员和组织只要是因自身的侵权行为对大学生造成伤害的,就应该承担相应的法律责任。

第四节　大学生伤害事故的现状

高校是高层次人才的重要培育基地，高校开展的每项工作集中到一点上来说，就是首先要保障作为高校主体的大学生的安全。目前大学生伤害事故主要表现为以下几个方面：

一、高校“安全生态”进一步受到影响

高校大学生伤害事故是综合因素造成的，在由社会、学校和大学生要素构成的安全生态体系中，三个要素相互作用。在内外部环境的影响下，在社会快速发展的形势下，高校“安全生态”进一步受到影响，导致大学生伤害事故频发。

(一)社会方面

随着高等教育改革深入以及受教育学生迅速增加，高校由过去相对封闭走向开放，与外界的联系愈加密切和广泛，使得大学生的生活环境也日益错综复杂。近年来，社会治安形势不容乐观，各种违法犯罪活动不断增加，尤其许多高校并校后，校区分散，有的甚至分布在郊区，造成了高校周边治安形势严峻。同时，很多高校处于城乡接合部，是各种外来人员的聚集地，人员成分复杂，管理难度大，使高校“安全生态”进一步恶化。

全国高校保卫学会调查统计结果显示，大学生每年非正常死亡率大约为0.01%，且有逐年上升趋势，这是一个非常庞大惊人的数字。大学生伤害事故已成为社会关注的焦点，同时给学校的管理工作带来巨大的压力和挑战。据统计，2017—2020年四年间，南方某省高校学生非正常死亡事件共发生近300起，并逐年增加，尤其是2020年非正常死亡事件数量同比上升41.66%。以上所呈现的数据，表明大学生伤害事故的频发性和严重性，加强对大学生伤害事故预防和处理的研究十分紧迫。

(二)高校方面

高校“安全生态”的不利因素有以下方面：一是高校人数剧增。据教育部《2020年全国教育事业发展统计公报》中的统计，截至2020年，全国共有普通高校2738所，比上年增加50所。其中，本科院校1270所(含本科层次职业学

校21所),比上年增加5所;高职(专科)院校1468所,比上年增加45所。成人高等学校265所,比上年减少3所;研究生培养机构827个,其中,普通高等学校594个,科研机构233个。全国各类高等教育在学总规模4183万人,比上年增加181万人。高等教育毛入学率54.4%,比上年增加2.8个百分点。普通高等学校校均规模11982人,其中,本科院校15749人,高职(专科)院校8723人。高等教育大众化的推进也给高校带来了许多问题,高校扩招办学规模扩大,在校学生数量增加。相比之下,高校资源显得极为有限,学校在治安、防火、交通方面都存在安全隐患。二是制度不健全,设施不完善。有的高校没有建立严格且完善的安全防范措施,政策落实不到位;有的高校因为经费问题,安全设施不齐备,缺乏检查和维修等。三是高校开放程度高,管理社会化。比如,在很多地方,高校进出没有严格的制度,有些虽有制度,却疏于执行,任何人都可以自由进出高校。四是高校工作者责任心不够,与学生及家长缺乏沟通。一些高校管理人员缺乏责任心,对伤害事故缺乏必要的警惕性,没有超前思维,缺乏主动的安全教育意识,不少高校管理者缺乏与学生及家长交流沟通,缺乏补充教育的行为。

(三)大学生自身方面

高校学生受年龄、阅历、教育、社会压力等因素的影响,安全意识薄弱,自我防范意识和能力以及心理承受能力不足。主要体现在以下几个方面:思想麻痹,疏于防范;法律意识薄弱,不惜以身试法;生理、心理不够成熟;部分学生自身素质能力有待提升;升学、就业压力大等。

二、大学生伤害事故处理机制不完善

大学生伤害事故的预防和处理制度,是解决伤害事故的基础。制度是否健全,在一定程度上决定了伤害事故的预防是否到位、处理是否得当,而我国高校在这方面的制度及管理措施是比较欠缺的。

(一)制度建设缺乏

我国在关于大学生伤害事故的法律法规方面,至今只有教育部制定的《学生伤害事故处理办法》,该办法对各级学校学生伤害事故的处理进行了统一规范。在实践中,该办法原则性强,但可操作性差。

(二)高校安全管理探索不够深入

学者对大学生伤害事故管理的研究都认为,大学生在认知能力和行为能力上已属于成年人，具有完全的民事行为能力，不管是从教育上还是管理上都应该与未成年人区别开来。如何依法处理高校学生伤害事故，明确高校校方与学生在学生伤害事故中的法律责任，在法治社会，显然需要有明确的法律予以规定，否则高校学生伤害事故的处理将无章可循、无法可依。因此在学生伤害事故的法律解析中，有必要针对“大学生”的伤害事故管理加强法律制度的建设。

三、大学生伤害事故影响大

（一）大学生伤害事故给受伤害者及其家庭带来了巨大的影响

当前大学生群体多为独生子女，学生伤害事故不仅给学生和其家长造成身体和精神上的痛苦，甚至导致一个家庭希望破灭，也给家族带来巨大的影响。

（二）大学生伤害事故在一定程度上影响了高校的正常管理

由于传统观念影响，人们往往认为，学生一旦入学，高校就应该担负起对学生的所有责任，包括学习、生活、安全等。因此，只要大学生在校期间受到伤害，高校就应该承担责任，对相关学生及其家长进行赔偿。高校往往在社会舆论等多重压力之下，无论其是否存在过错，都会给予相应的赔偿或补偿，而没有认真分析伤害事故产生的原因以及责任承担的法律依据。如果不分清责任，无论学校有无过错都承担责任，势必会给高校带来经济负担，对依法治校产生影响，也会破坏社会法治环境。

（三）大学生伤害事故的社会影响进一步加大

随着互联网时代的到来，信息化社会具有传播速度快、覆盖面广等特征，各地发生的大学生伤害事故经常会通过互联网迅速传播，在社会上产生广泛的影响。这在一定程度上给教育行政部门、高校和教师在学生教育管理上造成困惑和不安，造成的社会和政治影响也是十分巨大的，进一步加大了大学生伤害事故处置的难度。

第三章　大学生人身权利

大学生群体中绝大多数是年满18周岁且具有完全民事行为能力的成年人，具备我国法律法规中赋予的各项基本权利，应当对其进行合法的保护。同时，大学生尚处于在校学习阶段，绝大多数学生的学习、生活费用依然由父母支付，在经济上并不独立。因此，对于大学生人身权利的保护要区别于对普通成年人的保护。本章主要针对大学生这一特定群体的人身权利保护问题进行探讨，并通过与普通群体人身权利的比较，分析大学生人身权利保护的特殊性。

第一节　人身权利的概述

自人类组成社会共同生活以来，人身权利始终被认为是文明社会中公民最重要的权利。由于人具有特定的社会属性，只有人身权利得到完整的保护，并能够顺利实现，人才能够称之为人。作为公民最重要的权利，人身权利具有区别于其他权利的诸多特性，如与财产权利比较，人身权利经双方合意而转让，如果遇到侵害，也无法确定具体的损失数额，仅能够要求惩罚性的赔偿作为象征性弥补。

一、人身权利的概念

人身权利意识的出现远远早于人类对其概念的归纳，它是在人类共同的生产生活中逐渐被认识的。

（一）人身权利的起源

人身权利人生而有之，它产生于人类权利意识觉醒之时，即人开始意识到自己是平等的人的时候，整个过程是随着文明的开化缓慢进行的。

形式上的人身权利是随着法的产生而同步出现的。按照目前的通说，法是随着生产力的发展、社会经济的发展、私有制和阶级的产生、国家的出现而产生的，经历了一个长期渐进的过程。法不是从来就有的，也不会永恒存在下去，而是人类社会发展到一定历史阶段才出现的社会现象。[①] 根据这一观点，形式上的人身权利应当产生于原始社会末期逐渐向奴隶社会过渡这一时期。在这一时期，一部分的人身权利在国家的法律中被确定下来，并被赋予保护其实施的措施。

然而，在不平等的社会制度中出现的人身权利，大部分是虚伪的形式上的人身权利。在奴隶社会，尽管奴隶主贵族们有人身权利，普通的平民也有一部分人身权利，但奴隶们并不具有任何人身权利，其仅仅被认为是奴隶主所属的物品，可以被奴隶主任意处置、抛弃，奴隶并没有任何法定的反抗权利。之后的封建社会时期、资本主义社会时期，平民拥有的人身权利逐渐扩大，但依然没有摆脱不平等社会中对于人的剥削和压榨。在触及统治阶级利益的时候，这种形式上所谓的人身权利便不值一文。实质上的人身权利仅存在于平等的社会制度，即社会主义制度当中。当我国社会主义制度确立之后，国内公民之间平等的地位才形成了实质上的人身权利生存的土壤。

(二)我国法律制度对人身权利的定义

人身权利是一项最重要的法定权利，是众多法律关系的载体，同时也是许多法律纠纷中争议的焦点，法最重要的作用就是保障人身权利，对自身人身权利的保护是人类天生就具有的意识，而保护公民人身权利也是所有国家法律的应有之义。当今世界上的所有法律制度无一不把人身权利放在各项基本法律中最重要的位置。究其原因，人才是世界的主体，明确人的权利才能清晰划分自由的界限，才能让人类在共存的基础上更好地繁衍发展下去。

从理论上讲，人身权利是指民事主体依法享有的与其人身不可分离的并以特定人身利益为客体的非财产性民事权利。[②] 人身权利是民事主体享有的最基本的民事权利，自然人可能因为某种法定原因丧失某种财产权利或者政治权利，但不可能丧失基本的人身权利。人身权利是民事主体设定、取得、变更或者放弃其他民事权利的基础，特别是民事主体取得财产权的前提。

---

① 朱景文:《法理学》，中国人民大学出版社 2008 年版，第 156 页。

② 沈瞿和:《论高校学生的权利》，《漳州师范学院学报》(哲学社会科学版)2005 年第 1 期。

二、人身权利的特征

作为民事权利的两大主体之一，人身权利的特征是相对财产权而言的，具体包括：

（一）非财产性

根据民事权利是否直接包含财产内容，可以将其分为财产性权利和非财产性权利。人身权以民事主体的人格利益和特定的身份为客体，而人格利益和身份本身并不具有直接的财产属性，它所体现的是人们的道德、情感、社会影响等。正是在此种意义上说，人身权属于非财产性权利。同时，人身权与财产权存在着一定的联系，具体表现为：其一，人身权是特定财产权取得的前提；其二，人身权可以转化为特定的财产权；其三，人身权受到损害时可以接受财产性补偿。

（二）专属性

根据民事权利是否可以自由转让，可以将其分为可以转让的民事权利和不可转让的民事权利。人身权与民事主体不可分离决定了人身权的专属性，除法律另有规定外，人身权不得以任何形式买卖、赠予和继承。人身权的专属性决定其行使方式的局限性，即某些人身权通常由民事主体自己使用或者排斥他人使用，而不能像所有权那样实现权能分离，或者如同知识产权许可他人使用。人身权的不可分离性决定其不能被剥夺，即民事主体违反民事义务，仅能依法追究民事责任，而不能剥夺其人身权利。

（三）不可放弃性

个人作为存在于社会的个体，个人利益必然隐含和体现了社会利益。依据庞德的观点，个人生活方面的利益作为一种社会利益，即指“文明社会生活要求每个人都能根据当时社会标准进行生活”①，而个人自我主张利益如身体、精神利益乃“文明社会生活”的基础，对此基础的动摇即对社会利益的侵犯。由此决定了生命权、身体权和健康权等人身权具有不可放弃性，“禁止免除对人身伤害的侵权行为责任，是各国立法和实务的一致立场”②。我国民事

① 韩世远：《免责条款研究》，《民商法论丛》第2卷，法律出版社1994年版，第506页。

② 梁慧星：《民法学说判例与立法研究》，中国政法大学出版社1993年版，第281页。

法律当中也禁止当事人通过约定免除造成人身伤害的民事责任，从而体现了对社会公共利益和道德的保护。

(四)法定性

根据民事权利的产生方式，可以将其分为法定权利和约定权利。人身权利的取得基于法律的直接规定，无须民事主体之间的特别约定。尽管某些民事权利的取得，需要民事主体一定的行为，但该行为所能产生的权利是法律预先设定的，民事主体不能通过约定或者单方行为创设人身权。

(五)绝对性和支配性

根据民事权利的效力是否可以对抗不特定的一切人，可以将其分为绝对权和相对权，又称对世权和对人权。人身权的不可分离性决定了权利人可以向任何人主张人身权，并排斥任何人的非法干涉。

(六)支配性

根据民事权利的功能，可以将其分为支配权和请求权。民事主体可以基于人身权直接支配其人格利益或者身份，而无须对方当事人做特定的行为，由此决定了人身权属于支配权。

三、确立人身权制度的法律意义

人身权利的出现，是人类自身需求的法治化表现，对于人类社会发展的各方面均具有重要意义：

(一)对于人类生存发展的意义

人身权利制度的确立，为人类自由划定了合理的界限。人身权利可以保护、确立民事主体的人身权不受侵犯，为人类的繁衍和延续提供了前提条件。人与人之间永远存在的纠纷如果不能依靠制度合理解决，人与人之间就会相互残杀或者损害健康，人类将难以健康发展。地球的资源是有限的，人类结成社会一起生活就要分享这些资源。人身权利确定了分享资源的最基本规则，使得人类不会像其他生物一样由于生存领地逐渐变小而彼此的竞争性日益加大，造成种群内部激烈争斗，使种群的数量和健康受到极大的影响。

(二)对于人权保护的意义

人权与人身权利是两个不同的概念。所谓人权，是指在一定的社会历史条件下每个人按其本质和尊严享有或应该享有的基本权利。就其完整的意义而言，就是人人自由、平等地生存和发展的权利，或者说，就是人人基于生存和发展所必需的自由、平等权利。从这个概念可知，人身权属于人权保护的一部分，二者应属于包含关系。各项具体人身权是人所共享的基本人权在民法领域的体现，如生存权是首要人权，生存权有赖于生命权和健康权的拥有并得到严格的保护。

（三）对于人类生活质量的意义

生活与生存最大的区别就是生活是有意义、有尊严地生存，而生存则是最基本的生活。只有具备尊严，人类才能心情舒畅地工作和生活，人类才能发挥最大的创造力去发展自身。

（四）对于社会和谐稳定的意义

人与人之间彼此区分和彼此尊重是正常、有序的社会关系的前提。其中，彼此区分有赖于姓名和名称，而彼此尊重即为对个人享有的自由、名誉、隐私、肖像等基本人格利益的尊重。此外，家庭是组成社会的基本单位，家庭关系的稳定有利于社会关系的和谐，家庭成员之间互享身份权对于稳定家庭关系必不可少。通过人身权法律制度保护人格权和身份权，无疑会有利于社会关系有序状态的建立和维持，以及受到破坏后的恢复。

（五）对于高校管理工作的意义

具体到高校管理工作中，重视并强调高校学生人身权利的保护，首先可以培养高校学生的现代公民意识，有利于即将步入社会的高校学生更好地实现角色转换；其次可以提高高校的管理水平，加强高校管理者自身的约束；最后，可以使我国高校管理工作与世界一流的高校接轨，有利于高校自身的发展。

第二节　人身权利的分类

人身权利是一个系统的概念，在理论上有许多的发展和分支。一般地，系统概念可以按照不同的标准进行分类。在上一节介绍了人身权利的基本概念后，本节着重于介绍与大学生相关的人身权利的分类。

一、人身权利分类的标准

依据不同的标准可以对人身权利进行不同的分类，如以权利主体是否为自然人为标准，可以将人身权分为自然人人身权和非自然人人身权，此种分类的意义在于有些人身权专属于自然人，非自然人的法人、非法人单位、社会团体、个体工商户、合伙组织不能享有，如生命权、健康权和身份权等。

以权利主体是否为本国人为标准，可以将人身权分为本国人人身权和外国人人身权，此种分类的意义在于，尽管各国法律对于人身权利的规定总体上一致，但仍有细微差别，而这些差别在法律实务中有时会起到重要作用。如对于完全民事行为能力人年龄的规定，我国的规定一般为 18 周岁[①]，而绝大多数国家的认定标准都低于我国。在我国大部分大学生在入学时都已经年满 18 周岁，这意味着按照我国法律规定，大部分大学生都属于完全民事行为能力人，可以独立地对自己的行为负责。在众多人身权利的分类中，最重要的分类是以人身权利的客体是人格利益还是身份关系为标准，分为人格权和身份权。对于大学生来讲，主要涉及人格权利关系，而身份权利关系主要是针对家庭成员之间的亲权和亲属权关系。

二、人格权

人格权是法律赋予民事主体以人格利益为内容的，作为一个独立的法律人格所必须享有且与其主体人身不可分离的权利。《中华人民共和国民法典》第四编专章规定人格权，第 990 条规定："人格权是民事主体享有的生命权、身体权、健康权、姓名权、名称权、肖像权、名誉权、荣誉权、隐私权等权利。"人格权作为基于人的存在而存在的权利，只要自然人出生、法人成立，无须任何意思表示或经过特别授权，就当然取得并受到法律保护。大学生作为我国法律认定的完全民事行为能力人，当然地具有全部的人格权，并不因为其在经济上不能独立而丧失任何一项人格权利。

首先，人格权是民事主体依法固有的，并不需要特定的方式取得。其次，人格权是民事主体维护人格独立所必需的，只有具备人格权，才能自主地决定自己所要实施的行为。最后，人格权以人格利益为客体。这里的人格利益，是指民事主体就其人身自由和人格尊严、生命、健康、姓名或者名称、名誉、隐私、肖像等所享有的利益总和。

人格利益通常分为一般人格利益和特别人格利益，前者是指民事主体享

① 《中华人民共和国民法典》第 18 条规定："16 周岁以上的未成年人，以自己的劳动收入为主要生活来源的，视为完全民事行为能力人。"

有但法律未作特别规定的利益，即人身自由和人格尊严，它具有概括性和包容性，这种利益一般是以财产的形式体现出来；后者是指民事主体享有并由法律明确作出具体规定的利益，其类型具有法定性，如生命、名誉、隐私等。人格权也因此被划分为一般人格权和具体人格权。

（一）一般人格权

一般人格权是以民事主体全部人格利益为标的的概括性权利，通常包括人身自由、人格尊严、人格独立与人格平等四个方面。人身自由是指公民依法享有的人身不受侵犯和自主行为的权利。人格尊严是指民事主体作为“人”所应有的最基本社会地位、社会评价，并得到最起码尊重的权利。人格尊严不受民事主体行为能力、文化程度、财产状况、宗教信仰等因素的影响，所有民事主体所应获得的最基本的社会地位和最起码的尊重是一样的。人格独立指民事主体的人格由自己支配，其存在不依赖任何外在力量，其意志不受任何外部势力的干预与强制，可以按照自己的意志自由支配行为。人格平等指民事主体间地位平等，不存在人身依附和从属关系，任何一方不得将自己的意志强加给另一方。

（二）具体人格权

1. 生命权。生命权是法律赋予自然人的以生命维持和生命安全为内容的权利，世界上大多数国家均将生命权视作一项独立的权利。法律上的生命是人赖以存在的前提，也是公民行使其他一切民事权利的基础。一个人生命的终止也就同时意味着自然人自身的消亡，其他任何权利都不再具有任何意义。

2. 身体权。身体权是指自然人对其肢体、器官和其他组织的完整依法享有的权利。与生命权不同，身体权主要以保护人的肢体、器官、组织的完整性为目标。同时公民的身体权又与其生命权、健康权密切相关。

3. 健康权。健康权是公民维护其身体健康即生理机能正常运行的一种人格权利。

4. 姓名权。姓名权是公民依法享有的决定、使用、变更自己的姓名并要求他人尊重自己姓名的一种人格权利。姓名权保护的客体是权利人的姓名。

5. 名誉权。名誉权是指公民或法人保持并维护自己名誉的权利。人的名誉是指具有人格尊严的名声，是人格的重要内容，受法律的保护。凡损坏他人名誉、损害他人形象的行为，都是对名誉权的侵犯，行为人应负法律责任。

6. 肖像权。肖像权就是自然人所享有的以自己的肖像上所体现的人格利益为内容的一种权利，是自然人对于肖像的制作权和使用权。

7. 隐私权。隐私权是指自然人享有的私人生活安宁与私人信息秘密依法受到保护，不被他人非法侵扰、知悉、收集、利用和公开的一种人格权，而且权利主体对他人在何种程度上可以介入自己的私生活，对自己是否向他人公开隐私以及公开的范围和程度等具有决定权。随着人类文明程度的提高，作为掌握文化知识较多的群体——大学生们对自己的隐私权非常重视。大学生们维护自身隐私权的案例也经常出现。

8. 荣誉权。荣誉权是指公民、法人所享有的，因自己的突出贡献或特殊劳动成果而获得光荣称号或其他荣誉的权利。荣誉权的客体是荣誉作为正面的社会评价本身及荣誉本身所包含的利益。

三、身份权

（一）身份权的概念

身份，是指民事主体在特定的家庭和亲属团体中所享有的地位或者资格。而身份权，是指民事主体以特定身份为客体而享有的维护一定社会关系的权利。民事主体基于特定的身份既享有一定的权利，同时也承担一定的义务。

（二）身份权的主要类型

民事主体的身份权是与人身权利相对应的基本权利，包括亲权、亲属权、配偶权。其主要涉及的是家庭关系中的权利，此不赘述。

第三节　大学生人身权利

高校学生人身权利的保护仅为高校学生以学生身份在校学习期间的行为，如以其他身份从事高校之外的活动，则不在本章讨论之列。

一、我国大学生人身权利概述

近些年来，随着高校教育人性化的管理趋势，各高校均将保护学生人身权利、正确处理学生人身权利纠纷作为学生管理工作的重点。

(一)大学生人身权利的界定

本章所研究的主旨是大学生在校期间的人身权利,而人身权利中的身份权主要以家庭作为其存在的基础,因此本章中大学生的人身权利是指大学生依法享有的与其人身不可分离的并以特定人格利益为客体的非财产性民事权利。主要包括大学生的生命权、身体权、健康权、姓名权、名誉权、肖像权、受教育权、隐私权、荣誉权、婚姻自主权等。

(二)大学生人身权利保护的法律依据

对于大学生人身权利的保护,我国的法律体系较为完备。从高位阶的宪法到低位阶的行为规范,从一般法到特别法,都有详尽的规定:

1. 宪法。宪法是我国最高级别的法律规范,其他任何规范性文件,如果与宪法内容相冲突,均不具备正式效力。宪法中明确规定我国对公民人身权利的保护,而大学生作为公民中的重要组成部分,自然享有宪法赋予的全部人身权利。

2. 民法。民法体系是以《中华人民共和国民法典》为主的一系列法律规范,所调整的是与公民的生活最密切的社会关系。民法在宪法的基础上,更为详尽、具体地规定了公民所具备的权利,以及实现方式,如隐私权、荣誉权不受侵犯等。

3. 高等教育法。高等教育法直接针对高校涉及的法律关系,相对于民法,更加具体、直接地规范大学生的人身权利,明确规定了大学生的合法权益受法律保护,并赋予大学生在课余时间可以参加社会服务和勤工助学活动,在校内组织学生团体等具体的权利。

4. 教育部门规章。在纵向的一系列规范中,操作性最强、最接近于大学生实际生活的是《普通高等学校学生管理规定》。这份管理规定相对于高等教育法,更为明确具体地规定了学生在校期间享有的各项权利,包括受教育权、劳动权、获得资助和获得荣誉的权利、受侵害后救济的权利等。我国在高等学校人身权利方面的法律规定在纵向上从高到低已较为完备,在横向上也具备了较大的宽度,涉及学生学习、生活的方方面面。这些法律规定,为我们解决大学生人身权利事件中出现的问题提供了具体的依据。

二、我国大学生人身权利保护的现状

(一)我国大学生人身权利保护的现状

1. 已取得的成果

随着我国法治进程不断推进以及高等学校师生素质不断提高,大学生的人身权利总体上得到了适当的保护。

首先,在受教育权方面,国家对高等教育的投入不断加大。在高等教育渐趋普及的当代,我国高等教育的一个重要任务是让更多有能力的大学生完成大学教育。为此,我国高等教育为家庭困难的学生提供了各类奖助学金和助学贷款,如国家奖学金、助学金、国家助学贷款、生源地贷款等种类繁多的资助政策。基本可以保证在高等教育这个阶段,没有学生会因为经济困难而失学。

其次,各高校积极响应国家号召,均把“以生为本”作为立校原则。在日常管理工作中,尽量采取“柔性管理”的方针,针对高校学生成熟期不断后移的现状,调整更新传统的教育管理理念,重视特殊学生,采取“一生一策,因人而异”的管理方法。在发生人身伤害事故的情况下,高校一般均采取承担较多责任甚至全部责任的做法,在情感上安抚事故学生和其家长。

再次,高等学校教育管理队伍的素质不断提高。目前绝大多数高校的教育管理者,都是具有高等学历的中共党员。由于目前就业市场对于高校工作岗位的认可度较高,每个高校工作岗位基本上都是经过多方竞争而最终确定的人选,这样的来源保证了高校工作者自身的素质以及对于工作的认真程度。

最后,大学生的权利意识逐渐增强。在通信极为发达的今天,大学生接受的信息资源丰富多彩,权利意识逐渐增强,相比以往更加懂得如何保护自己的合法权利。

2. 需完善的问题

尽管大学生的人身权利已经得到较好的保护,在遇到严重的人身伤害事故的时候,均能得到来自学校的合情、合理又合法的处理,但我国的现状尚不能称之为完善,还有需要改进的部分。

首先,从高校来讲,在出现学生伤害事故的时候,高校往往需要承担无过错责任。也就是说,即便高校对于该起事故没有任何责任,但基于同情弱势一方的考虑,仍要承担各类费用安抚事故当事学生及其家长。从理论上来讲,这类现状对于高校显然是不公平的,甚至有可能打击高校教育管理者的积极性,不利于吸引更多优秀的人才加入教育管理队伍。

其次，从学生家长来讲，部分学生家长把学生送到学校，就认为所有教育和管理的责任理所当然地由学校来承担，自己不承担责任。其实在我国，教育资源是极其有限的，每个从事一线工作的辅导员一般都要面对几百个学生，客观上不可能做到像家长对自己孩子一样，部分家长的错误观念无疑对学生的成长是不利的。

再次，从学生自身来讲，过分依赖高校也会阻碍其自身的成熟。在离开高校，进入社会后，失去了学校保护的学生们，往往手足无措，出现适应性困难。

最后，少数高校管理制度不健全，管理者素质低，法治意识、权利意识不强，导致侵犯学生人身权利的案件出现，如果经不当处理，使矛盾激化，易造成不良的社会影响。

(二)大学生人身权利保护存在问题的成因

前述已介绍我国大学生人身权利保护方面还存在一些需要完善改进的地方。以下主要从四个方面探究造成这些问题的原因：

1. 学生自身的原因。当前，大学生在前人从未经历过的盛世中长大，充足的物质条件造就了他们以自我为中心的错误观点。从一线辅导员的工作经验得知，部分大学生更加自我，不愿遵循传统的方式成长。对个人权利有过分强调的发展趋势，并且过分强调个性而忽视集体的共性。这些现象导致一部分大学生做事不考虑后果，不考虑其行为给家人、学校带来的负面影响。

2. 家庭的原因。有的家庭对孩子过分宠溺，使孩子的成熟期不断向后推迟。许多大学生，生活自理能力差，心理承受能力差。在高校遇到之前从未遇到的挫折时，不能正确面对失败。有的学生选择了极端的方法来解决，伤害他人，或者伤害自己。近些年来屡次发生的学生自杀以及伤人事件有相当一部分是由于学生无法应对现实挫折。而部分学生家长认为教育、管理和保护大学生的全部责任都在学校，而自己却在溺爱孩子的同时，无法有效地教育管理孩子。

3. 高校的原因。个别高校管理者存在“滥用权利”的现象，忽视学生的合法权利。我国教育偏重管理和规范，教师的权威和尊严神圣不可侵犯，学生只有服从的义务；部分学校管理者法治观念淡薄，学生的权利有时会被忽视或剥夺。此外，部分高校与学生之间缺乏必要的或者正确的沟通渠道，学生的知情权、选择权、监督权、参与权无法得到充分保证，也导致部分高校管理上出现问题。

三、进一步完善大学生人身权利保护的建议

完善对我国大学生的人身权利保护，不能单一地对高校或者是学生、家长提要求，而应该将双方行为所指向的目标统一起来，并且借助部分来自社会的力量，才能够更好地达到完善的目的。

（一）加强对学生及其家长的权利教育

加强对学生及其家长的教育，应当贯穿于大学生在校学习生活的始终，并适当延伸至入学之前。首先，在高中阶段增设关于人身权利保护的课程。许多发达国家高中阶段的教育形式已经非常开放，如北欧的芬兰、瑞典、挪威等国家在高中均开设有社会问题的讨论课。老师首先确定问题，通过学生的自由讨论，以及老师的引导，取得较好的教育效果。[①] 其次，对于已录取的高考生及其家长，通过在录取通知书中夹带信件的方式，进行充分的学前教育。在收到通知书的同时，新生知悉自身在大学期间的权利和义务，家长明确高校的权利和义务，重视家庭的责任。此外，在入学后，应在现有的基础上，继续加大教育力度。对高中和入学前教育部分的内容反复强调，并开设学生容易接受的课程，使正确的权利意识扎根在学生的头脑中。

（二）加强高等学校的自身管理

1. 管理目标要体现社会和谐

社会主义和谐社会，应该是民主法治、公平正义、诚信友爱、充满活力、安定有序、人与自然和谐相处的社会。法治是和谐的重要特征，而和谐是法治追求的目标。高校学生管理在实现法治化的过程中，管理目标理应体现和谐与文明的初衷，和谐与文明的校园文化氛围需要学校管理者、教师和学生共同来营造。

2. 管理原则应以民主为核心

我国是社会主义民主国家，民主是法治的应有之义。在高校对大学生的各项管理措施上，要尽量保证措施实行程序的民主化，使学生感觉受到公平的对待。

① 崔晓敏：《美国高校与学生法律关系的演变——从“代理父母地位说”到宪法论、契约论》，《高教探索》2006 年第 4 期。

3. 管理理念要体现“权利本位观”

高校在制定校规校纪时应树立权利本位观，强化人权保障观念，切实做到尊重学生、关心学生，维护和保障学生在校期间的合法权益。我国《宪法》规定了公民的基本权利，如受教育权、名誉权、荣誉权、肖像权、隐私权、财产权等，高校学生作为普通公民的基本权利理应得到尊重和保障。另外，高校学生还应享有《高等教育法》《普通高等学校学生管理规定》赋予的权利。如有权参加勤工助学活动的权利，有申请奖学金、助学金的权利，有在思想品德、学业成绩等方面获得公正评价的权利，对处分有异议时有申辩权、申诉权等。此外，各高校应在上述法律法规的基础上，制定更有利于学生权利实现的校级细则，以加强可操作性。

4. 管理制度要体现合法性与合理性

高校在具体管理工作中应当做到“赏罚分明，罚当其责”，充分体现程序优先的现代理念。尤其是在行使自由裁量权的领域，重责重罚，轻责轻罚。反之，如果轻责重罚，必然会引起学生的不满，引发学生与学校之间的矛盾和冲突，不利于营造和谐的校园氛围。而重责轻罚，也起不到约束和警示学生的效果。坚持合理性原则，才能获取学生的尊重和信任。

5. 执行程序要公正和高效

首先，执行要公正。我国《宪法》规定：“中华人民共和国公民在法律面前一律平等。”高校工作应树立公平正义的理念，做到同等情况同等对待，任何学生都不享有特权。

其次，程序要正当。高校工作要遵守必要的程序，其中告知制度、听证制度和权利救济制度是学生诸项实体性权利有效实现的重要保障。对于这些制度，管理者应当贯彻落实，而不是把制度当成摆设。

再次，执行要及时、高效。英国有一句古老的格言：“迟到的正义不是正义。”高校在学生管理中亦应做到及时、高效，避免久拖不决，否则不仅将造成违规学生得不到惩治，学生的权益得不到及时保障，而且还会造成教育教学资源浪费，教学秩序得不到及时维护，学校公信力会大大降低。

6. 管理机构要建立和健全

首先，高校应组建法律咨询与服务中心，作为为大学生提供法律服务的常设机构。组成人员包括专职和兼职，专职人员可选聘法学专业的本校教师，兼职人员可选聘法官、检察官、律师、企业法律顾问、仲裁员等法律从业人员，由学生来选择上述人员对自身的法律疑难问题给予解答。其次，组建学生申诉委员会,作为学校受理学生申诉的常设机构。再次,发展法律类学生社团组织,定期聘请校内外法律专家开展法律讲座、开展大学生合法权益受侵害的事件调查。

7. 管理队伍要选拔和培养

首先,要加强对学生管理队伍的法律培训,可考虑有意识地招聘一定比例的法学专业毕业生加入学生管理队伍,或者定期对管理人员进行具有实效的法律知识培训。

其次,要充分发挥思政课教师作用。高校学生管理工作者可与思政课教师合作,如邀请思政课教师以及各个专业的教师参与到学生管理的实践活动中。[①] 学生管理工作者也可将日常管理工作中收集的案例提供给思政课教师,以充实思政课课堂教学内容,供学生讨论。

再次,要充分发挥辅导员在学生管理中的作用。高校辅导员与学生联系密切,负责学生的生活、学习等各方面的工作,是学生最为信赖的教师。但是辅导员来自不同的专业,有的辅导员很少接触和学习法律,难免在学生管理中出现侵犯学生合法权益的情况。因而高校应加强对辅导员的法律培训,提高法律素养。

最后,要充分发挥学生干部队伍作用。加强对学生干部的法律培训,增强法律意识,安排学生干部参与选修或辅修法律类课程。同时加强监督,规范日常行为,提高学生干部的工作水平。

---

① 福州大学全面开展“导师制”工作,在此方面做了有益的探索。

第四章　高等学校与学生的法律关系

随着依法治国方略的不断推进，法律制度逐步健全，法治观念逐步深入人心。当前我国普通高等教育已初步发展成为一个相对有序的社会领域。但由于普通高校与学生之间利益关系日益错综复杂，矛盾冲突与法律纠纷越来越多。所有问题的解决基点是必须正确认识和理解高等学校与高校学生的法律关系；只有正确认识和理解高等学校与高校学生的法律关系，才能有效规范高校的学生管理行为，才能有效保障学生合法权利的行使。正确理解高等学校与高校学生的法律关系，既是推进高校法治化的前提，也是构建和谐民主校园的基础。因此，本章通过辨析普通高校与学生的法律关系，以期为解决大学生伤害事故中普通高校与学生之间的争议纠纷，维护普通高校与学生的合法权益，提高普通高校管理水平，构建和谐校园，提供重要的理论与实践意义。

第一节　高等学校法律地位的研究与探索

《中华人民共和国教育法》第 32 条第 1 款规定："学校及其他教育机构具备法人条件的，自批准设立或登记注册之日起取得法人资格。"《中华人民共和国高等教育法》第 30 条规定："高等学校自批准设立之日起取得法人资格。高等学校的校长为高等学校的法定代表人。"因此，高等学校具有法人资格，是独立的法律主体，这一点并无争议。但长期以来，我国对高校的法律地位主要是从民法角度来定位的，新颁布的《民法典》中，根据高校从事的业务活动，将之归为事业单位序列，高校以民事主体的身份参与社会活动。而我们所要讨论的问题的焦点在于：社会生活中角色的多重性决定了高等学校在不同方面具有不同的法律身份，因而各自具有相应的权利（权力）和义务，对其不同性质的行为主体所做出的行为亦要承担相应的法律责任。在此，我们主要以行政法和民法为研究视角对高等学校的法律地位进行分析和探讨，即作为行政主体的高等学校和作为民事主体的高等学校。

一、高等学校的行政主体地位

行政主体，是指享有国家行政权，能以自己的名义行使行政权，并能独立地承担因此而产生的相应法律责任的组织。行政主体的范围不仅包括享有行政管理权的行政机关，也应该包括经过法律、法规授权而具有行政职权的组织，他们与相对方之间不存在平等的民事关系，而是特殊的行政管理关系。这些组织的管理行为也具有强制性、单方性。高等学校不属于行政机关，那么，它是否属于法律、法规授权的组织，具有行政主体资格呢？

《中华人民共和国教育法》第29条规定："学校及其他教育机构行使下列权利：（一）按照章程自主管理；（二）组织实施教育教学活动；（三）招收学生或者其他受教育者；（四）对受教育者进行学籍管理，实施奖励或者处分；（五）对受教育者颁发相应的学业证书；（六）聘任教师及其他职工，实施奖励或者处分；（七）管理、使用本单位的设施和经费；（八）拒绝任何组织和个人对教育教学活动的非法干涉；（九）法律、法规规定的其他权利。"从这些法律规定中可以看出我国现阶段高等学校可以根据法律授权成为教育行政主体，对学生实施教育行政管理行为。其中第3项规定的招生权，第4项规定的学籍管理、奖励、处分权，第5项规定的颁发学业证书权等这些权力具有行政公权力的性质，高等学校的某些行为直接影响和决定着学生受教育权（公民的基本权利）的实现与行使。而且，这些教育管理行为对学生具有单方性、强制性和自由裁量性，对学生具有确定力、约束力、执行力，符合行政行为的构成特征，属于行政行为；具有明显的单方意志性和强制性，符合行政权力的主要特征，因而在性质上应当属于行政权力或公共管理权力。

因此，我们认为高等学校是经由国家法律的授权，行使国家行政权力或公共管理权力，具有法人资格，能够独立承担相应的法律责任，因此，高等学校具有行政主体地位。

二、高等学校的民事主体地位

民事主体，是指根据法律规定，能够参与民事法律关系，享有民事权利和承担民事义务的当事人，能够充当民事法律关系主体的包括自然人和法人。作为民事法律关系的主体，必须具有民事权利能力和民事行为能力。

随着高等教育大众化和市场化进程不断深入，高等教育已演变为高等教育服务。高等学校是高等教育服务的提供者，学生是高等教育服务的消费者。高等学校在提供教育服务的过程中是具备民事主体地位的。比如《教育法》第31条第2款规定："学校及其他教育机构在民事活动中依法享有民事权利，承担民事责任。"《高等教育法》第30条也规定："高等学校自批准设立之日起取得法人资格。高等学校的校长为高等学校的法定代表人。高等学校在民事活动中依法享有民事权利，承担民事责任。"对于高等学校而言，其从登记之日起就享有了法定的民事权利能力和民事行为能力。民事权利能力始于学校法人依法设立或进行法人登记的法律事实，终于法人依法撤销或解散的法律事实。高等学校享有的民事权利包括人格权和他物权两大方面。高等学校的民事行为能力的活动范围不能超出自己的权利能力的范围，其法人的行为能力或权利能力的事实是由学校法人机关进行，它包括实施教育教学活动的学校机构和个人。作为民事主体的高等学校，其对外法律关系主要表现在高等学校与不具有隶属关系的国家机关、企事业单位、集体经济组织、社会团体、个人之间的关系，内容较为繁杂，涉及所有权、契约及侵权损害赔偿等诸多问题。

第二节　高等学校与学生法律关系的研究

高等学校与学生之间的法律关系因高等学校法律性质的多重性而呈现出复杂性，同时也因为高等学校法律地位的模糊性而呈现出不确定性。以下本节将从高等学校与学生法律关系的中外研究现状出发，分析高等学校与学生之间存在的多种法律关系。

一、国外关于高等学校与学生法律关系的研究现状

各国关于高校与学生法律关系的研究由于国情不同而有着很大差异，并随着高校改革、法治理论和人权原则的发展而不断地发展变化，在此仅介绍三种影响较大的有代表的理论。

（一）美国的高等学校与学生法律关系理论

在美国，公立高等学校和私立高等学校的法律地位是有区别的，因此，公立高等学校和私立高等学校在与学生法律关系上适用不同的法律关系理论。

1. 宪法关系论

美国公立高校是各州政府所设，代表政府为社会提供教育，被看作是政府

的机构,学生被看作是公民,享有美国联邦宪法中给予每个公民的保证其合法权益免受政府和其他机构伤害的特定权利。因此,公立高校与学生的关系适用于宪法给予公民的这种权利关系。宪法赋予公民的权益关系同样适用于高校与学生间的权利与义务关系,宪法论自然而然地应用到了教育领域。由此,高校在管理及处分学生时就必须保证联邦宪法和州政府法律给予公民的基本权利,剥夺学生合法权益必须经过法定程序,一旦学生的权利受到侵犯或剥夺,或者剥夺过程未适用正当程序,学生则可诉诸法律以求救济。① 在处理学生利益与学校(国家)利益的冲突时,美国最高法院,作为美国宪法的保护神,一方面注意到了学校的自身特点和特殊性,充分维护了学校自主权,另一方面也充分考虑了学生的宪法权利,使学生不因身处特殊情境而造成合法权利得不到主张。② 当然,高校作为与其他政府或私人机构不同的特殊组织,因为有着高等教育的宗旨所在,出于教育目的和高校内部管理的需要,高校也有权制定相应规则来约束、管理学生的行为,这是宪法赋予教育领域的特殊权利关系。但是这些特别权利不能侵犯宪法所保护的公民基本权利,即使是学校,凡是涉及基本权利的事情,事关学生身份变更如退学、转学以及一些重要的基本人权和自由时,同样适用法律保留。③

2. 契约论

在美国私立学校,盛行契约论。可以说,"统治者的权力来源于被统治者的赞同"的社会契约论观点和"主权在民"的思想使得契约与美国的社会生活有着不解之缘。④ 如今,社会契约的思想已超出了其政治范畴,渗透到了社会生活的各个层面。在美国,鉴于宪法只保护来自政府机构及其他公益部门的学生的权利,对纯粹私立高校的学生权利却不加保护,在此情况下,私立高校与学生只能通过契约关系明确双方的权利与义务。契约有许多种方式,最常见的例子包括房屋合同或租约、饮食服务合同、贷款协定等,当在这些方面出现问题时,书面的合同,包括参照合同而具体化的机构规则,就是处理这些问题的首要法律依据。随着社会的发展,如今高校与学生之间的契约关系已经

---

① 蔡国春:《试论高等学校与学生的法律关系》,《高等教育研究》2002 年第 5 期。

② 赵西巨:《学生宪法权利与学校自由裁量权》,《山东省青年管理干部学院学报》2001 年第 2 期。

③ 蔡国春:《试论高等学校与学生的法律关系》,《高等教育研究》2002 年第 5 期。

④ 周小宋、李美华:《美国课堂管理中的新方法:行为契约》,《比较教育研究》2004 年第 5 期。

超出了明确契约的范畴，而出现了更加模糊不固定的契约关系。如双方传统上的行为方式及法院判例的程序，甚至包括心理契约的互动模式等。①

美国高校与学生的法律关系宪法论、契约论有其合理性和客观必然性，具体表现在：权利与义务关系的明确，学生合法权益的保护，高校管理中心的转变，师生本质职权的集中等，其体现的时代进步、法治精神及观念转变等有一定的启示和借鉴意义。

（二）德国的高等学校与学生法律关系理论

1. 特别权力关系论

特别权力关系源于19世纪后半叶君主立宪时代的德国公法学，指在特定领域内，为达到行政目的，在人民与国家之间建立的加强人民对国家从属性的关系。在这种关系中，权力主体对个人行使的特别权力不受“法治原则”的支配和控制，个人对权力主体的附属性更强，个人权利要受到更多限制，个人主张权利的余地较小。在德国，普通高校在法律理论上归属于公务法人，其内部组织机构及其与学生之间的关系都属于公法性质，在整体上受公法调整，自然，公立高校与学生之间的关系被视为特别权力关系的典范。特别权力关系论者主张，公立高校与学生的关系是学校行使强有力的公权力的特别权力关系，不适用一般情况下应遵循的法律保留原则和权利保护原则，学校出于教育目的和学校内部管理的需要，有权自行制定规则行使惩戒权，而无需具体法律依据，学生对学校的权力行使，不得提起诉讼。② 归根到底，其“特别”之处在于：一是排除法律保留原则，二是剥夺权利救济手段。德国传统理论倾向于将公立高校定位为公务法人，即为特定公共目的而服务的公务法人，高校与学生的关系即为公务法人同其利用者之间的特别权利义务关系。由于特别权力关系理论不符合现代法治和人权保障的理论发展趋势，在二战后受到广泛批判。

2.“重要性”理论

“重要性”理论是建立在对特别权力关系论的修正基础上的。著名德国学者乌勒提出，为了使学校有效实施教育管理职责，在学校的目的限制范围之内，即使没有法律的特别规定与授权，学校仍然可以根据自己的内部规定行使

① 崔晓敏：《美国高校与学生法律关系的演变——从“代理父母地位说”到宪法论、契约论》，《高教探索》2006年第4期。

② 胡华秀、周光礼：《普通高校与学生法律关系透视》，《西安欧亚学院学报》2007年第1期。

一定的管理权，并且不受司法审查，但是与学生基本权利保障有关的重要事项，必须由法律规定并接受司法审查。即凡是涉及学生的基本权利或重大权益的事项，属于法律保留的范围之内；凡是只涉及学生的日常管理等非重要事项，属于高校自主立法的范围。这事实上是大大限制了特别权力关系的适用范围。乌勒指出，在传统的特别权力关系中，不仅存在基本的、涉及公民法律地位的决定，而且还存在大量的日常性决定，它们仅仅关系到机关正常工作，而与国家和公民之间的法律关系无关。据此，他在传统的特别权力关系内区分出基础关系（外部关系）和管理关系（内部关系），以便既能遵循法治国家的原则，又能照顾部分行政领域的特性。基础关系指有关特别权力关系产生、变更与消灭，即涉及当事人法律地位变化的关系，与基础关系相关的决定属于行政行为，如有关公立高校学生的退学决定、开除学籍的决定等，对相对人影响较大，应适用法律保留原则和司法救济以保障相对人的基本权利。管理关系指与当事人法律地位无关而仅关乎维护内部行政秩序和达成行政目的的管理规则，如公立高校对学生服装、仪表、作息时间等所作的规定，被视为行政内部指示而不属于行政行为，对相对人利益影响较小，无需法律规定，也不存在法律救济。基础关系和管理关系理论平衡了人权保障和行政管理目标的有效达成，从而被大陆法系国家多数学者和司法实务界接受。

（三）日本的高等学校与学生法律关系理论

二战前，日本属于典型的大陆法系国家。因此，在高校与学生法律关系的理论上，日本也深受特别权力关系论的影响。

1. 在学契约说

日本学者室井力在彻底批判传统特别权力关系理论的基础上首先提出在学契约。他认为在现代教育法治下，教育应完全摆脱“权力作用”，学生的在学关系应当脱离行政法而成立民法上的契约关系。学生与学校双方地位平等，各依教育目的缔结在学契约，如有纠纷由普通法院审理。依在学契约关系理论，在学关系之成立是基于学校和学生（若未成年则由父母或其他法定代理人代理）相互间意思表示之一致，契约一旦成立，则在学关系即受契约条款所规范。在学生入学之初，在学契约条款已由学校拟定，就是通常我们所说的学校规则（校规），学生决定入学即表示愿意受校规的拘束，因此在学理上，学校制定校规规范学生行为的权力来源是基于学生对在学契约条款的合意，学生若违反校规，学校则可依校规启动惩戒权。但在学契约条款（校规）不能抵触宪法或其他法令的规定，也不能违反公法上一般法律原则，例如诚实信用原则、平等原则、目的和手段成比例原则以及信赖保护原则等。由于在学契约理论把教育活动比作一般的交易买卖，这种说法显然不妥，未得到学界的普遍认同。但随后通过对这一理论进行修正，出现了学生与学校间的“行政契约”理论。该理论认为，教育的推行是国家的基本义务，并非一般私法上的盈利关系可以比拟，但教育的进行也应排除国家权力的过分介入，因此，在学关系在本质上应属国家和学生处于对等地位并为追求教育目的而依合意成立的行政契约关系，学生接受学校教育是宪法上保障的权利，而非施教者完全支配的权力，双方之间是一种对等的权利义务关系，学校所享有的在一定范围内概括性的决定权，基本上仍是学生同意下所构成的教育自治关系，但是因为教育的实施仍属借助国家行政权力的推行，所以校方管理权的推行实施，仍应遵守依法行政的原则。在教育关系内部所产生的一切纠纷也应由行政法院审理。[①] 在学契约说对于防止国家公权力的强制与权威介入大学自治、提高学校的法律地位，起到了一定的保障和促进作用。但是缺陷在于对高校的公权力性质没能有清晰的认识，亦不能准确阐释高校与学生之间的法律关系，相反，有时用契约理论来界定学生与学校的关系会使原本不清晰的关系更加混乱。

2.“部分社会说”

日本最高法院在1977年3月15日有关富山大学学分不认定案的判决中仍然承认“有部分性秩序为特别关系”，认为“国立大学的关系是具有自律性法规范的特殊的部分社会”，但另一方面，又承认“人权的制约应限于该关系的目的所必要的限度内，且此种关系涉及市民法秩序时(例如，学生的退学处分)，就要接受法院的司法审查”。因此，“在日本虽仍维持特别权力关系之理论，但如公立学校学生，受到开除学籍处分时，得准其提起诉讼”。[②] 日本最高法院认为：大学不管公立还是私立，都属于部分社会关系，为了实现其设置目的，应拥有自律性、概括性权力，因此其与一般市民社会不同，而是形成特殊的“部分社会”，在其中所产生的法律纷争，当然不应列为司法审查的对象。可以看到，这种学说与特别权力关系的不同仅在于解释角度有别，实质上并无特别差异，法院的用意主要在于避免直接适用已引起广泛批评的特别权力关系理论。[③]

---

① 吴庚：《行政法之理论与实务》，三民书局1995年版，第191页。

② 秦惠民：《高校管理法治化趋向中的观念碰撞和权利冲突》，载劳凯声主编：《中国教育法制评论》第1辑，教育科学出版社2002年版，第67～69页。

③ 谢瑞智：《教育法学》，台湾文笙书局1996年版，第102页。

如果说美国的宪法关系论突出了人权保障的法治和宪政精神，但是也会因是基于学生相对人而不能完全得到与其他公民相同的权利救济，则基础关系、管理关系理论试图在学生合法权益保障与高校管理目标的实现之间达成某种平衡和协调。而日本的在学契约论和部分社会观点也强调了对高校权力的限制以及对学生的权利救济。从总体上看，国外理论关于公立高校与学生法律关系的理论发展趋向于对人权原则和依法行政原则的遵循，重视对学生权益的保护和救济，仅在有限的范围内兼顾高校教育性管理的特殊性而承认其裁量权的存在。而我国在正确定位高等学校与学生的法律关系可参考国外的成功立法经验，结合我国的具体国情，取其精华，去其糟粕，对我国高等学校与学生的法律关系给予完善，建立系统完善的法律制度之后，运用这些规则来处理大学生伤害事故，能妥善解决纠纷，推动和谐校园的建设。

二、我国关于高等学校与学生法律关系的研究现状

在我国，关于高等学校和学生的法律关系并没有任何具体明确的结论和规定。基于我国教育体制与立法的固有特点，以及人们对社会各主体的认识和法理的存在，有关高校与学生之间的法律关系在学术界存在着不同的观点。

(一)高等学校与学生之间法律关系的变化

新中国成立以来，历经计划经济体制、向市场经济体制过渡及建立市场经济体制的阶段。不同阶段的经济体制、社会管理体制的内容及法治发展水平有着较大差异，在很大程度上影响甚至决定了各社会组织内部管理的性质、方式等内容。在此，分别以“计划经济体制”与“市场经济体制”为背景，考察高校与学生关系的性质及其表现。

1. 计划经济体制下高等学校与学生的关系

我国传统意义上高校与学生之间的法律关系是特别权力关系，是“基于特别之法律上的原因，于一定范围内，对相对人享有概括命令之权力，而相对人具有高度服从义务之法律关系”。[①] 计划经济时代，为保证计划经济的实施，即保障全国范围的“人、财、物”的统一支配与利用，相应的社会管理体制的突出特征是高度集中的行政化模式，国家行政权触及社会的所有角落。在此期间，高校与学生之间的关系因招生录取而成立，因学生毕业、退学等原因而终

① [德]奥托·迈耶著，刘飞译：《德国行政法》，商务印书馆 2002 年版，第 224 页。

止。虽然,教育部颁发了《高等学校暂行规程》(1950年)、中共中央与国务院颁发了《关于教育工作的指示》(1958年)等少量具"法律法规色彩"的规范性文件,但调整高校与学生关系的依据主要仍为政策、指令性计划及行政命令。高校对学生采用强制性、管制性方式,进行学籍管理、代表国家对毕业生进行就业分配。学生则享有领取助学金、申请奖学金、享受毕业分配工作、接受免费教育的权利。学生对学校的管理只能服从,管理行为具有高度的单方意志性。高校与学生间纠纷解决方式为行政救济。大多由学生向行政主管部门申诉,但不具有向司法部门起诉的权利。

计划经济时代,高校与学生的法律关系的特征主要有以下几点:第一,高校对学生的管理权是国家行政权,权利主体可以以内部规则的方式限制相对人的自由权利,即高校无须法律授权,基于达成行政目的的需要和自身的权力,即可制定内部规则,限制学生权利的行使。第二,相对人义务的不确定性。权力主体(高校)对处于特别权力关系中的相对人(大学生)享有总括性命令支配权,只要是出于实现行政目的的需要,即使法律无具体明确的规定,仍然可以为相对人设定各种义务。第三,权力主体对相对人的惩戒权。特别权力关系中相对人不服从权力主体制定的命令时,为维持其内部秩序,权力主体有权行使公权力,对相对人作出惩戒。如高校制定特别的内部规定(如学校宿舍管理规定)以约束学生。第四,不适用权力救济保障程序。由于高校对学生的实施措施是特别权力关系内部的措施,即使对其不服,相对人也不能向法院申请司法救济。其目的在于保证和促进行政权的有效运作,保持行政权的完整性。

2. 市场经济体制下高等学校与学生的关系

市场经济体制下,政府不再直接、全面地管理社会组织,社会组织具有独立的主体地位。高校主体地位得到确认后,以国家行政权为主线、以国家管理高校、高校管理学生来实现国家管理学生的这一链条被切断,高校学生管理领域中的国家行政权退出历史舞台。[①] 1999年发生的"田永诉北京科技大学案"和2000年的"刘燕文诉北京大学案"成为高校与学生之间关系去"特别化"的先声,得到了国内外学术界的广泛关注。

(二)现阶段高等学校与学生的法律关系

法律关系是在法律规范调整社会关系的过程中所形成的法律上的权利义

① 黄全:《社会转型中高校与学生的行政关系》,《行政法学研究》2010年第4期。

务关系。高等学校与学生之间的法律关系，是指以《高等教育法》等一系列国家法律规范为前提而产生的社会关系，是高校在对学生的管理过程中形成的权利(权力)与义务关系。笔者认为，根据现有法律规定及实践操作，高校与学生的法律关系具体表现为以隶属性为主要特征的纵向型教育行政管理关系，又表现为以平等性为主要特征的横向型民事法律关系，相互交错，是具有双重属性的法律关系。主要包括两个方面：

1. 行政法律关系

从行政法学角度来看，在高校与学生之间形成的管理与被管理的法律关系中，一方是教育者，是组织、实施教育教学的管理者，另一方是受教育者，是被管理的对象。高校依据法律授权对受教育者进行学籍管理、实施奖励或者处分、颁发学业证书、授予学位等具体行政管理行为时，与学生处于不平等地位，高校的行为具有明显的单方意志性和强制性，符合行政权力的主要特征，因而在性质上应当属于行政权力或公共管理权力，对行使这些权力产生的后果应当承担相应的行政法律责任。高等学校与学生之间形成了管理与被管理的行政法律关系。

2. 民事法律关系

从民法视角看，高校学生一般是 18 岁以上的成年人，他们自愿支付费用接受高校的教育服务。在两者之间，一方面是高校拥有办学自主权，包括处分权，这是教育法赋予高校的权利，另一方面是学生享有受教育权和其他各种权利。当高校与学生进行涉及财产权、人身权、债权、知识产权等民事权利行为时，高等学校与学生之间的关系以平等有偿为基本原则，高校与学生的法律地位是平等的，它们之间构成了平权型的民事法律关系，不存在隶属法律关系。在这种法律关系中，高校和学生均以平等民事主体的身份而存在，高校对学生无支配、命令的权力，学生无接受、容忍的义务。其特征是高校与学生民事主体法律地位平等，权利义务平等，意识自治，如高校与学生发生的涉及因学校设施、设备及建筑物的安全问题，教师在教育教学活动中对学生造成人身伤害引起的赔偿纠纷，学校对学生的后勤服务等方面问题。在民事关系中，将高校与学生双方作为平等主体而对学生进行民事救济，更有利于学生权利的充分保护。

第三节　高等学校与学生的行政法律关系

行政法律关系是指受法律规范的因行政权行使而形成(或产生)的权利义务关系。行政法律关系既包括在行政活动过程中所形成的行政主体与行政相对人之间的行政法上的权利义务关系,也包括因行政活动产生或引发的救济或监督关系;它不等同于行政关系,行政关系是行政法调整的对象,而行政法律关系是行政法调整的结果。因此,行政法律关系范围比行政关系小,行政法并不对所有行政关系做出规定或调整,只调整其主要部分。行政法律关系由行政法律关系主体、行政法律关系客体以及行政法律关系的内容组成。

一、高等学校与学生之间行政法律关系的主体

行政法律关系主体,又称行政法律关系的当事人。它是指行政法律关系的实际参加者,即在各种具体的行政法律关系享有(或行使)权利(力)和承担义务的双方当事人。行政法律关系主体不是某一方主体,而是双方当事人,它包括行政主体和行政相对人。

(一)高等学校的行政主体地位

根据行政法的基本原理和一般法理,可以判断高等学校能否被授权成为行政主体。

从授权的条件看,第一,高校作为公益组织,从事的是国家的教育事业,它所拥有的招生、学籍管理、颁发学业证书等权利都是为了更好地为国家培养人才,它所行使的职能,与高校本身和教育工作者的个人利益无利害关系。

第二,《中华人民共和国教育法》第 27 条规定设立学校应具备四个条件:(1)有组织机构和章程;(2)有合格的教师;(3)有符合规定标准的教学场所及设施、设备等;(4)有必备的办学资金和稳定的经费来源。高校的设置同样如此。因此一所依法成立的高校也就具备了行使教育法律、法规授予职能所必需的基本条件,包括场地、设施、师资、技术等。

第三,高校自成立之日起即取得法人资格,作为法人,不仅具有行为能力,同时还具有责任能力,能以自己的名义从事法律行为,承担法律责任。由以上论述可知,高校是法律法规授权的组织,可以依法行使教育行政职权,是行政主体。

(二)学生的行政相对人地位

行政相对人也称相对人,作为一个与行政主体相对应的学理概念,行政相对人是指在具体的法律关系中处于被管理地位的组织和个人,即行政法律关系的另一方当事人。行政相对人在行政法律关系中与行政主体的地位是不平等的,但作为一方当事人,其既负有义务,又享有权利,而不是法律关系的义务人。由于行政相对人是行政主体行政行为的承受者,其有资格成为行政诉讼中的原告,而行政法律关系中的行政主体将成为行政诉讼中的被告。在高校对学生行使部分职能时具有行政主体地位,作为被管理一方的学生,具有这一特征的学生成为行政相对人。

二、高等学校与学生之间行政法律关系的客体

行政法律关系的客体是指行政法律关系中主体双方的权利和义务所指向的对象。权利和义务如果没有它们指向的对象,将因没有目标而不能落实,也就丧失其存在的意义。

高校与学生之间行政法律关系的客体就是高校与学生权利义务所指向的对象,也涉及物质利益、精神财富、人身权、行为等方面。物质利益是指高校对学生进行管理时所涉及的财产、物品等,如奖学金、学校对学生考试作弊的罚款等。这里的精神财富是指高校对学生进行管理时所涉及精神方面的内容,如高校对学生的口头表扬等。高校与学生之间行政法律关系也有很多以相对人的人身权作为客体,如高校对学生的警告或通报批评就是通过对学生的名誉或荣誉的损害进行处罚的,又如学校授予优秀学生荣誉称号也是以人身权作为客体。高校与学生之间行政法律关系客体中的行为也占有重要地位,如学校不依法颁发学生学历学位证书、学生在考试中不遵守考试纪律时学校对学生进行罚款处罚等,都是高校与学生之间行政法律关系的客体。

三、高等学校与学生之间行政法律关系的基本内容

行政法律关系的内容是指行政法律关系主体双方所享有(或行使)的权利和承担义务的总和。行政法律关系的双方,无论是行政主体还是行政相对人,均既有权利又负有义务。每一方当事人都是一定权利的享有者和一定义务的承担者。高校与学生之间行政法律关系的内容主要是作为行政法律关系主体的高校与学生的权利和义务。下面将根据我国有关法律法规的规定,分列述之。

(一)高等学校对学生的权利与义务

1. 高等学校对学生的权利

(1)组织实施教育教学活动权

它主要指高校根据自己的办学宗旨和任务,依据国家主管部门有关教育计划、课程、专业设置等方面的规定,有权决定和实施自己的教学计划,决定具体课程、专业发展、选用教材,决定具体课时和教学进度,组织对学生的考核、评比。这是高校最基本的权利。

(2)学校规章制定权

学校规章是高校根据国家法律、法规,为规范其内部组织及成员的行为,保障教学、科研等工作正常进行而制定的普通适用于高校内部的规则和制度。目前,许多高校在新生入学教育环节中专门安排对学校规章、学生行为规范进行宣讲,并对规章内容进行考试,这种做法可以视为学校规章的公开,这在很大程度上解决了高校规章的公开性问题。

(3)学籍管理权

学籍管理权是属于以行政法为依据的行政执法行为。其中,学籍管理中的入学注册设定了学生和高等学校的法律关系,成绩考核、转专业、升级、留级、降级、休学与复学等则变更了学生与高等学校已有法律关系的内容,转学、退学、毕业、结业、肄业则消灭了学生与高等学校已有的法律关系。

(4)学历证书颁发权

对于符合毕业条件的学生颁发毕业证书是大学固有的权力。而作为一种法定学习经历的证明,特别是教育制度中具有特定含义的学历,乃是国家行政权的一部分。①

(5)学位授予权

《中华人民共和国学位条例》第8条规定:"学士学位,由国务院授权的高等学校授予;硕士学位、博士学位,由国务院授权的高等学校和科学研究机构授予。"《中华人民共和国学位条例暂行实施办法》第25条规定:"学位授予单位可根据本暂行实施办法,制定本单位授予学位的工作细则。"从这两个规定可以看出,高校授予学位的行为是国家授权高校行使的依当事人申请而为的行政行为。

① 高家伟主编:《教育行政法》,北京大学出版社2006年版,第162页。

(6)奖励权

一般认为高校对学生的奖励权是高校行使的公共行政权,1990年《普通高等学校学生管理规定》对高校实施奖励的条件、方式、原则都有相对明确的规定。2005年新修订的《普通高等学校学生管理规定》对奖励的条件由原有的"德智体诸方面全面发展"改为"德、智、体、美"等方面全面发展,另增加"科技创造"有突出表现的,作为受奖范围,从而更加有利于鼓励学生全面发展和能力的提高。奖励方式的规定更为灵活,包括授予"三好学生"称号或者其他荣誉称号、颁发奖学金等多种形式。

(7)惩戒权

高校惩戒学生行为是指高等院校为教育或管理之目的,依国家立法和学校规范,对违反特定义务或未达到规定要求的在校学生,所采取的致使学生承受不利负担并做成书面决定的非难性或惩罚性措施。① 高校惩戒权是国家教育行政权的延伸,高校对违反相关法律法规或学校规章制度的学生实施惩戒,历来是高校进行教育管理的一种主要手段,有其正当性。

高校惩戒权可以分为学业惩戒权和纪律惩戒权两大类。在学业惩戒方面,主要表现为高校为达到教书育人的目的,制定各种规则,对学生的学习情况加以规范,对不能达到大学培养要求的学生实施的一些惩处措施,以保证大学的教育教学质量。如对学生做出的考核成绩无效、课程重修或补考、延长修业年限、退学等决定。纪律惩戒方面,即高校对违法、违规或违纪的学生,视性质和过错程度之不同,而做出的谴责和告诫、记录过错、保留学籍进一步考察其表现或者除去在校学生资格的纪律处分决定。② 我们一般说的高校惩戒主要指纪律惩戒。

① 沈岿:《析论高校惩戒学生行为的司法审查》,《华东政法学院学报》2005年第6期。

② 沈岿:《析论高校惩戒学生行为的司法审查》,《华东政法学院学报》2005年第6期。

此外,高校的权利还包括高校招生权、学生评价权等[①],因与本书关联性不大就不在此详述。

2. 高等学校对学生的义务

(1)组织教育教学的义务

高等学校应当以培养人才为中心,开展教学、科学研究和社会服务,保证教育教学质量达到国家规定的标准。高等学校要按照国家教育方针,遵循教育规律,不断提高教育质量。

(2)维护校园秩序和组织课外活动的义务

学校应当维护校园正常秩序,保障学生的正常学习和生活;学校应当建立和完善学生参与民主管理的组织形式,支持和保障学生依法参与学校民主管理;学校应当提倡并支持学生及学生团体开展有益于身心健康的学术、科技、艺术、文娱、体育等活动;学校应当鼓励、支持和指导学生参加社会实践、社会服务和开展勤工助学活动,并根据实际情况给予必要帮助;学校应当建立健全学生住宿管理制度。学生应当遵守学校关于学生住宿管理的规定。

---

① 高校招生权即《高等教育法》第19条规定:“高级中等教育毕业或者具有同等学力的,经考试合格,由实施相应学历教育的高等学校录取,取得专科生或者本科生入学资格。本科毕业或者具有同等学力的,经考试合格,由实施相应学历教育的高等学校或者经批准承担研究生教育任务的科学研究机构录取,取得硕士研究生入学资格。硕士研究生或者具有同等学力的,经考试合格,由实施相应学历教育的高等学校或者经批准承担研究生教育任务的科学研究机构录取,取得博士研究生入学资格。允许特定学科和专业的本科毕业生直接取得博士研究生入学资格,具体办法由国务院教育行政部门规定。”学生评价权即高校有权对在校大学生的行为表现和学业成绩进行评价,根据不同的评价标准可分为学业评价和品行评价、肯定性评价和否定性评价等。

(3)依法管理的义务

根据《普通高等学校学生管理规定》的规定，普通高校应依法治校，从严管理，健全和完善管理制度，规范管理行为。要将管理与加强教育相结合，不断提高管理水平，努力培养社会主义合格建设者和可靠接班人。

(4)依法颁发毕业证书、学位证书的义务

学校应当严格按照招生时确定的办学类型和学习形式填写、颁发学历证书、学位证书。对违反国家招生规定入学者，学校不得发给学历证书、学位证书；已发的学历证书、学位证书学校应当予以追回并上报教育行政部门宣布证书无效。

(5)与奖励、处分有关的程序性义务

学校应当严格按照有关规定对学生进行奖励和处分。学校对学生的处分，应当做到程序正当、证据充分、依据明确、定性准确、处分适当。学校在对学生做出处分决定之前，应当听取学生或者其代理人的陈述和申辩。学校对学生做出开除学籍处分决定，应当由校长会议研究决定。学校对学生做出处分，应当出具处分决定书，送交本人。开除学籍的处分决定书报学校所在地省级教育行政部门备案。学校对学生做出的处分决定书应当包括处分和处分事实、理由及依据，并告知学生可以提出申诉及申诉的期限。学校应当成立学生申诉处理委员会，受理学生对取消入学资格、退学处理或者违规、违纪处分的申诉。学生申诉处理委员会应当由学校负责人、职能部门负责人、教师代表、学生代表组成。对学生的奖励、处分材料，学校应当真实完整地归入学校文书档案和本人档案。

(二)学生对高等学校的权利与义务

“学生在大学里越来越成为一支独立的力量，从选拔校长到评价教师和学生管理，学生有了广泛的参与决策的途径。学生权力正成为大学里谁也不能忽视的力量。”①

1. 学生对高等学校的权利

(1)教育教学活动参加权和教育教学资源使用权

教育教学活动参加权被认为是学生最基本的权利。

---

①　陈玉琨、戚业国：《论我国高校内部管理的权力机制》，《高等教育研究》1999 年第 3 期。

(2)公正评价权

《教育法》第43条规定学生在学业成绩和品行方面有获得公正评价的权利。

(3)参加学生社团的权利

《高等教育法》第57条规定:“高等学校的学生,可以在校内组织学生团体。”学生自愿组织学生社团,是学生作为公民行使宪法赋予结社自由权的表现形式,对此,学校虽有领导和管理的权利,但学生社团只要在法律、法规规定的范围内活动,高校也应尊重学生的此项权利,负有不得非法侵犯的义务。

(4)人身或财产不受非法侵犯权

人身权和财产权本属民事权利即私权,在此处作为学生以行政相对人身份的公权对待,是因为这种权利具有公权与私权的双重属性,对人身权或财产权任何人都负有不得侵犯的义务,当这种权利针对的义务主体是另一民事主体并以民事赔偿责任为预示后果时,该权利就是民事权利,而当这种权利是要求行政主体不得以行政权力非法侵害,并以特定的行政赔偿责任为预示后果时,该权利就是行政法上的权利即公权。

(5)获得赔偿的权利

这一权利是学生人身权、财产权受到学校行政行为侵犯所派生的权利,但又不仅限于此,因为《教育法》第43条第4项规定中的“人身权、财产权等合法权益”,其中的“等合法权益”,应理解为学生人身权、财产权以外的其他合法权益,有学者认为主要是指受教育权。

(6)获得学业证书、学位证书的权利

即学生完成相应的学业并达到相应的要求,有权利获得毕业证书、肄业证书或结业证书,对具有一定学术水平的学生有权获得相应的学位,包括学士学位、硕士学位和博士学位。

(7)正当程序保障权

包括两个方面,一为程序进行中的权利,即当学校做出对学生权益相关特别是不利行为(如退学、处分)时,学生享有陈述和申辩的权利,要求学校告知不利行为的事实、理由和依据以及事后申诉等事项的权利。

(8)其他权利

根据我国《教育法》和《高等教育法》的有关规定,在高校与学生行政法律关系中,学生除享有上述权利外,还享有合法权益受到维护、请求提供帮助、获得就业指导和服务、参加社会服务勤工助学活动的权利。

2. 学生对高等学校的义务

(1)守法义务

大学生首先作为普通公民的法律地位出现，应履行最起码的作为一个普通公民应履行的共同义务，即国家法律法规对一个普通公民要求的底线——遵守法律法规。

(2)服从管理义务

学生应遵守学校管理制度，遵守学生行为规范，尊敬师长，养成良好的思想品德和行为习惯。学生应当按学校规定办理注册手续，不符合注册条件的不予注册；学生应当自觉遵守公民道德规范，自觉遵守学校管理制度，创造和维护文明、整洁、优美、安全的学习和生活环境；学生进行课外活动不得影响学校正常的教育教学秩序和生活秩序；学生不得有酗酒，打架斗殴，赌博，吸毒，传播、复制、贩卖非法书刊和音像制品等违反治安管理规定的行为；不得参与非法传销和进行邪教、封建迷信活动；不得从事或者参与有损大学生形象、有损社会公德的活动。

(3)学习的义务

学生应在学校规定年限内，修完教育教学计划规定内容，并使德、智、体等其他方面达到毕业要求。因为学生未完成规定学业，学校有权根据不同情形颁发不同的学业证书，甚至不颁发学业证书。

(4)履行获得助学金的相应义务

助学金由国家或学校设立，对家庭经济困难的学生予以资助，有行政给付行为性质，学生未履行相应义务，学校有权停止发放。

(5)其他义务

第四节　高等学校与学生之间的民事法律关系

高校与学生之间存在着民事法律关系，即平等民事主体之间(高校作为法人、学生作为自然人)基于民事法律规范的调整而发生的民事法律关系。高校与学生之间的民事法律关系由主体、内容和客体构成，该三要素相互联系，缺一不可。

一、高等学校与学生之间的民事法律关系的主体

高校与学生之间的民事法律关系的主体是指享受民事权利、承担民事义务的高校和学生。高校与学生之间的民事关系一般是高校与学生两方参加，只有在委托培养关系中才会出现第三方主体。无论是何种情况，高校与学生在法律人格上是平等的。享受权利的一方称为权利主体，承担义务的一方称为义务主体。由于高等教育属于非义务教育，高校与学生之间存在一定的价值交换，双方互为等价给付。因此，在高校与学生的民事法律关系中，高校与学生一般既是权利主体又是义务主体。就提供教育服务而言，学生是权利主体，学校是义务主体，但就支付学费而言，学校是权利主体，学生是义务主体。

二、高等学校与学生之间的民事法律关系的客体

高校与学生之间的民事关系的客体是指高校与学生享有的民事权利和承担的民事义务所共同指向的事物。高校与学生之间的民事法律关系的客体决定于教育与学习活动的目的性。如果没有客体，高校与学生之间的权利义务就无法体现和落实。高校与学生之间的民事法律关系的客体主要包括：(1)物。主要是满足学生学习需要的设施、设备、仪器、教材和多种媒体等。(2)行为。专指为满足教育教学和学习需要，实现双方商定的教育目标而进行的活动，主要是提供教学指导、组织教学、安排实验实习等。(3)智力成果。智力成果是脑力劳动创造的精神财富，是一种无形财产，如发明创造、科学著作、文学作品等。(4)人身利益。人身利益包括作为法人的高校和作为自然人的学生所享有的名称、荣誉、名誉、生命健康、姓名、尊严、隐私等。

三、高等学校与学生之间的民事法律关系的基本内容

学校与学生之间的民事法律关系的内容是指高校与学生在平等自愿基础上达成知识教育合同后所享有的权利与承担的义务。包括：

第一，民事权利，主体为实现其某种利益依法为一定行为的可能性。民事权利有民事权益和请求权能两项内容。民事权益是指高校与学生受民法确认和保护的利益，包括物质利益和人身利益，如高校将教学资源等物质提供给学生使用以收取对价的利益，名誉、荣誉、姓名、名称等人格与身份不受侵犯的利

益。权能是权益的作用，是高校与学生实现民事权益的手段，包括支配权能、请求权能、诉讼权能。

第二，民事义务，指高校与学生之间的民事法律关系的义务主体为满足权利主体法律上的利益，依法应当为一定的行为或不为一定的行为的约束。高校与学生之间的民事义务有限定性和强制性的特征。义务主体不履行义务，必须依法承担相应的法律责任。

"没有无义务的权利，也没有无权利的义务"，也就是说，权利和义务之间有一种互相对应、互相依存、互为条件的关系，权利和义务是相辅相成的。因此，学生对高等学校所享有的民事权利即高等学校对学生所负担的义务，而高等学校对学生所享有的民事权利即学生对高等学校所负担的义务，两者相互依存。具体阐述如下：

(一)学生对高等学校的民事权利以及高等学校对学生的民事义务

在具体的民事活动中，学生所享有的民事权利与高等学校承担的民事义务是不尽相同的，但是，整体归纳，包括但不局限于以下几种情况：

第一，学生享有名誉权，而高等学校承担不侵犯学生名誉权的义务。名誉权是指公民或法人对自己在社会生活中获得的社会评价即自己的名誉、依法享有的不可侵犯的权利。名誉权是显示大学生综合素质的"标签"，关系到其在学校的地位、人格尊严、他人的信赖程度以及学生的就业问题。

第二，学生享有生命健康权，而高等学校承担不侵犯学生生命健康权的义务。随着高校扩招，人数激增，再加上社会交往日趋频繁，学校的伤亡事故也日益增加，学生的生命健康权经常受到侵害，主要体现在以下几个方面：(1)学校提供的基础设施应当符合国家规定的安全标准。如果教学生活设施陈旧、老化，质量不达标而存在安全隐患，未及时修理或更换造成学生人身伤害的，学校应承担相应的违约责任或侵权责任，受害者可以选择一种法律责任进行救济。另外，相关责任人还应承担行政法律责任直至刑事责任。(2)高校组织的课堂教学、文体活动、社会实践中发生的学生伤害事故，如果事故是可以或能够预见的，学校或负责组织的老师由于疏忽大意而未及时防范，学校应承担相应的违约责任。如果学校认真履行了管理职责且无过错存在，则应免责，但却负有及时采取有效措施进行救济的义务。(3)高校提供的后勤服务疏漏造成的学生人身伤害事故，学校应该承担相应责任。

第三，学生的人格尊严受法律保护，而高等学校承担不侵犯学生的人格尊严的义务。高校或教师为了防止学生考试作弊或因查找被盗财物而对学生进行非法搜身，一些教师对学习成绩差、品德有缺陷的学生加以讽刺、挖苦、嘲笑、辱骂等，这些都造成了对学生人格尊严的伤害，应采取相关手段加以约束。

第四，学生享有受知识产权法律关系保护的权利，而高等学校承担不侵犯学生知识产权的义务。常见的知识产权法律关系主要发生在著作权和专利权领域，其中著作权纠纷占绝大部分。老师借学生完成作业（如论文或实验）之名，占有学生搜集的资料或实验数据，剽窃学生的成果等都是常见的知识产权纠纷。面对以上侵权，高校应该引导和鼓励学生运用法律武器来维护自己合法的知识产权，同时，高校应对“知法犯法”的老师采取一定的行政措施，以维护学生的合法权益。

（二）高等学校对学生的民事权利以及学生对高等学校的民事义务

第一，高等学校享有管理、使用本单位的设施和经费的权利，以及对举办者提供的财产、国家财政性资助、受捐赠财产依法自主管理和使用的权利，这类物权性质的民事权利是绝对权，其义务主体是不特定的，包括学生在内的任何人都负有不得非法侵犯的义务。因此，若是学生损坏了学校的相关设施，则须承担相应的赔偿责任。

第二，高等学校享受对学生收取相关费用这一债权权利，学生则负有支付相关费用的义务。在市场经济条件下，尤其是高校后勤社会化的今天，学生就学期间，学生与高等学校之间形成了无数个民事合同，具体包括：(1)学费支付合同；(2)房屋租赁以及供水供电合同；(3)图书借用合同。

依法治校，是当前高等教育改革与发展要努力实现的目标之一。在法治日益昌明的今天，衡量高校教育管理工作绩效的标准，已不仅仅是管理效益的高低，而更应着眼于能否实现对作为教育法律关系主体的学生的尊重与关怀，吸收国外有借鉴意义的理论与实践，明确我国高校与学生的法律关系，才能使高校与学生法律纠纷的消解机制研究逐步走向规范。

第五章　大学生伤害事故的法律归责分析

随着高等教育改革不断深入，依法管理高等教育是教育改革的必然要求。如何依法管控大学生伤害事故及其所引发的法律纠纷，如何正确认定大学生伤害事故中的法律责任，减少事故处理过程中的法律纠纷，切实维护高校、教师和大学生的合法权益，建设平安和谐校园，就成为一个具有现实意义的重要课题。本章从法律的视角，分析大学生伤害事故的责任归属问题，讨论大学生伤害事故的归责原则，探讨如何界定大学生伤害事故的法律责任，具体分析高等学校应该承担安全管理责任的各种情况，分析高等学校可以免除安全管理责任的情况，力图厘清高校在大学生伤害事故中的法律责任。

第一节　大学生伤害事故的归责原则

在明确高校与学生之间法律关系的基础上，确定高校对学生伤害事故承担责任的归责原则，是认定高校法律责任的前提。大学生伤害事故的归责原则，是侵权行为的归责原则在大学生人身伤害这一侵权类型中的具体化，是确定行为人在大学生伤害事故中承担侵权民事责任的根据和标准。

一、侵权行为概述

侵权行为是指行为人由于过错，或者在法律特别规定的场合不问过错，违反法律规定的义务，以作为或不作为的方式，侵害他人人身权利、财产权利或其利益，依法应当承担损害赔偿等法律后果的行为。

(一)侵权行为是一种违法行为

违法性是侵权行为的基本性质。首先，侵权行为不是合法行为，而是一种违反法律的行为，侵权行为这一概念本身，就体现了法律的谴责。其次，侵权行为违反的法律是国家关于保护民事主体民事权利的保护性法律规范和禁止侵害民事主体民事权利的禁止性法律规范。再次,侵权行为违法的方式,是违反法律事先规定的义务,包括作为法定义务和不作为法定义务。因此,侵权行为必定是具有违法性的行为。

(二)侵权行为是一种有过错的行为

构成侵权行为必须有过错,只在法律有特别规定的情况下,才不要求侵权行为的构成须具备过错的要件。正如美国学者莫里斯所说的,如果简单地概括侵权行为,可以说它是私法上的过错。除在法律特别规定的产品侵权责任、危险物和危险活动致害责任、环境污染致害责任、动物致害责任等法定的特殊侵权行为可以不要求具备过错这一主观要件以外,侵权行为都是行为人主观上具有过错的违法行为。

(三)侵权行为包括作为和不作为两种方式

侵权行为首先必须是一种客观的行为,而不能是思想活动。其次,这种客观行为,可以是作为的方式,也可以是不作为的方式,其具体方式的形成根源,在于法律赋予行为人法定义务的方式。除了作为和不作为的方式之外,侵权行为没有其他的表现方式。

(四)侵权行为是应当承担以损害赔偿为主要责任方式的行为

损害赔偿是侵权行为的基本法律后果,同时也包括其他形式的民事责任。侵权行为造成损害,必然引起损害赔偿法律关系,行为人承担的主要法律后果就是损害赔偿。按照我国法律,侵权行为的法律后果还包括恢复原状、返还财产、停止侵害、消除影响、恢复名誉和赔礼道歉的责任方式,但是这些民事责任形式都不能代替损害赔偿在侵权行为法中的地位和作用。

二、侵权行为归责原则的概念与体系

对侵权行为归责原则的概念学界有不同的理解,侵权行为归责原则的体系主要包括过错责任原则、无过错责任原则以及公平责任原则。

(一)侵权行为归责原则的概念

对归责的含义,国内学界有着不同的理解。第一种理解认为:归责是指确认和追究侵权行为人的民事责任。[①] 第二种理解认为:归责是指责任的归属,

---

① 张新宝:《中国侵权行为法》,中国社会科学出版社 1995 年版,第 44 页。

是确定应由谁承担责任，这是一个责任判断的问题，责任的归属是归责的结果。第三种理解是国内学者在参考了德国和我国台湾地区的学说后，提出的结论。归责是负担责任的结果，对于受害人而言，即填补其损害。[①] 上述三种理解均从不同的角度提出归责的意义，根据《民法典》，我们认为，归责就是侵权责任发生后如何归属的问题。

归责原则，是指确定侵权行为人承担侵权损害赔偿责任的一般准则，它是在损害事实已经发生的情况下，为确定侵权行为人对自己的行为所造成的损害是否需要承担民事赔偿责任的原则。正如王利明教授指出的那样："侵权法的归责原则，实际上是归责的规则，它是确定行为人的侵权民事责任的根据和标准，也是贯彻于整个侵权行为法之中并对各个侵权法规起着统帅作用的立法指导方针。"

(二)我国侵权行为归责原则的体系

所谓归责原则的体系就是在一国侵权行为法中由一个或者数个归责原则所组成的具有内在的逻辑联系的系统结构。归责原则体系的确立不仅是一个理论上的问题，更关涉一国侵权行为法的体系结构。关于我国归责原则体系，理论界存在一元论、二元论以及三元论等各种观点。我们认为，我国侵权行为法上的归责体系属于三元的归责体系，即包含过错责任原则、无过错责任原则和公平责任原则。

1. 过错责任原则

过错责任原则也称过失责任原则，是以行为人故意或者过失作为承担民事责任的要件认定责任的准则。按照过错责任原则，行为人仅仅在自己行为存在过错时才承担民事责任，而没有过错，就不承担民事责任。

在一般侵权行为中，行为人只有在存在过错的前提下，才承担相应的民事责任，如果行为人没有过错，即使损害是因为行为人的行为所造成的，行为人也无须承担民事责任。《民法典》第 1165 条第 1 款规定："行为人因过错侵害他人民事权益造成损害的，应当承担侵权责任。"明确规定了过错责任原则。在现代民法发展过程中，对于过错的认定产生了两种学说：主观过错说和客观过错说。

① 王利明：《侵权行为法归责原则研究》，中国政法大学出版社 1992 年版，第 17 页。

(1)主观过错说

主观过错说是以行为人在行为时的主观意志状态作为确定责任归属的必要条件。只有当行为人在行为时主观上存在过错才对于自己的行为承担法律责任,而主观上无过错,则无须承担法律责任。因此过错"在本质上是一种应当受到谴责的个人心理状态"①。

主观过错说认为过错是以对行为时的心理状态的评价为基础,以道德评价为内容。而故意和过失是行为人基本的过错形式。故意是指行为人在行为时的主观心理状态,是指行为人明知自己的行为会发生相应的后果并且希望或者放任这种结果发生的主观心理状态。过失则是指行为人应当预见自己行为可能发生损害的结果,因为疏忽大意而没有预见,或者已经预见而轻信能够避免,以致发生了损害结果的主观心理态度。

按照主观过错说,首先,每个具有责任能力和意识能力的人,都应当对自己的行为后果承担责任,而没有责任能力的人,因为无法对自己的行为进行识别,所以不应承担法律责任。其次,对于人的主观状态的评价,作为承担法律责任的依据,受到处罚的不是行为人的行为,而是行为人的心理状态,是行为人本应控制但是没有能够控制的主观意志内容,正是对于行为人主观状态的责难,才实现了侵权法的教育与预防功能。再次,通过对于主观状态的责难确定行为人的过错程度,根据过错的程度来确定承担责任的范围,无疑更能体现侵权法的惩戒功能,过错越大,承担的责任也相应越多。

(2)客观过错说

客观过错说是指在判断行为人有无过错时,不以其主观意志状态为判断的依据,而是以某种行为为标准作为判断行为人有无过错的依据。

在客观过错说中,最重要的是对注意义务的定义。所谓注意义务,是指行为人应尽到合理的注意,而避免给他人的人身或财产造成损害的义务。注意义务的客观标准有三:第一,普通人的注意。这种注意义务是按照普通人在通常情况下能够注意到为标准。第二,应与处理自己事务为同一注意。判断这种注意义务,应以行为人平日处理自己事务所用的注意事项为标准。如果行为人证明自己在主观上已经尽到了注意义务,应认定其为无过失;反之,则认定其有过失。第三,善良管理人的注意。这种注意义务与罗马法上的"善良家父之注意"相当,这一义务要求行为人管理他人事务,不是站在一般普通人的

① 魏振瀛:《民法》,高等教育出版社2003年版,第691页。

立场上，而是要站在一个有相当知识经验的人的立场上的注意义务。这三种注意义务，以普通人的注意为最低，以与处理自己事务为同一注意为中，以善良管理人的注意为最高。

而过失就是指行为人对受害人应负注意义务的疏忽和懈怠。违反这三种注意义务，构成三种过失：第一，重大过失。违反普通人的注意义务，为重大过失。如果行为人仅用一般人的注意即可预见，而怠于注意，就存在重大过失。第二，具体轻过失。指违反应与处理自己事务为同一注意的义务。如果行为人不能证明自己在主观上应尽该种注意，即存在具体轻过失。第三，抽象轻过失。是指违反善良管理人的注意义务。此种过失是抽象的，不以行为人的主观意志为标准，而以客观上应不应当做到为标准，因而，这种注意的义务最高，其未尽注意的过失为抽象轻过失。

2. 无过错责任原则

无过错责任原则是指要求行为人承担侵权责任，不考虑其有无过错，只要存在损害事实，就应当承担侵权责任。《民法典》第1166条明确规定："行为人造成他人民事权益损害，不论行为人有无过错，法律规定应当承担侵权责任的，依照其规定。"无过错责任原则的适用如下：

(1)无过错责任原则不以加害人主观上有过错为构成要件。不管加害人主观上是否有过错，只要其行为或物件造成损害事实，加害人就应承担民事责任。但是，不考虑加害人的主观过错，并不等于也不考虑受害人的过错，受害人的过错对确定无过错责任范围有一定影响。

(2)受害人在主张权利时，对加害人主观上有无过错不负举证责任，加害人也不得以自己没有过错为由而免除或减轻民事责任。但是，无过错责任不是绝对责任，加害人有权依照法律规定的抗辩事由主张抗辩，只是不能以自己没有过错为由主张抗辩而已。加害人若能证明损害事实是由于受害人的故意或者重大过失造成的，则加害人不承担民事责任。

(3)无过错责任原则只适用于法律明文规定的情形。在法律没有明文规定的情况下，不得适用无过错责任原则。根据《民法典》及相关司法解释的规定，无过错责任原则主要适用于以下情形：①高度危险作业致人损害的案件。②环境污染致人损害的案件。③产品质量缺陷致人损害的案件。④饲养动物致人损害的案件。⑤被监护人致人损害的案件。⑥执行职务侵权案件。⑦道路交通事故致人损害的案件。⑧提供劳务致人损害的案件。

3. 公平责任原则

公平责任原则，是指当事人双方对损害的发生均无过错，法律又无特别规定适用无过错责任原则时，由人民法院依据公平观念，在考虑当事人的财产状况及其他情况前提下，责令加害人给予受害人适当补偿，由当事人合理地分担损失的归责原则。《民法典》未将公平责任原则列为独立的归责原则，而是将其划为无过错责任的范畴。《民法典》第 1186 条规定："受害人和行为人对损害的发生都没有过错的，依照法律的规定由双方分担损失。"公平责任原则的适用条件如下：

(1)加害人、受害人及第三方均无过错

这是适用公平责任原则的首要条件。若加害人或第三方因过错导致他人损害，或者受害人对于损害的发生也有过错，则不能适用公平责任原则。

(2)加害人的侵权行为与受害人的损害事实之间存在因果关系

(3)法律对加害人的侵权行为未规定适用无过错责任原则

加害人和受害人虽均无过错，但若法律明确规定对加害人的侵权行为应适用无过错责任原则的，则加害人应承担民事责任，而不能适用公平责任原则。

(4)若加害人不承担民事责任，则显失公平

当加害人、受害人对损害的发生均无过错时，根据责任自负原则，加害人不应承担侵权责任。但是，若绝对地固守此信条，有时会产生不公平的结果。为体现法律的公平正义理念，当加害人不承担责任对受害人明显不公平时，应当让加害人承担适当的民事责任，实现法律的救济功能。

(5)加害人分担的责任份额必须适当

公平责任原则是由人民法院依据公平观念而分担受害人损失的归责原则，因此不能让加害人单独承担受害人的全部损失。加害人承担的责任范围及数额必须适当，如此方能体现出公平责任原则的特性。否则，在救济受害人的同时又损害了加害人的权利，造成当事人之间的利益失衡，公平责任原则的功能也无法实现。另外，公平分担绝不是平均分担，而是根据案件的具体情况、受害人所受损害的程度、当事人的经济状况等因素，由当事人合情合理地分担损失。

三、大学生伤害事故归责原则的适用

依据民法的相关规定，对于学校有过错的侵权行为，应适用过错责任原

则。但造成大学生伤害事故的原因具有多样性和复杂性，因此，必须确立适应各种复杂状况的归责原则体系。认定大学生伤害事故责任的原则应该是：在遵循一般过错责任原则的基础上，兼顾公平责任原则，而不适用无过错责任原则。

（一）过错责任原则是大学生伤害事故归责的根本原则

根据《民法典》的法律精神和立法体例，民事侵权责任的一般归责原则是过错责任原则。《民法典》第 1199 条、第 1200 条、第 1201 条的规定确立了高校对学生伤害事故的责任在性质上是违反法定义务的过错责任，明确了高校对在校学生未尽到教育、管理和保护职责范围内的义务，致使学生受到人身损害的，高校要承担与其没有尽到职责范围内义务的过错相适应的赔偿责任。《学生伤害事故处理办法》(2010 年修订)第 8 条也明确规定："因学校、学生或其他相关当事人的过错造成的学生伤害事故，相关当事人应当根据其行为过错程度的比例及其与损害后果之间的因果关系承担相应的责任。"在司法实践中，一些地方法院早已通过发布内部"审理意见"的方式，将过错责任原则直接规定为高校学生事故中的一般归责原则。例如，《福建省高级人民法院关于审理人身损害赔偿案件若干问题的意见》第 53 条规定："校园人身损害赔偿案件适用过错责任原则确定学校的民事责任"，"损害结果完全由于学校、受害人以外的第三人过错造成的，则学校不承担民事责任"。由此可知，在一般情况下，学校对校园伤害事故适用过错责任原则。

问题的关键是如何确认高校有过错。目前，学界主要有两种观点，即"主观标准说"和"客观标准说"。"主观标准说"是通过判定行为人主观心理状态来确定其有无过错。"如果高校主观上无法预见自己的行为引起的结果，其对此结果则不负任何责任；相反，如果其能够预见这种结果，就要承担责任。"[①]但是，其强调从行为人自身的认识能力出发判定其行为的适当性，没有确立行为适当性的普遍准则，不存在一个统一的行为价值判断标准，在过错认定时片面强调一个人的内心活动及心理状态，不考虑一个人的客观行为，不利于公正客观地判断一个人的过错责任。"客观标准说"则是以某种客观的行为标准来衡量行为人的行为，进而认定其有无过错。[②] 客观标准注重的是对行为人的外部行为的考虑，是将过错与高校的注意义务联系在一起的。判断高校在大

---

① 魏振瀛、王小能：《论构成民事责任条件中的过错》，《中国法学》1986 年第 5 期。

② 沈月娣：《高校学生人身损害事故的法律责任》，《高等教育研究》2006 年第 8 期。

学生意外伤害事故中有无过错，以高校是否切实地履行了对学生的教育、管理和保护职责，是否尽到了相应的注意义务为标准，更具有合理性。根据教育法律对高校职责的规定以及通常的预见能力和水平，应当预见到可能发生危害学生的结果，因没有注意或注意力不够而没有预见到，或虽然已经预见到可能发生危害学生的结果，但却没有采取措施避免危害结果的发生，从而导致危害结果的出现，就是有过错，就要承担相应的责任。

在实践中界定高校是否存在过错应该做好两件事情：第一是判断高校有无注意义务和应负注意义务的程度；第二是判断高校是否实际违反了注意义务。高校和学生之间的这样一种特殊的教育管理法律关系决定了高校及其工作人员应对学生承担特殊的注意义务，即"善良管理人"的注意义务，这种"善良管理人"的注意义务在《教育法》等法律法规中做出了明确规定，即教育、管理和保护的注意义务。只要高校违反了这些注意义务，我们就可以直接认定高校有过错。而过错的轻重直接与注意义务相关。如在过失中，"注意义务越轻，则过失越重，而责任程度越轻；反之，注意义务越重，则过失越轻，而责任程度越重"。[①] 因此，高校有无过错和过错的大小与学校所负注意义务的范围和程度高低相关。

（二）大学生伤害事故的归责不适用无过错责任原则

无过错责任原则是指不以主观过错的存在为必要条件而认定责任的原则。但是，高校不应当承担无过错责任，根据我国《民法典》第 1166 条规定："行为人造成他人民事权益损害，不论行为人有无过错，法律规定应当承担侵权责任的，依照其规定。"可见，适用无过错原则必须以法律的特别规定为依据，否则，不得适用。从我国的法律规定来看，并未为高校规定这一义务。[②] 具体理由如下：

首先，此种责任显然苛责，虽然从表面上看会促使高校积极履行义务，但是，面对上千名甚至上万名学生，这种无过错责任会使学校有不能承受之重的感觉，高校在承担一种本无法承担的责任，那么这种责任就是脱离了法律本来意义，进而成为单纯用以保护一方的武器，难以平衡双方的权益，最终会破坏整个教育教学秩序，与其初衷背离。

其次，无过错责任原则并不适用于一般侵权行为，而只能适用于特殊侵权

① 杨立新：《人身权法论》，人民法院出版社 2002 年版，第 219 页。

② 朱桂琴：《学校事故的归责原则》，《天中学刊》2003 年第 4 期。

行为。国家对适用无过错责任的范围有严格的规定，依据我国的现行立法和司法实践，无过错责任主要适用于某些高度危险责任，无过错责任原则的适用范围是十分有限的。《民法典》中并没有规定高校适用这一原则。从我国民事立法确认无过错责任原则的根本目的和缘起来看，确认无过错责任原则在于切实地保护人民群众生命、财产的安全，更有效地保护公民、法人的合法权益，促使从事高度危险业务和危险行为的人、产品制造者和销售者以及动物的饲养人、管理人等行为人，对自己的工作予以高度重视，不断改进技术安全措施，提高工作质量，尽量保障周围群众与环境的安全。适用这一原则的基本思想，在于使无辜受到的损害由国家和社会合理负担，保护受害人的利益。而在安全方面，学校的工作性质远非高危性质。[①]

最后，大学生伤害事故的归责原则是由高校的性质和高校事故的侵权民事责任的性质决定的。高校是进行教育教学的场所，活动是教育教学的主要形式，也是培养学生素质的有效途径，离开了活动，学生的素质几乎无从培养，学生在活动中接受着教育，在教育中展开各种各样的活动。教育与活动天生是密不可分的。但是正是在高校的各种丰富多彩的活动中孕育和潜藏着各种形式的风险。可以说，只要高校开门办学，就要开展活动，只要开展活动，学生就有受伤的危险，哪怕学校尽到百分之百的职责，也不可能完全避免高校伤害事故的发生。因此，那种学生只要在高校发生了人身伤害事故，高校就应该承担责任的做法从道理上是说不过去的。高校只能承担有限责任，更具体地说，主要对有过错的行为承担责任，而不能承担无限责任。否则，高校的教书育人功能则无法发挥。高校事故的侵权民事责任往往是由一般侵权行为引起的，而一般侵权行为适用过错原则归责。这类事故，高校无责任，法律也没规定适用无过错责任原则。

(三)大学生伤害事故的归责一定程度上适用公平责任原则

处理高校学生人身损害事故时，在当事人双方均无过错的前提下，应遵循公平原则，即根据双方或多方当事人的经济状况、社会同情因素、责任主体所尽义务的多少等实际情况，对受害人的直接损失公平合理地予以适当补偿。对于高校责任而言，在某种程度上来说，高校相对于学生和学生家长来说，仍然属于强势群体，高校的很多意志和行为是学生和学生家长所不能左右的，从

① 郭凯:《学校事故不适用无过失原则》,《教学与管理》2004 年第 3 期。

这个角度来讲，两者的地位是不平等的。在这种情况下发生的大学生伤害事故，让高校根据公平原则适当地承担一些责任，也是无可厚非的。公平责任原则所追求与体现出来的实质公平和正义，不仅完全符合《民法典》第1186条规定的公平原则的精神，也符合"有损害即有救济"的现代法治基本理念。《学生伤害事故处理办法》(2010年修订)第26条第2款也规定："学校无责任的，如果有条件，可以根据实际情况，本着自愿和可能的原则，对受伤害学生给予适当的帮助。"该条款是公平原则在处理大学生人身伤害事故中的具体化，更有利于保护学生及其家庭的利益。因此，我们认为大学生伤害事故的归责在一定程度上适用公平责任原则。

第二节　大学生伤害事故的责任认定

我们明确大学生伤害事故的归责原则体系之后，由于侵权行为的归责原则具有较强的抽象性和概括性，它仅仅提供了确定侵权民事责任的原则和标准，尚不能直接用来判断行为人的行为是否承担法律责任，我们还需要进一步分析大学生伤害事故的构成要件，来认定大学生伤害事故中的法律责任。

一、法律责任的概念、特征与类型

法律责任在整个法律制度中居于核心地位。我们生活在一个社会的共同体之中，人们之间的利益既有协调也有冲突，为此，法律对那些应当予以保护的权益以及权利与义务关系进行协调。当人们受法律保护的权益受到阻碍或者损害的时候，法律则强制损害人们权益的行为人承担一定的责任，以弥补被损害者的利益，维护法律的权威性。

(一)法律责任的概念及特征

1. 法律责任的概念

法律责任是法学理论和实践中一个极其重要的问题。法律责任的含义是理论法学的核心，在法律运行中必须予以充分重视。在现代汉语中，"责任"一词有两层含义：一是指分内应做的事；二是指没有做好分内应做的事，因而应当承担的过失。[①] 而关于法律责任的概念历来众说纷纭，主要有以下几种学说：义务说（即把法律责任定义为“义务”“第二性义务”）、处罚说（即把法律责任定义为“处罚”“惩罚”“制裁”）、后果说（即把法律责任定义为某种不利后果）、责任能力说及法律地位说（即把法律责任说为是一种主观责任）等。[②] 从中我们可以看出法律责任含义的复杂性。虽然这几种观点从不同的侧面揭示了法律责任的概念，但总的来看，可以将其分为两大方面，即广义和狭义两个方面。广义的法律责任与法律义务同义，如每个公民都有遵守法律的责任（义务），人民法院有责任（义务）保证当事人的合法权益等等。狭义的法律责任是指因违法行为或其他法律规定事实的出现，一定主体应当承担的不利后果。[③] 我们所讲的法律责任主要指后者。

2. 法律责任的特征

法律责任的本质是要从更深层次回答法律责任是什么和为什么的问题。[④] 它与道义责任、社会责任、纪律责任等有着本质上的不同，具有如下特征：

（1）法律规定性

法律责任必须以具体的法律规定为前提，即法律责任是由国家运用法律形式事先予以明确规定的、要求必须实施的法律行为模式。[⑤] 承担责任的具体情形，以及法律责任的性质、范围、大小、期限等，都由法律明确规定；法律没有规定的一般不承担惩罚性的责任。由于法律并不规定人们必须履行哪些社会责任，在调整人们的社会关系过程中，社会责任不具有法律规定性。

（2）国家强制性

法律责任的追究和实现均以国家强制力作保证，它具有普遍的约束力，是维护社会正常秩序的有力手段。这种国家强制性一方面表现为国家制裁方式的实现，即依靠国家强制力追究违法者的法律责任，使其接受某种约束、负担，甚至是惩罚。另一方面表现为责任由国家专门机关或国家授权的组织追究，如国家司法机关，其他组织或个人无此权力。这也被称为法律责任的专权追究性。

---

① 中国社会科学院语言研究所词典编辑室编：《现代汉语词典》，商务印书馆 2012 年版，第 1627 页。

② 刘作翔、龚向和：《法律责任的概念分析》，《法学》1997 年第 10 期。

③ 公丕祥：《法理学》，复旦大学出版社 2003 年版，第 464 页。

④ 郑成良：《现代法理学》，吉林出版社 1999 年版，第 117 页。

⑤ 杨颖秀：《教育法学》，中国广播电视大学出版社 2004 年版，第 238 页。

(3)条件符合性

法律责任以违法行为和法律规定的事实为条件。违法行为是承担法律责任的前提。如果行为不违法,也不能追究责任。与引起道义责任、纪律责任的行为不一样,违法行为必须具有社会危害性,且行为人自身存在有过错。同时,承担法律责任还必须是以有法律规定的事实出现为前提条件。

(二)法律责任的类型

1. 民事法律责任

民事法律责任简称民事责任,是指民事主体因违反民事法律规范而应当依法承担的民事法律后果。它主要以恢复被损害的权利和利益为目的。民事责任包括违约责任和侵权责任。

民事法律责任的特点有:(1)民事法律责任主要是财产责任。《民法典》第2条规定:"民法调整平等主体的自然人、法人和非法人组织之间的人身关系和财产关系。"在民事活动中,一方不履行民事义务,给另一方的财产和精神造成损失的,通常都是通过财产性的赔偿方式对受害人进行补偿的。但这些财产性责任的承担并不影响某些非财产责任的承担,比如赔礼道歉、消除影响、恢复名誉等。(2)民事法律责任允许当事人在法律许可的范围内协商解决。这是民事法律责任与其他法律责任区别最明显的一点。民事法律责任是一方当事人对另一方的责任,在法律许可的情况下,可以不经过诉讼程序,由当事人协商解决。行为人是否承担民事法律责任取决于受害人是否追究其责任,如果不追究,仲裁机关不得主动受理。(3)民事法律责任具有补偿性质。刑事法律责任的目的是惩罚犯罪人,起到警示和教育作用,但追究行为人的民事责任是为了对受害人进行补偿。即行为人承担民事法律责任的大小与其给受害人带来的损失是相适应的。

2. 行政法律责任

行政法律责任简称行政责任,是指行为人因违反行政法律规范而应当依法承担的行政法律后果。

行政法律责任的特点有:(1)行政法律关系的主体是行政责任的主体,包括行政主体和行政相对人。在行政法律关系中,当行政主体不依法做出行政行为,或行政相对人不履行法定义务时,都要承担相应的行政法律责任。并且行政法律责任是在行政法律关系调整范围内发生的。(2)行为人的行政违法行为和法律规定的一些特殊情况是行政法律责任产生的原因,其中可分为:行政主体的违法行为;行政主体的行政侵权行为;行政机关公职人员的违法失职行为;普通公民、法人违反一般经济、行政管理法律、法规的行为;行政主体的行政不当行为;法律规定实行严格责任的情况。[①] (3)追究行政法律责任机关的多样性。民事法律责任和刑事法律责任主要是由国家司法机关予以追究,而追究行政法律责任的机关既包括国家的权力机关、司法机关,也可以是国家的行政机关。(4)追究行政法律责任主要适用行政程序。如申诉制度、行政复议制度等,这是其他形式法律责任所不具备的。

3. 刑事法律责任

刑事法律责任简称刑事责任,是指行为人因违反刑事法律规范,由司法机关依法强制其承担的刑事法律后果。它是所有法律责任中性质最严重、制裁最严厉的法律责任。《刑法》第 4 条规定:"对任何人犯罪,在适用法律上一律平等。不允许任何人有超越法律的特权。"

刑事法律责任的特点有:(1)因果性。犯罪与刑事法律责任之间存在着必然的因果联系,没有犯罪就没有刑事责任,有犯罪必然会引起法律责任,罪责相当。当行为人的行为构成犯罪时,才能追究其刑事责任。(2)严厉性。刑事法律责任的严厉性主要体现在行为人承担法律责任的方式上,其中最基本的是刑罚。我国现行法律规定的刑罚包括主刑和附加刑,其中主刑包括管制、拘役、有期徒刑、无期徒刑和死刑;附加刑包括罚金、剥夺政治权利和没收财产。(3)法定性。一方面,犯什么罪,承担何种刑事责任,应当依法确定,刑事法律是追究刑事责任的唯一法律依据。另一方面,国家司法机关要严格按照法定程序追究犯罪人的刑事责任,刑事责任一旦经有关机关确定成立之后,犯罪人和被害人之间不能协商变通。(4)罪责自负。刑事法律责任只能由犯罪人自己承担,不能株连其他人,也不能将罪行转嫁给其他人,这是近年来世界各国普遍采用的原则。(5)强制性。刑事法律责任必须由特定的国家司法机关予以追究,司法机关代表国家强制犯罪人承担相应的刑事法律责任。

二、大学生伤害事故法律责任认定的前提

对于大学生伤害事故中的法律责任的判定,只有在确定大学生伤害事故的法定构成要件,以及明确学生的监护权与高校的管理职责之后,才能对事故中的法律责任做出判定。

---

① 沈宗灵:《法理学》,北京大学出版社 2000 年版,第 521 页。

(一)大学生伤害事故应具备的法定构成要件

1. 侵权损害事实的存在

彼得·斯坦曾精辟地指出:“法律规则的首要目标,是使社会中各个成员的人身和财产得到保障。”[①]民事责任之承担,在很大程度上,就是通过对受损权利的救济,达到对权利保障之目的。如果没有损害事实之存在,则无追究责任之必要。大学生意外伤害事故的损害事实,是指因某种行为所致的学生人身权受到侵害,并造成人格利益或身份利益受损的客观事实。这是认定高校的行为是否构成侵权责任的要件之一,也是进而确定高校赔偿责任范围的要件之一。

损害包括三种。一是财产损害,是指因侵害权利人的财产和人身权利而造成受害人经济上的损失。二是人身损害,是指加害人的不法行为侵害他人的生命权、健康权、身体权,致受害人伤残或死亡的后果。三是精神损害,是指由于侵害公民的人身权,而遭受精神上的痛苦,精神损害具有无形性,不能用金钱来计算和衡量。大学生意外伤害事故的损害事实应包括这三种损害,但精神损害是以人身损害为基础的,如果没有人身损害,也就不会有因人身损害所造成的财产损失和学生及其监护人的精神损害。

大学生伤害事故中的损害事实,由两个要素构成:一是法定人身权利被侵害,二是法定人身权利被侵害所造成的利益受到损害之客观结果。在认定损害事实时,应注意以下问题:第一,必须存在高校侵害学生法定人身权利之行为,才有行为所致之损害事实。如高校并无该行为,则无所谓该行为所致之损害事实,亦无所谓高校法律责任之追究。第二,作为侵权行为的客体,该人身权利必须已纳入法律的保护视角,已成为法律明确予以保护的权利客体。否则,将使损害及损害赔偿请求泛滥。第三,只有当高校之违法行为作用于学生主体之人身权利,并造成了学生主体之人格利益或身份利益受损的时候,高校之行为才构成侵权。如果高校的行为所指向的客体并非合法民事权益,则不构成侵权。第四,在侵权行为中所主张的利益受损,必须不是高校极为轻微的违法行为所致的极为轻微以致一般人难以发觉的利益受损,而是在客观上可以被人们所确认的。

---

① 彼得·斯坦、约翰·香德:《西方社会的法律价值》,中国人民公安大学出版社1990年版,第41页。

2. 有违反法定义务的行为

行为人的意志必须外化为行为时才具有法律上的意义，只有当高校的主观状态表现为危害社会的客观违反法定义务的行为时，主观状态才能构成过错的侵权行为。违法行为之存在，不仅是确定高校是否构成侵权的客观要件，也是确定高校是否存在过错的一个重要因素。在大学生伤害事故侵权行为中，如果不考虑这一要件，高校的责任认定必然被泛化。

大学生伤害事故中的高校违法行为，指高校违反法定义务，侵害学生人身权的行为。这里所说的法定义务，应当是广义的，主要包括不侵害绝对权利之义务和法律禁止性规定之不违反义务。第一，它包括宪法、法律、法规、行政规章等规定的一般社会组织或个人都应承担的法定义务。例如，行使权利不得侵犯他人合法权益；不得侮辱、诽谤他人；不得侵犯他人人身自由等。第二，它包括宪法、法律、法规、行政规章等明确规定的高校特定义务。例如，不得使学生在危及人身安全、健康的校舍和其他教学设施中活动，不得体罚或变相体罚学生等。第三，它也包括遵守公序良俗的义务。《民法典》第 132 条规定："民事主体不得滥用民事权利损害国家利益、社会公共利益或者他人合法权益。"《教育法》《教师法》《学生伤害事故处理办法》(2010 年修订)也明确规定，学校、教师应当遵守职业道德，如"因品行不良等"造成学生人身伤害后果的，应当承担相应的法律责任。

高校的违法行为可以是作为，也可以是不作为。作为指侵权行为人在受害人的合法权益上制造了危险，不作为指未排除威胁到受害人的危险。这应以法定的高校义务为前提。如果高校违反了法定的不作为义务，为法律规定其所不该为，是作为违法。例如，学校侮辱、体罚学生，非法搜查学生身体，拆阅学生信件。如果学校违反了法定作为义务，不为法律规定其该为，是不作为违法。例如，学校明知校舍或教育教学设施有危险，而不采取措施或不及时报告，致使发生重大学生伤亡事故；学生在校期间突发疾病或受到伤害，学校发现，但未根据实际情况及时采取相应措施，导致不良后果加重的等等，都属于不作为之违法行为。尤其应当指出的是，"确定不作为违法行为的前提，是行为人负有特定的作为义务，这种特定的作为义务，不是一般的道德义务"。[①]并且，"不作为之侵权应限于负有法定或约定之作为义务者明知其不作为会发

① 杨立新:《人身权法论》，人民法院出版社 2002 年版，第 186 页。

生损害结果而仍不作为之情形”。①

3. 高校的过失行为与损害事实之间的因果关系

“违法行为要件承担的任务，是判断行为在客观上是否违法；损害事实要件承担的任务，是判断受害人的权利是否受到了损害。在这两个要件成立的条件下，因果关系要件承担的任务，是判断损害结果是否是该违法行为所引起，该违法行为是否为该损害事实的客观原因。”②高校违法行为与学生损害事实之间是否存在因果关系，是判断高校对大学生伤害事故是否应当承担侵权责任以及责任范围的极为重要的要件，也是理论研究和司法实践争议最多的领域之一。因此，高校的过失行为与损害事实之间存在因果关系，是高校承担责任的客观依据。《学生伤害事故处理办法》(2010 年修订)第 8 条规定：“学生伤害事故的责任，应当根据相关当事人的行为与损害后果之间的因果关系依法确定。因学校、学生或者其他相关当事人的过错造成的学生伤害事故，相关当事人应当根据其行为过错程度的比例及其与损害后果之间的因果关系承担相应的责任。当事人的行为是损害后果发生的主要原因，应当承担主要责任；当事人的行为是损害后果发生的非主要原因，承担相应的责任。”

在确定该因果关系是否存在时，首先要确定两个前提条件的存在：高校违法行为和学生损害事实。如果高校并未实施违法行为，则不论是否存在学生之人身损害的事实，自无法律上的因果关系可言。此时，对于学生人身损害事实，应根据因果关系去寻找真正的原因行为，然后由应当为该原因行为负责的人承担相应的法律责任，以实现对学生人身损害事实的法律救济。尤其不能为了实现对高校法律责任的强加，而故意撇开导致该损害事实发生的真实原因行为，人为地制造一个“因学校未尽教育管理义务”这样模糊而虚幻的原因。

在确定该因果关系是否存在时，应当以行为时的一般社会经验和知识水平作为判断标准，确定高校之违法行为是否会引起该损害事实，而不能因为在现实情形下的确发生了该损害事实，就认为因果关系存在。③ 当前，在司法实践中，如果在大学生意外伤害事故中高校的确存在违法行为，高校赔偿责任一般难以避免，就是因为此时事实上之因果关系替代了法律上的因果关系。

由于在大学生伤害事故中，因果关系往往是错综复杂的，这就要求我们在

① 刘言浩：《宾馆对住客的保护义务》，《法学研究》2001 年第 3 期。

② 杨立新：《人身权法论》，人民法院出版社 2002 年版，第 205 页。

③ 魏振瀛：《民法》，北京大学出版社 2000 年版，第 689 页。

多因一果的情况下，努力通过区分原因力的大小来区分各个责任人相应的法律责任。一般地，直接原因的原因力优于间接原因；必然原因的原因力优于偶然原因；原因事实距损害事实近的原因力优于原因事实距损害事实远的；原因事实强度大的原因力优于原因事实强度小的。原因行为的原因力小，行为人责任也轻；反之亦然。

4. 高校有主观过错

"过错"指的是行为人对自己所实施的行为和已发生的后果的心理状态，分为故意与过失。故意是行为人明知自己的行为会发生某种损害而实行该行为，或已经预见自己的行为会发生某种损害而放任该损害结果的发生。过失是行为人应当预见自己的行为会发生某种损害而由于疏忽大意没有预见，或已预见而轻信能够避免致使损害结果发生。在大学生伤害事故中，过错是承担损害赔偿责任的基础。如果学校对其违法行为及行为后果，具有法律上和道德上应受指责的故意或过失的心理状态，应承担侵权责任；反之，则不承担侵权责任。

有些高校侵权行为，不论是高校故意或过失皆可构成，如侵害学生身体权、健康权、生命权。有些学校侵权行为，则必须以故意为构成要件，如侵害学生姓名权、名誉权、荣誉权等，过失一般不构成侵权。如果高校的行为既不违反法定义务，也不违反法律禁止，而是违背了公序良俗或教育特殊性所带来的学校义务，侵害学生合法权益，在认定高校是否承担民事责任时，应以学校是否存在故意为前提。如果高校行为属于过失行为，为防止高校责任认定之泛化，以认定高校不承担法律责任为宜。

在目前判决的校园伤害事故案件中，法院认定高校是否承担责任的标准：首先，判断高校有无注意义务以及应负注意义务的程度；其次，如果高校负有该注意义务，高校是否实际上违反了该注意义务。在校大学生一般都是具有完全民事行为能力人，高校对学生的保护上持相当注意义务即可，因为这些大学生无论在法律上还是在事实上都已成年，已经具备了认识、判断和选择的能力，也具有一定的后果承担能力。所以要求高校对一个已经具有完全价值判断和行为选择能力的成年学生尽太高的注意义务，是不现实的。具体而言，可以从以下几方面进行考虑：第一，高校的各种教学设施是否符合安全要求，对存在的各种安全隐患是否及时排除。如果学校工作人员采取了合理的措施，如定期检查维修，受伤者因不可预见的意外事件而受伤，则不能认定高校有过错；如果高校人员明知或本应发现教学设施或建筑物存在危险，却仍置危险状态于不顾，让其继续存在，则应认定高校有过错。第二，高校是否制定了合理、明确的安全规章制度，并对学生进行了思想教育、法治教育以及安全教育。如学生在课间休息时违反规定打架斗殴造成人身伤害，则不应认定学校有过失。第三，高校为避免人身损害事故发生，是否已采取必要的防范措施。如果按照高校的职责要求，其应该预见发生人身损害的危险，而没有采取预防的措施，应认定为未尽相应注意义务。第四，学生伤害事故发生后，高校有义务及时采取措施救护受伤害学生，如因高校原因延误治疗造成结果加重，则应认定高校对结果加重部分负有过错。第五，高校是否故意对学生实施了伤害行为或有损学生的人格尊严的行为，如体罚学生等，如果是，则应认定高校有过错。

(二)明确学生的监护权与高校的管理职责

在高校学生伤害事故发生后，较多的人特别是学生家长往往认为高校对在校学生要履行监护职责，家长将子女送入学校，原有的监护权发生转移，学校和教师理应承担监护职责，对学生的安全负责。它是一种身份权，一般由监护人和被监护人之间特定的身份关系而产生，一般情况下，只有具有一定亲属身份关系的人才能担任监护人。同时，大学生一般都年满 18 周岁，是完全民事行为能力人，高校不存在法律意义上的监护职责。但高校是学生的教育管理者，要履行教育和管理的职责，对学生在校的生命健康负有监督管理和保护的职责。这种基于教育机构的设立和教师特定身份而产生的工作职责，与法律意义上的监护职责有本质的差别。

三、大学生伤害事故中学校承担责任的内容

大学生伤害事故中学校承担责任主要包括民事法律责任、行政法律责任以及刑事法律责任，其具体的法律责任内容如下：

(一)民事法律责任方面

民事法律责任是最主要的一种事故责任，它是由有过失的加害人(包括自然人和法人)向受害人承担的以财产责任为主的一种法律责任。在高校与学生之间存在平等的民事法律关系，即自然人(学生)与法人(学校)之间的关系，因此属于我国《民法典》的调整范围。当学校因未尽到管理职责和注意义务发生学生伤害事故时，应承担相应的民事责任。民事责任主要有停止侵害、赔礼道歉、消除影响、恢复原状、赔偿损失等，而高校的民事责任通常以经济赔偿为主。按照法律规定，责任主体应承担的民事法律责任是，侵害公民身体造成伤

害的，应当赔偿医疗费、因误工减少的收入、残废者生活补助费等费用；造成死亡的，应当支付丧葬费、死者生前所抚养的人必要的生活费等费用。

高校事故的民事法律责任的实质是赔偿问题。在具体的教育司法实践中，会涉及这样几个棘手的问题：(1)是否只要事故发生在学校，学校就必须承担赔偿责任？许多人甚至包括一些法律工作者和教育工作者认为，只要事故发生在学校，学校就负有不可推卸的法律责任，就必须对事故予以赔偿。这种认识是错误的。在高校事故的处理上，一般实行严格的过错责任原则，如果学校无过错，学校就没有义务承担民事赔偿责任。(2)高校的个别管理人员或教师在工作中因其过失而导致了人身伤害事故，应该由学校赔还是由有过失的管理人员或教师赔？回答是应当由高校先负责赔偿。因为学校的职责和任务是由一个个管理人员和教师去履行和实现的，管理人员和教师在从事管理活动和教育教学活动中，他们所代表的不是自己而是学校，其行为是职务行为而非个人行为。对于职务行为给别人造成的损害，民事赔偿责任应由行为人所在的教育机构来承担。这也称作法人赔偿责任。但是不是有过失的管理人员或教师可以不承担任何赔偿责任呢？当然不是。在教育机构赔偿之后，教育机构可向有过失的行为人行使追偿权或求偿权，要求其承担部分或全部赔偿费用。

(二)行政法律责任方面

《学生伤害事故处理办法》(2010 年修订)第 32 条规定："发生学生伤害事故，学校负有责任且情节严重的，教育行政部门应当根据有关规定，对学校的直接负责的主管人员和其他直接责任人员，分别给予相应的行政处分。"高校事故的责任人承担行政法律责任的方式有两种：行政处分、行政处罚。行政处分是指国家机关、企事业单位、社会团体对其所属的违反行政法律规范的公民的一种制裁，共有六种形式，即警告、记过、记大过、降级、撤职和开除。有关部门可根据学校事故的具体情况，对有过失的学校管理人员和教师等予以行政处分。行政处罚是国家特定行政机关或其他行政主体依照法定权限和程序给予违反行政法律法规尚不够刑事处罚的个人、组织的一种制裁。从理论上看，行政处罚可分为四类：(1)申诫罚。属最轻微的处罚，表现形式有警告、通报等。(2)财产罚。主要有罚款、没收等形式。(3)行为罚。这是限制或剥夺违法者特定行为能力的一种制裁。如责令停止招生、吊销办学许可证、撤销教师资格等形式皆属此类。(4)人身罚。主要有行政拘留(最高期限为 15 天)和劳动教养(期限为 1～3 年)等形式。这四类处罚可单独适用，也可合并处理。

行政处罚既可以对个人,也可以对高校。如对负有事故责任的教师,可撤销其教师资格,对发生事故的高校,可据不同情况分别予以警告、责令限制(停止)招生、吊销办学许可证等处罚及法律法规规定的其他行政处罚(如学校发生食物中毒,卫生行政部门可对学校予以罚款)。

(三)刑事法律责任方面

高校事故造成严重后果,有重大过失的人员若触犯刑律,便构成犯罪,行为人要承担刑事法律责任,受到刑罚制裁。犯罪是承担刑事法律责任的前提。因学校事故而导致的犯罪主要有以下几种:(1)教育设施重大责任事故罪。教育设施重大责任事故罪是指学校及其他教育机构的直接责任人员,明知校舍或者教育教学设施有危险而不采取措施或者不及时报告,致使发生重大伤亡事故的行为。《中华人民共和国刑法》第138条规定:"明知校舍或者教育教学设施有危险,而不采取措施或者不及时报告,致使发生重大伤亡事故的,对直接责任人员,处三年以下有期徒刑或者拘役;后果特别严重的,处三年以上七年以下有期徒刑。"(2)玩忽职守罪。学校工作人员因玩忽职守,致使学校事故发生,造成师生伤亡的,可构成玩忽职守罪。玩忽职守,是指行为人不履行或者不正确履行职务。玩忽职守的行为可分为两种:一种是国家工作人员应当履行职责而没有履行,另一种是不正确履行职责的行为。它既可以表现为作为,也可以表现为不作为。但玩忽职守的行为并不都构成犯罪,只有致使公共财产、国家和人民利益遭受重大损失的,才构成犯罪。(3)过失致人死亡罪。过失致人死亡罪是指行为人由于过失致使他人死亡的行为。学校管理人员、教师和学生等因过失而致人死亡,便犯此罪。(4)过失重伤罪。因过失致他人重伤即犯过失重伤罪。过失表现为疏忽大意或过于自信的过失,行为人应当预见其行为可能发生致人伤害的结果而没有预见或已经预见但轻信能够避免,以致发生重伤的结果。过失伤害他人致人重伤的,处3年以下有期徒刑或者拘役。(5)交通肇事罪。违反交通运输管理法规,发生重大事故,致人重伤、死亡或者使公私财产遭受重大损失的,构成交通肇事罪。发生在校园里的交通肇事罪,其最严重的后果是导致教师或学生死亡。

四、混合过错情况下高校应否承担连带责任

在大学生受伤害的索赔诉讼中,如高校与加害学生或校外第三人对损害后果存在混合过错的,高校应否与加害学生、校外第三人承担连带责任呢?各地法院对此认识不统一,有的判决学校承担连带责任,有的判决学校承担按份

责任。连带责任是指具有特定法律关系的多数债务人中的任何一人，均需对债权人承担违反法定义务或约定义务后所产生的全部强制性法律后果的一种共同责任。通常认为，连带责任是一种加重责任，事关当事人利益甚巨，故需有法律明文规定或当事人明确约定时方可认定成立连带责任。在侵权行为法上，应否判令数人对其行为承担连带责任，关键取决于各加害人的行为是否构成共同侵权行为。对高校与其他加害主体承担连带赔偿责任应予严格限制，限于他们实施的加害行为相互直接结合发生同一损害后果，其行为具有明显共同关联性，构成共同侵权的情形才承担连带责任，否则高校不承担责任。此外，高校和其他加害主体之间不构成共同侵权行为，不应承担连带责任。如高校未履行应尽的教育、管理职责，并因此与其他主体的加害行为发生偶然的结合造成学生伤害的，因学校没有实施加害行为，只是未尽到安全保障义务，只应就其未尽合理限度范围内造成的损失承担与其过错相当的责任，而且只有在直接侵权的第三人无法承担责任时才承担责任，并在赔偿后有权向直接侵权人追偿。①

第三节　高校承担安全管理责任情形

我国《高等教育法》中明确规定，高校对在校大学生负有教育、管理和保护职责，高校应积极按照相关法律法规的规定，开展安全教育活动，强化安全管理，排除安全隐患，切实保障大学生的人身和财产安全。如果高校未履行其安全管理职责，造成学生伤害事故的发生，高校应当依法承担相应的责任。具体情形如下：

一、高校未履行法定或约定的义务而导致学生人身伤害

高校未履行法定或约定的义务而导致学生人身伤害的情形主要有以下几种：

① 陈光绍：《高校学生伤害事故案件中学校责任问题研究》，《河北师范大学学报》(教育科学版)2008 年第 4 期。

(一)高校的校舍、场地、教育教学和生活设施、设备不符合国家安全标准或有明显不安全因素的

高校所有与学生相关的教育及教学设施,生活设施、设备,高校配备或者采购的各种用房,例如,教室、实验室、图书馆、宿舍、食堂、锅炉房等,房屋内的各种设施设备,例如,房间的灯具、书架,操场上的各种体育器械,锅炉房的锅炉等,以及学生使用的桌椅、实验仪器、教具等都必须符合国家规定的各项质量标准,包括安全、卫生、技术以及其他专业标准。有关部门设计、建设学校房屋、场地应符合学校用房的专业标准,学校阳台栏杆、楼房窗台高度,楼梯的坡度、宽窄、台阶高度等未达标准而发生事故,例如,学生从栏杆高度不符合标准的阳台或者窗户掉下摔成重伤,相关部门应承担相应责任。如果学校提供给学生使用的教育教学或者生活用品,例如,电器插头漏电、实验试管炸裂、锅炉房开水龙头漏水等,无论是学校采购的产品本身有缺陷,还是用品被损坏学校未及时修复、更换,导致学生触电、炸伤、烫伤等伤害事故的,学校应承担相应责任。2006 年 8 月 29 日,武汉某大学大一学生张某在失踪 56 天后被发现殒命于图书馆,尸检报告表明张某死于二甲苯类物品中毒;2006 年 12 月 22 日,浙江省某高校化学实验室因实验员调配化学试剂不慎发生爆炸;2005 年 1 月 8 日,新疆某高校 A 校区学生小利过生日喝酒,回宿舍上厕所,因厕所内电灯不亮而摔伤导致一级伤残;2006 年 10 月 17 日晚,石河子大学商学院一名大学男生在学校宿舍楼的阳台上给同班女生打电话,不慎从五楼掉下摔死。除学校日常教育教学用品外,学校还应重视学校安全保卫、消防设施设备等安全管理制度,器材是否完好、有效,制度是否完善,发生此类事件是否能及时救助,减少伤害。如果教育不到位、制度不完善、救助不及时,高校应承担一定的责任。

(二)高校向学生提供的食品、饮用水、药品、学习用品等不符合国家或行业规定的标准和要求的

食品安全关系到广大师生的身体健康和生命安全,关系到高校教学秩序和生活秩序的稳定,越来越得到高等学校的重视。高校认真贯彻落实国家食品安全相关法规,加强学生食堂卫生监督检查,严防假冒伪劣、掺杂掺假、污染变质食品,采取了一系列措施保障高校食品卫生安全。但是,随着高校后勤服务改革的推进,学校食堂在经营过程中也出现了一些新的问题,例如,食堂饭菜质量下降,学校的食堂饭菜不符合卫生标准、食物中毒事件时有发生,严重

损害广大师生的身体健康等等。需要高校进一步提高防范意识，加强监督管理。学校并非医疗机构，不能擅自让学生服用或者向学生推销任何药品，也不允许未经医药、卫生主管部门批准的医疗机构让学生服用或者向学生推销药品。如果因学校要求或者同意学生服用的药品引发学生身体不适，或者出现其他症状的，学校的饮用水，无论是因水质不达标，还是因储存器具污染造成学生通病的，学校都应根据具体过错情况和对学生身体损害的严重程度，承担相应责任。2003 年 9 月，郑州市某高校发生一起由鸡肠球菌污染食品引发的突发性集体食品中毒事件，3 天内共有 367 人先后到医院就诊；2006 年 10 月 26 日，北京市海淀区人民法院以北京某高校医务室错用药物致使大学生牛某精神失常为由，判决该校赔偿损失 103 万元。因此，怎样把好食品、药品质量关，规范食品供应管理和医务管理制度，是高校应当高度关注的事情。

（三）高校组织学生参加的教学活动未按规定对学生进行必要的安全教育，或者没有采取必要的安全防护措施的

学校组织学生参加教育教学活动或者校外活动，未对学生进行相应的安全教育，学生不了解注意事项和相关的安全防范措施或者学校未在可预见范围内对集体活动采取必要的安全措施，造成学生伤害事故，学校应承担相应责任。例如，学校在组织学生郊游时，未告诉学生与安全有关的环境特点、游览须知、如何避免发生事故等，或者学校组织工作不完善，带队教师过少使学生脱离教师的视线或者管理范围而发生事故，以及对活动中容易发生事故的环节没有预见和准备，对发生的事故未能采取适宜的处置措施等，学校都应承担相应责任。学校的教育教学活动和课外活动形式多样，内容丰富，但学校开展和组织活动时，应首先把学生的安全放在第一位。了解活动本身的特点及适合的年龄，评估对学生健康和安全的影响。如果学校安排或者组织的活动不适宜学生的年龄和身体条件，致使学生的身体造成伤害，学校也应承担相应的法律责任。学校应了解学生的健康状况，特别是家长已告知学校，或者学生疾病表征明显，教师应当给予相应关照，不得安排其参加不适宜其身体状况的运动或者活动。如果在学校、教师了解或者应当了解的情况下未能尽到相应的关照责任，让其参加了不适宜的运动或者活动而发生意外，或病痛加重，学校必须承担未尽注意义务的法律责任。例如，家长告知学校孩子有心脏病，教师安排其参加剧烈活动而发生意外，或者学生经常昏倒，有流鼻血、心慌等明显病症，教师既未通知家长，也未给予必要关照，仍安排其参加剧烈活动而发生意外，学校应承担相应法律责任。另外，学生在学校发生伤害事故或者突发疾病等意外事故,学校未能采取妥善办法及时救治学生,造成学生伤害后果加重,学校须承担相应责任。学生在学校受到伤害或者突发疾病,无论是否是学校责任,学校都应当采取妥善办法,及时救治学生,不得因认为学校无责任而拖延救治时间,也不得自认为无大碍而草率处置,因此而引起的伤害或者病痛加重的后果,学校要承担相应的法律责任。

(四)高校救护学生不力导致伤害扩大或产生不良后果的

大学生在校期间突发疾病或者受到伤害,高校应当及时采取一切合理有效的措施进行救助。学校履行救护义务是无条件的,不能因为学生所受伤害原因的不同而区别对待,无论是因学校过错造成的事故,还是因为学生自身疾病或与学校无关的原因造成的事故,学校发现后都应当及时全力救助。高校若发现学生身患疾病或遭受伤害后,没有根据实际情况及时采取相应救治措施,导致学生疾病或伤害因延迟治疗而加重的,学校应当承担损害赔偿责任。当然,如果高校延迟救助对学生的伤病后果没有产生实质性影响的,则学校不应承担责任。值得注意的是,高校履行这种救护义务的对象、范围、程度和效果要受到学校实际条件与救治能力的限制。我们不能无限度地要求高校提供全方位、高水平的救助服务,毕竟学校的主要职责是教书育人,而不是救死扶伤。只要高校在发现学生突发疾病或受到伤害后,能够及时采取措施进行合理有效的救助,就认为高校已经履行了救护义务,即便此后学生仍然出现不良后果或伤情加重情形,高校也不应承担责任。《学生伤害事故处理办法》(2010年修订)第9条第8项规定:"学生在校期间突发疾病或者受到伤害,学校发现,但未根据实际情况及时采取相应措施,导致不良后果加重的,学校应承担赔偿责任。"

二、教师员工履行职责不到位而导致学生人身伤害

由于教师或者其他学校员工在履行职责过程中违反工作要求、职业道德等原因导致学生受到人身伤害的情形主要有以下几种:

(一)教师体罚学生或变相体罚学生的

教师或学校的其他工作人员在教学或管理过程中,侮辱、体罚或者变相体罚学生而引发的人身伤害案件,在法律上,形成了学校与学生之间特殊的侵权损害赔偿责任,由此引起的人身损害赔偿诉讼,应由学校作为被告。教师在学校教学活动中应当严格履行《教师法》规定的法律义务和教师职业道德,严格

禁止体罚或者变相体罚学生。如果因体罚造成学生人身伤害，学校应承担法律责任，后果严重的，教师要承担相应的刑事责任。教师动手打学生，或者用器具伤害学生的身体，都是违法行为，无论是否造成伤害后果都是违反《教师法》和教师职业道德的行为，学校应严格制止。教师采用让学生跑步、不让回家、不许吃饭等变相体罚造成学生伤害的，同样应承担相应的法律责任。

（二）在教学实验或组织社会实践活动中，指导教师实施了错误指导造成学生人身伤害的

在教育教学中教师违反规则、操作规程、职业道德等规定造成学生伤害事故的，也应当承担相应的法律责任。例如，上体育课，教师未按教学要求讲明动作要点，未带领学生做准备活动，或者未对学生进行必要保护等，导致学生运动时发生手、脚骨折等伤害，上解剖实验课时教师未按教材规定要求学生对动物活体进行固定，而使学生受伤，上游泳课或组织游泳活动时，游泳池未安排救生人员巡视，学生发生溺水未及时发现等，都属于违反相关操作规定而造成学生伤害的情况，学校应承担未履行职责相应的法律责任。

（三）高校管理教师疏忽而造成伤害事故的

在高校工作的教职工患有不适宜在学校工作的疾病，学校已知道但未采取相应措施使学生受到伤害的，学校应承担相应责任。高校不得聘用有精神病史、品德不良的人来校工作，如发现个别教职工精神状况或者表现不正常，应及时了解，对学生安全可能存在潜在危害的，应及时采取措施，避免发生伤害事故。如果因学校失察，或者已知道而未采取措施，使学生受到伤害的，学校须承担相应责任。例如，学校教职工因精神疾病发作出现过激行为，给学生造成伤害，品德败坏，出现针对学生的犯罪行为等，学校均需承担相应的法律责任。学校教职工直接接触学生，把好用人关是学校保护学生安全的重要内容。

第四节　高校免除安全管理责任情形

我们认为，高校只有在其能够管理和控制之下的特定时间和空间范围内，才对在校大学生承担教育、管理和保护的职责，而不能把发生在高校校园里的所有学生伤害事件都归责于高校，超出高校的职责管辖范围和预见能力之外发生的学生伤害事故，高校不应当承担损害赔偿责任。

一、学生自身过错造成的人身伤害

由于学生自身过错而造成伤害的，高校不承担安全管理责任，这种情形主要有以下几种：

（一）学生违反法律法规的规定，违反社会公共行为准则、学校的规章制度或者纪律造成伤害的

据有关资料统计，目前中国高校大学生违法犯罪人数占高校总人数的比例约为1.26%，而且有不断增长的趋势。近几年来，青少年犯罪占到了社会刑事犯罪总量的70%～80%[①]，其中大学生犯罪约为17%。毋庸置疑，身在大学校园，有人在一手创造着自己的幸福，却也有人在一手捣毁自己的幸福。大学生犯罪的案件类型一般集中在侵夺财产、故意伤害和寻衅滋事三大类。但是，无论何种原因引发的违法犯罪行为，大学生都必须为自己的非法行为付出惨痛的代价。《学生伤害事故处理办法》（2010年修订）第14条规定："因学生故意实施违法犯罪行为，造成学生人身损害的，由致害人依法承担相应的责任。"

（二）学生行为具有危险性，学校、教师已经告诫、纠正，但学生不听劝阻、拒不改正的

众所周知，高校对于在校大学生负有教育、管理和保护职责，但是，这并不意味着高校在任何时间和空间内均要履行该义务。目前，我国每所高校在校学生数量少则四五千，多则上万，甚至几万人，再加上高校地域广阔，校区分散，办学开放，我们不能要求教职工对每名大学生的日常行为时刻进行监督和管理，这是难以做到甚至不可能做到的，何况大学生的主观动机和行为方式是无法预料的。在此情况下，如果学校已经进行必要的安全提醒和教育，教师已经告诫、纠正了学生的危险行为，使学生意识到了行为的危险性，但是学生仍然不听劝阻、拒不改正，继续实施该行为，以至造成自身受到伤害或致他人受伤害的，则由实施危险行为的学生承担全部责任，高校不承担责任。例如，2011年6月，福建某高校一学生在图书馆附近的水塘意外溺水身亡。该校在

① 王旌棘：《未成年人犯罪预防与权益保护》，http://www.chinacourt.org/article/detail/2009/12/id/384646.shtml，访问日期：2012年10月15日。

学生入学之初，已经进行了系统安全教育，图书馆和水塘之间有足够的安全距离，学校保卫部门在水塘边还作了“请勿靠近、切勿下水”的安全提示，作为完全民事行为能力的大学生，有足够的智力和认知判断靠近水塘的危险性，在这种情况下，发生意外溺水事件，高校不承担责任。《学生伤害事故处理办法》(2010年修订)第10条第2项规定：“学生行为具有危险性，学校、教师已经告诫、纠正，但学生不听劝阻、拒不改正的”，造成学生伤害事故，学生应当依法承担相应责任。

(三)学生有特异体质，或者患有特定疾病，但未告知学校的

如果高校知道或应当知道学生患有特定疾病或特异体质，不宜参加某些教育教学活动，但是高校仍然安排其参加这些教育教学活动，造成学生伤害后果或病情加重的，学校应当承担损害赔偿责任。然而，高校承担此责任的前提条件是已经明确知道或应当知道学生患有特定疾病、特异体质或心理障碍。在现实生活中，有些大学生患有许多疾病特别是先天性疾病或特异体质，高校一般难以知道，而这些大学生及其家长基于各种顾虑，故意隐瞒了学生身体特殊情况，没有如实向学校告知此类信息。而高校通过日常体检、调查了解也未发现学生生理或心理存在异常现象，便安排其参加一些本应不宜参加的教育教学活动，诱发潜伏已久的疾病，造成学生伤害后果或病情加重。在此情形下，高校不应当承担损害赔偿责任，因为这已经超出了学校的预见能力和控制范围，学校主观上不存在过错，自然无须承担责任。受害大学生及其家长没有履行告知义务，以便高校对学生采取相应的保护措施，因此，这种故意隐瞒行为所增加的学生人身安全风险，只能由行为人自己承担全部责任。《学生伤害事故处理办法》(2010年修订)第10条第3项规定：“学生或其监护人知道学生有特异体质，或者患有特定疾病，但未告知学校的”，造成学生伤害事故的，学生应当承担相应的责任。

(四)学生自杀的

根据《学生伤害事故处理办法》(2010年修订)的有关规定，笔者认为，大学生自杀事故的归责主要适用过错责任原则，一定程度上适用公平责任原则。如果是由于高校的过错导致的大学生自杀事故，则根据过错的大小，由高校承担相应的法律责任。如果高校没有过错，则高校不承担法律责任，可以根据公平责任原则，在高校力所能及的情况下给予自杀学生家庭适当的经济补偿。

大学生自杀事故中高校是否履行了职责，需不需要承担相应的法律责任，应从以下三个方面进行分析：

第一，根据自杀行为的诱因分析。学生自杀的诱因分为学生自身原因和与学校有关的原因，大学生自杀事故也存在着与学校教育管理职责无关和与学校教育管理职责有关的两种类型。与学校教育管理职责有关的事故主要指的是因高校教育管理行为而导致的自杀行为，如学生因受到高校处分或教师的批评而导致自杀。与学校教育管理职责无关的事故主要指的是由学生自身原因或其家庭原因产生的自杀行为，如学生因为失恋或家庭变故而引发的自杀。对自杀诱因的分析是判定事故责任需要考量的第一个因素。

第二，根据自杀行为的过程分析。大学生自杀从产生意念到实施自杀行为再到自杀行为的最后完成存在着一个发展过程，在这个过程期间，高校有没有发现学生的自杀心理倾向，并及时采取相应的干预措施是判定事故责任的第二个考量因素。

第三，根据自杀行为的结果分析。不管大学生自杀事故发生在校内还是校外，高校在获知学生自杀情况之后均负有及时救治的义务。发生在校内的学生自杀事故，高校除了要及时救治、保护现场之外，还应当立即报请公安机关认定。学生自杀行为完成之后，高校是否及时发现并进行救治是判定事故责任的第三个考量因素。

因学生的自杀行为而引起的人身损害事故，应从以上三个方面加以综合分析后认定学校是否应承担民事责任。对于那些纯属学生个人或其家庭原因而引起的，事前并无明显的自杀预兆，事后学校也采取了及时、有效的措施的事故，学校因无过错而无须承担法律责任。对于那些因学校的教育管理行为所引起的学生自杀行为，则要区别对待：因学校教师或工作人员的错误行为或违法行为引起学生自杀的，要根据其过错程度承担相应的法律责任；因学生不能正确对待学校教师或工作人员正当的教育管理行为而意外地导致其自杀的，学校已履行了相应的谨慎注意义务，行为并无不当，不承担法律责任；因学校教师或工作人员正当的教育管理行为引起的学生自杀，但学生此前已有明显的自杀意念的表现，而学校未尽到谨慎注意义务导致自杀事件发生的，学校因其过错而应承担法律责任。

二、外界不可抗力造成的学生人身伤害

不可抗力，是指不能预见、不能避免并且不能克服的客观情况。构成不可抗力必须具备以下要件：第一，不可预见性，即行为人在实施某种行为时，根本

不可能预见到该行为会导致损害后果的发生。如果普通人在一般注意下就能预见到实施该行为必然导致损害后果的发生，而行为人仍然实施该行为，造成损害后果的，该事件不构成不可抗力，行为人应当承担侵权责任。第二，不可避免性，即行为人虽然对可能出现的意外情况采取了及时合理的防范措施，但是客观上不可能阻止这一意外情况的发生。如果某个事件完全可以通过当事人及时合理的防范措施而避免发生的，则该事件就不构成不可抗力。第三，不可克服性，即某个事件的发生是不可控制的客观原因导致的，行为人在主观上既无故意，也无过失。如果某一件事所造成的损害后果可以通过当事人的积极行为得以阻止和克服，则该事件不构成不可抗力。通常来说，不可抗力的范围主要包括两部分：一是由自然原因引起的自然灾害，如火灾、旱灾、狂风、冰雹、地震、泥石流、火山爆发等；二是由社会原因引起的社会现象，如战争、动乱、罢工、禁运、政府干预、价格变化等。《民法典》第 180 条规定："因不可抗力不能履行民事义务的，不承担民事责任。法律另有规定的，依照其规定。"不可抗力条款是法定免责条款，具有强制性，当事人不得约定将不可抗力排除在免责事由之外，因不可抗力造成的损害后果，行为人不承担赔偿责任。但是，如果有关部门已经发出危险警报，要求学校组织学生积极防范，而学校没有采取相应的预防措施造成学生伤害事故的，则学校应当承担赔偿责任。例如，许多高校的教学楼、图书馆等公共设施在设计建造过程中都安排了两个以上的进出通道，但是它们往往以加强安全管理或降低管理成本为由，平常只开一个进出口，结果发生火灾、地震等后，学生疏散受到严重影响，造成学生群死群伤事故，高校对此不得以不可抗力为由免除自身法律责任。

意外事故，是指虽然行为人的行为客观上造成损害后果，但是行为人主观上没有故意也没有过失，而是由于不能预见或不能抗拒的原因造成的事故。构成意外事故应具备以下要件：第一，行为人实施行为在客观上造成损害后果。第二，行为在主观上不存在故意或过失。第三，损害结果的发生是由于不能预见或不可抗拒的原因引起的。因意外事故所造成的损害后果，行为人不承担赔偿责任。

三、第三人加害而导致的学生人身伤害

"第三人"是指除高校和受害学生以外的因侵权行为导致人身伤害事故的组织和个人。第三人的范围很广泛，包括在校学生、校外社会一般人员，以及提供场地、设备、交通工具、住宿、餐饮、娱乐及其他消费与服务的经营者或活

动组织者等。学生伤害事故中的第三人过错有两种情形，即在校学生作为第三人的过错和在校学生以外的第三人过错。这两种情形下，学校承担学生伤害事故责任的法律基础有所不同，前者是基于学校的一般注意义务，后者是基于学校的安全保障义务。由此，学校的责任也有所不同，基于前者，学校承担的是无追偿权的替代责任；基于后者，学校承担的是有追偿权的替代责任，即补充赔偿责任。在校学生以外的第三人致害的学生伤害事故中，学校“虽有过错但其与该第三人没有任何形式的意思联络(即不具有共同的主观过错)，而且一种积极的加害行为与消极的不作为亦非直接结合对受害人产生同一后果。所以，两者不能承担共同侵权的连带责任”。在校学生作为第三人致害的学生伤害事故中，通常情况下学校及教师与致害学生也不存在共同的主观过错，致害学生的积极的加害行为与学校消极的不作为也不会直接结合而对受害人产生同一后果，也不构成共同侵权。当然，在这种情形下，理论上还是存在共同侵权的可能性，实践中也出现过教师指使学生对同学进行体罚或者变相体罚的实例，但这种情形只是个别特例，不具有代表性。

在现实生活中，高校为实现人才培养、科技创新、文化传承和社会服务的四大功能，必然与政府机关、公司企业、社会组织进行业务往来，从而产生纷繁复杂的法律关系。例如，高校基础设施建设要与设计单位、施工单位联系合作，教育教学设备采购要与各类供应商洽谈业务，学校食堂、超市等生活设施承包给餐饮企业经营，学校门卫管理转交给保安服务公司负责，等等。在开展这些事务时，不论高校是否进行招标投标，都要与服务公司、社会组织、个体工商户签订相关合同，明确双方的权利义务和争议解决办法，从而形成合同法律关系，此类法律属于我国《民法典》的调整范围。在履行合同中，如果发生大学生伤害事故，当事人应当按照合同约定划分责任、承担损失。2001 年 12 月，河南省三门峡市三门峡职院在校学生刘某和胡某在校园内遭遇飞来车祸，分别受伤；2003 年 10 月辽宁沈阳两名大学学生为争夺女友而持刀相见，造成一人死亡，一人成为被告；2004 年 2 月，云南大学学生马加爵与同学打牌，因被怀疑打牌作假，杀死四名同学；2004 年 9 月，江西省新余市昌心学院学生何某在向同窗好友孟某讨水喝时，因言语不和，用刀将孟某刺伤；2005 年 5 月，陕西省某大学的大三女生小梅应聘到一雇主家中做家教，男主人趁机将其强奸；2006 年 5 月，福建省武夷山市某高校两名男生因琐事发生争执，其中一男生被殴打成植物人，另一男生获刑并被判赔偿 70 余万元；等等。这些在高校已尽了安全教育和提醒义务的前提下，因第三人加害致使学生发生人身伤害的，应由第三人承担完全责任。

《民法典》第1198条规定："宾馆、商场、银行、车站、机场、体育场馆、娱乐场所等经营场所、公共场所的经营者、管理者或者群众性活动的组织者，未尽到安全保障义务，造成他人损害的，应当承担侵权责任。因第三人的行为造成他人损害的，由第三人承担侵权责任；经营者、管理者或者组织者未尽到安全保障义务的，承担相应的补充责任。经营者、管理者或者组织者承担补充责任后，可以向第三人追偿。"《学生伤害事故处理办法》(2010年修订)第11条规定："学校安排学生参加活动，因提供场地、设备、交通工具、食品及其他消费与服务的经营者，或者学校以外的活动组织者的过错造成的学生伤害事故，有过错的当事人应当依法承担相应的责任"。根据上述法律规定，大学生在参加学校组织的教育教学活动或社会活动时，如果因提供活动场地、教学设备、交通工具、食品及其他消费与服务的经营者的过错造成人身损害的，则这些负有安全保障义务的经营者应当承担损害赔偿责任。高校对于学生伤害事故的发生存在过错的，应当在其能够防止或制止损害的范围内承担相应的补充赔偿责任。当然，如果高校对于学生伤害事故的发生不存在过错或者学校的过错与第三人的致害后果之间不存在关联性，则高校不承担补充赔偿责任，只能由第三人承担全部责任。

第六章　大学生伤害事故的法律处置与救济

近年来，高校大学生伤害事故呈现上升趋势，大学生伤害事故给学生家庭带来极大痛苦，使一个家庭的希望破灭，伤害事故责任纠纷的现象频发，对学校教育管理带来极大挑战，已经成为影响高校稳定的重要因素。大学生伤害事故给高校正常的教育工作带来冲击和负面影响，不仅耗费学校的精力和资源，波及教育系统内部，而且影响社会稳定，成为一个社会关注的问题。因此，高校要根据教育部颁布的《学生伤害事故处理办法》(2010 年修订)和我国相关的法律法规，积极采取有效措施，加强安全防范工作，消除安全隐患，尽量减少事故的发生，确保学生身心健康和学校的正常教育教学秩序。近年来，人大相继通过实施并修订完善了《教育法》《义务教育法》《未成年人保护法》等相关法律。与此同时，教育部相继颁布了 10 多项有关学校安全管理工作的政策、规定。而与大学生伤害联系最为密切的有 2002 年 9 月 1 日施行，并于 2010 年 12 月进行修改的《学生伤害事故处理办法》。《学生伤害事故处理办法》颁布实施以来，为全国各类高校和司法部门在处理和解决学生伤害事故的问题上提供了一个解决纠纷和厘清是非责任的依据。但由于大学生伤害事故类型多，情况复杂，特别是涉及学生死亡的事故，处置过程困难比较多，在处置大学生伤害事故的实践中，仅仅依靠近二十年前施行、十年前修订的《学生伤害事故处理办法》，并无法完美地应对，存在许多困惑的问题。

本章通过对《学生伤害事故处理办法》(2010 年修订)的规章体系进行简析概述，并通过对日常大学生伤害事故处理实践中存在的法律瓶颈、管控困难进行剖析，对大学生伤害事故处置提出立法建议，探索大学生伤害事故处置与救济的有效途径，希望推动大学生伤害事故处置立法不断完善和发展。

第一节　有关大学生伤害事故处理法律法规概述

近年来，我国相继颁布并修订了《教育法》《义务教育法》《未成年人保护法》等与教育相关的法律。在法规规章方面，则主要有《学生伤害事故处理办法》以及各地市出台的有关校园安全管理的规章。因此，在有关大学生伤害事故的处理中，若涉及相关法律法规的具体适用，我们应该严格遵循法律、法规以及规章效力的递减原则，形成以各教育法律为蓝本，国家及各地市所颁布实施的规章制度为具体执行依据的校园安全监管的法律体系。

一、我国有关校园安全管理的法律法规体系

根据《中华人民共和国教育法》，我们把学校和学生的法律关系的定位为教育与被教育、管理与被管理以及保护与被保护关系，在该关系定位下，在教育教学活动期间，学校对学生负有进行安全教育、通过约束指导进行管理、保障其安全健康成长的职责。我国涉及大学生伤害的法律主要有《中华人民共和国教育法》《中华人民共和国高等教育法》《中华人民共和国未成年人保护法》《中华人民共和国民法典》等，而在法规规章方面，则主要有《学生伤害事故处理办法》以及各地市出台的有关校园安全管理的规章。因此，我国形成了以各教育法律为蓝本，国家及各地市所颁布实施的规章制度为具体执行依据的校园安全监管的法律体系。

二、与大学生伤害事故处理相关的法律法规

近几届全国人大常委会颁布修订了《教育法》《义务教育法》《高等教育法》，2020 年 10 月 17 日在第十三届全国人民代表大会常务委员会第二十二次会议上对《未成年人保护法》进行第二次修订。与此同时，教育部也已经相继颁布了 10 多项有关学校安全工作的政策、规定。而与大学生伤害联系最为密切的则是于 2002 年 9 月 1 日施行，并于 2010 年 12 月进行修订的《学生伤害事故处理办法》。《学生伤害事故处理办法》颁布实施十多年以来，为全国广大学生群体、各类学校和司法部门在处理和解决学生伤害事故的问题上提供了解决纠纷的模式以及分清是非责任的依据，2010 年 12 月 13 日根据《教育部关于修改和废止部分规章的决定》对《学生伤害事故处理办法》进行了修改

和完善,《学生伤害事故处理办法》(2010年修订)基本上做到了处理学生伤害事故有法可依,提供了公平处理这些事故的前提,有利于保护学生的合法权益,有利于加强学校、教师和社会保护学生的责任感,有利于维护学校正常教学秩序与合法权益。此外,有关处理和解决学生伤害事故的法规规章则多见于各地市所颁布实施的地方性法规规章和政策性文件。

三、大学生伤害事故法律法规适用的法理学分析

法律有广义、狭义两种理解。广义上讲,法律泛指一切规范性文件;狭义上讲,仅指全国人大及其常委会制定的规范性文件。在与法规等一起谈时,法律是指狭义上的法律。法规,在法律体系中,主要指行政法规、地方性法规、民族自治法规及经济特区法规等。法规即指国务院、地方人大及其常委会、民族自治机关和经济特区人大制定的规范性文件。规章是行政性法律规范文件,之所以是规章,是从其制定机关进行划分的。规章主要指国务院组成部门及直属机构,省、自治区、直辖市人民政府及省、自治区政府所在地的市和经国务院批准的较大的市和人民政府,在它们的职权范围内,为执行法律、法规,需要制定的事项或属于本行政区域的具体行政管理事项而制定的规范性文件。

法律和法规的区别,主要在于制定机关的不同,一个是全国人大及其常委会,一个是国务院或地方人大等机构。其效力层次也是不同的,法律的效力大过法规的效力。而规章则属于国务院各部委所颁布实施的,效力也在法律及法规之后,高于各地市所颁布的地方性法规规章。

因此,在有关学生伤害事故的处理中,若涉及相关法律法规的具体适用,我们应该严格遵循法律、法规以及规章效力的递减原则。在有关学生伤害事故处理的法律法规中,特别需要强调的是,《学生伤害事故处理办法》(2010年修订)只是教育部所颁布实施的部门规章,较法律、行政法规、司法解释属于下位法,一般于教育行政机关在处理学生伤害事故时适用。因此,当《学生伤害事故处理办法》中的相关规定与《民法典》及其相关司法解释、《教育法》、《未成年人保护法》以及《高等教育法》中所规定的条文发生冲突时,必须遵循相关法律、行政法规和司法解释的规定进行处理。

第二节 大学生伤害事故司法实践中的处理难点

学生伤害事故管理是构建和谐校园的前提和保障。当前，大学生伤害事故管理事关大学校园的和谐稳定，而大学校园的和谐稳定是社会稳定的一个重要环节。高校学生自我意识强，认知和行为很容易产生矛盾，这就致使这一特殊群体很容易遭到人身伤害。妥善处理学生伤害事故，明确各教育部门、各高校在学生伤害事故的责任认定、赔偿金额等方面的内容仍面临着诸多的困境和难点，急需我们从法学的角度加以剖析和厘清。

一、学校与学生之间的法律关系界定存在争议

根据近年来有关校园伤害事故的诉讼案件统计，大多数的案件是由受害学生家长起诉学校。家长认为把孩子送入学校学习，学校理所应当地接过家长的监管职责，为孩子的人身安全负责。所以，一旦学生在校发生任何意外伤害，家长都认为学校必须承担一定的责任，不论学校是否存在过错。然而若从现实情况出发，学校不可能完全杜绝和防范学生伤害事故的发生。并且在许多高校中，随着逐年的扩招，高校中学生与思政管理人员、专业老师的比例逐年扩大而出现失衡，从监管上来讲更是加大了难度。然而，在《学生伤害事故处理办法》(2010 年修订)颁布实施以前，从法院以往的判决来看，许多法院都支持了学生家长的观点，认为学校对于在校的学生必须承担无过错责任。这种判决更多地顺应了社会舆论和学生家长弱势群体的诉求，而忽略了法律的客观公正性，使人情重于法律，甚至使社会舆论凌驾于法律之上。因此，面对有关学生伤害事故的诉讼，学校往往无形中成为法律适用上的弱者，不仅如此，法院诸多判决的错误导向，使得社会舆论更加坚信学校需要为学生的伤害承担责任，甚至学生家长会采取过激的行为干扰和影响学校的正常教学工作秩序。长此以往，便形成了学生伤害事故处理上的恶性循环，影响极坏。

《学生伤害事故处理办法》颁布实施，针对学校与学生在伤害事故中需要承担的责任做出了明确的界定。根据《学生伤害事故处理办法》(2010 年修订)第 2 条的规定，在校学生发生意外伤害事故只有当“在学校实施的教育教学活动或者学校组织的校外活动中，以及在学校负有管理责任的校舍、场地、其他教育教学设施、生活设施内发生的”，并且只有因本法规第 9 条中所列明

的12种情形造成学生意外伤害的,学校才需要依法承担赔偿责任。

然而在实际处理大学生伤害事故过程中,《学生伤害事故处理办法》(2010年修订)却没有明确给予学校应有的捍卫自身合法权益的权利。根据目前我国的教育体制,除个别学生外,绝大多数大学生都已经是成年人,在法律上已经是完全民事行为能力人,不存在监护人的问题。从法律角度上,当学生发生意外伤害时,学生本人作为当事人,应当独立为其行为承担相应的责任。即便发生诉讼和争议,内容也绝不是围绕学校的监护职责,而只能是明确学校与学生的意外伤害之间是否存在因果关系,学校是否存在过错。若学校有过错便由学校承担赔偿责任,否则,就由学生独立为自己的行为承担后果。然而,绝大多数家长认为把孩子送到了学校学习,就等于是把孩子交给了学校,因此,学校必须起到监管的责任,为孩子的人身安全负责。而社会的舆论导向又对这一主张起到了推波助澜的作用,使得学校在学生安全工作上承担了难以担负的职责,面对学生伤害事故的处理常常如履薄冰。

根据《学生伤害事故处理办法》(2010年修订)第3条之规定:"学生伤害事故应当遵循依法、客观公正、合理适当的原则,及时、妥善地处理。"本条是有关学生伤害事故处理基本原则的规定。要求当事故发生后,双方应当遵循依法、客观公正、合理适当的原则来处理问题。然而现实情况中,一旦学生发生意外伤害,即便依照《学生伤害事故处理办法》(2010年修订)的规定学校没有任何过错,但仍然有可能面对学生家长的重重刁难和声讨,甚至必须忍受家长干扰学校正常教学工作秩序的过激行为,如果政府、警方对此疏于监管和控制,则学校在处理伤害事故中,往往处于弱势和被动的位置,最后在社会舆论的高压下,给予高额的抚恤金或赔偿金了事。因此,《学生伤害事故处理办法》(2010年修订)所规定的基本原则,只有在对方(家长方)处在较为理性和冷静的状态下,正确看待高校的赔偿适用情况,才有可能适用。

二、责任承担与公平责任原则的冲突

《学生伤害事故处理办法》(2010年修订)在第四章中对学校在学生伤害事故损害的赔偿和经济帮助方面做出了界定,根据第26条的规定:"学校对学生伤害事故负有责任的,根据责任大小,适当予以经济赔偿,但不承担解决户口、住房、就业等与救助受伤害学生、赔偿相应经济损失无直接关系的其他事项。学校无责任的,如果有条件,可以根据实际情况,本着自愿和可能的原则,对受伤害学生给予适当的帮助。"从法律层面上理解本条,只有当学校对学生伤害事故负有责任时所做的经济补偿，才能称为赔偿，而针对学校无责任的情况，《学生伤害事故处理办法》(2010年修订)将其定位为适当的经济帮助，其性质类似于死亡抚恤金，死亡抚恤金是死者所在单位等给予死者近亲属和被扶养人的生活补助费。死亡抚恤金还含有一定精神抚慰的内容。

许多学者认为本条的规定与《民法典》的公平责任原则相违背，公平责任原则是指当事人对于损害的发生都不应承担民事责任时，依据公平责任原则由当事人分担责任。根据这一原则，当学生发生伤害事故后，能够确定学校、学生在主观上都无过错，则应当由学生和学校分担民事责任，即不论学校是否有过错，都需要承担部分责任。然而，《学生伤害事故处理办法》(2010年修订)中对于学校无责任的情况，却并没有与公平责任原则保持一致。《学生伤害事故处理办法》(2010年修订)认为学校只需根据自身的实际情况给予受伤害学生适当的帮助，并且要在有能力提供经济帮助的前提之下。明确将其定性为提供经济帮助的抚恤金或者慰问金。在本条中，我们可以把适用经济帮助必须满足的条件归纳如下：一是学校在学生伤害事故中没有损害赔偿责任；二是学校具有提供帮助的财务资金条件；三是自愿、可能、适当的原则；四是经济帮助的对象是受伤害的学生。由此可见，《学生伤害事故处理办法》(2010年修订)中规定的经济帮助不是公平责任原则的表现，公平责任原则是法律原则，经济帮助更多地体现的是人道主义原则，两者从性质、适用条件等方面看都有本质的不同。

虽然《学生伤害事故处理办法》(2010年修订)表面上明确了学校无责任的情况下不需要承担任何赔偿责任，但却又打开了经济帮助这一条变通之路，虽然经济帮助是出于人道主义原则而由学校自愿选择是否给予学生家长，然而，事实上学校在处理学生伤害事故的过程中，被动局面不但没有改善，反而由于《学生伤害事故处理办法》(2010年修订)只是笼统地把经济帮助的幅度和范围约定在自愿、可能、适当的前提之下，而没有具有可行的对学校提供经济帮助金额多寡的明确条款，使得学校在家长和社会舆论的高压之下往往支付了远远超出其自愿和能力范围的高额经济补偿。

第三节　大学生伤害事故处理的法律困境与不足

随着《学生伤害事故处理办法》(2010年修订)的出台，其对学生伤害事故的处理提供了一定了法律依据和操作性建议，有其积极意义。但是，其法律效力层次过低，某些规定与民事法律相互抵触，对举证责任、精神损害赔偿等方面内容并未做出明确的规定，仍然存在许多的漏洞和不足，给司法实践过程中带来了一定的困境和疑点，仍需进一步予以完善健全。

一、《学生伤害事故处理办法》(2010年修订)的法律效力过低

《学生伤害事故处理办法》(2010年修订)致力于预防并妥善处理学生伤害事故，保护学生、学校的合法权益，使妨碍校园安全事故处理的难点问题的解决在教育法的框架内有了突破性进展。但是，值得我们注意的是，《学生伤害事故处理办法》(2010年修订)虽然能够很好地解决实际问题，但其自身的法律效力却与其实用性不相匹配。

《学生伤害事故处理办法》(2010年修订)由教育部制定，属于部门规章，其法律效力低于由全国人大及其常委会制定的法律和由国务院制定的行政法规。根据《立法法》的相关规定，教育部作为主管教育的行政机关，可以通过制定行政规章行使自己的行政管理权，但不得超过本部门的权限范围。然而，《学生伤害事故处理办法》(2010年修订)中却包含有调整民事关系的诸多规范，规定并调整着当事人的民事权利和民事义务以及民事责任归责原则，这种立法行为在法律界受到了广泛的质疑。正是如此，当《学生伤害事故处理办法》(2010年修订)中的有关民事关系的条文和《教育法》《民法典》等法律法规中的规定相抵触时，《学生伤害事故处理办法》(2010年修订)作为部门规章必须严格遵循其他法律法规的规定，这就使得《学生伤害事故处理办法》(2010年修订)的法律适用处于尴尬的境地。首先，《学生伤害事故处理办法》(2010年修订)对学生和家长的约束能力受到限制。其次，《学生伤害事故处理办法》(2010年修订)对法官审理学生伤害事故案件也没有约束力，法官审理民事侵权案件，依据的是全国人大及其常委会的民事法律、国务院颁布的行政法规和最高院的司法解释，其他国务院各部委制定的规章只能作为参考。即法官审理学生伤害事故时完全可以根据自己对《民法典》的理解来断案，对《学生伤害

事故处理办法》(2010 年修订)则可以弃之不顾。最后,《学生伤害事故处理办法》(2010 年修订)作为教育部门的行业规章,对学校的行政行为具有直接的约束力,从其效力范围上可以完全管住学校,但在一些诉讼案件中,由于《学生伤害事故处理办法》(2010 年修订)诉讼法律效力的不足,往往无法为学校提供合法有效的保护,因此,学校在面对有关学生伤害事故案件的诉讼中,往往处于劣势。

二、事故赔偿资金的来源问题悬而未决

学校无力承担伤害赔偿金,特别是发生高额赔偿事故,学校更是束手无策。不论是学生还是学校,都期待着能够有一个有效的筹措和解决赔偿金的办法。但不无遗憾的是,《学生伤害事故处理办法》(2010 年修订)第 29 条对于赔偿金的规定形同虚设,没有从根本上解决学校的赔偿资金问题。因为,在以往发生的学生伤害事故赔偿中,应当由学校负担的赔偿金,大多数是由学校负责筹措的。学校是非营利性的公益性服务机构,怎样能够筹措到巨额的伤害赔偿资金呢?除了有赞助费可以适用的重点学校、有校办工厂或其他收入来源的学校,一般学校除了财政拨款的教育经费和从学生那里收取的学杂费外,别无其他的合法收入,根本就无力承担赔偿金。如果改变教育经费和学杂费的法定用途,用于学生伤害事故的赔偿,无疑是挪用办公经费,是法律所不允许的。因此,《学生伤害事故处理办法》(2010 年修订)才规定学校无力筹措的,则由主管的教育行政部门负责。而教育行政部门作为政府机构,更是难以有额外的收入用于赔偿。

三、事故调解组织的单一化

根据《学生伤害事故处理办法》(2010 年修订)的规定,对学生伤害事故的处理途径主要有以下三种方式:协商、调解或法庭审理。协商过程中,家长和学校往往很难就事故责任的认定及赔偿金额达成一致的意见,即使勉强达成一致,也容易发生双方在各方压力下勉强妥协的结果,使其中一方受到不公平的待遇;而法庭审理费时费力,同时,农村学生家长,普遍有“畏诉”思想,一方面是由于对法律的无知,而另一个最重要的方面则是因为他们担心法庭判决

的赔偿金离自己的要求相差甚远，因此，调解往往成为最后的解决途径。[①] 但是，根据《学生伤害事故处理办法》(2010 年修订)的规定，调解方为发生学生伤害事故的学校所在地的主管教育行政部门，由于教育行政部门与学校的关系，对事故的责任及赔偿金额的认定并不具有专业性和权威性，难以使学生家长信服，也有的学生家长对学生伤害事故的发生表现出不理性的情绪反应，并提出不合理的赔偿要求，使得学校背负了沉重的经济和思想负担。因此，调解也很难获得双方满意的结果。

四、学生伤害事故的对象没有进行区别对待

中小学和高校学生的民事行为能力不同，有着质的区别。中小学学生是无民事行为能力人或限制民事行为能力人，学校对他们在校期间要承担特别的注意义务。而大学生在我国的教育体制下，一般情况下都是成年人，已经是法律上的完全民事行为能力人，能够对自己的行为独立承担民事责任，严格意义上讲高校只负有对学生安全管理的谨慎注意义务即可，《学生伤害事故处理办法》(2010 年修订)中对此并没有做出区别对待和明确的界定，如果将《学生伤害事故处理办法》(2010 年修订)第 9 条中规定的学校需要承担责任的 12 种情形简单套用在高校的环境下，不免显得对高校要求过于严苛，实际情况下难以达到。另外，有学者认为《学生伤害事故处理办法》(2010 年修订)中所指的“学校”“学生”不应包括高校和大学生这一范畴，理由是《民法典》第 1199 条、第 1200 条、第 1201 条从法律的角度在确定学生伤害事故损害赔偿责任的认定时，其立意不在于保护一般的学生，而是着重保护在校学习的未成年人，以及被在校学习的未成年人侵害权利的其他人，而《学生伤害事故处理办法》(2010 年修订)作为下位法与司法解释的规定存在界定范围上的冲突，则应当遵循司法解释的规定。因此，在高校和大学生能否作为《学生伤害事故处理办法》(2010 年修订)适用的主体这一问题上学界也存在着诸多的争议，这就使得高校在面对大学生这一群体所发生的伤害事故的处理中无章可循，如履薄冰。

---

① 高顺伟:《学生伤害事故的危害及处理中的困境与对策》,《思想理论教育》2007 年第 2 期。

五、缺乏对高校责任承担幅度的划分

《学生伤害事故处理办法》(2010 年修订)明确规定了当学校对学生伤害事故负有责任时,需要按其责任大小承担相应的责任,若学校无责任,则根据自愿、可能、适当的原则给予一定的经济补助。但是《学生伤害事故处理办法》(2010 年修订)却没有将学校对其应当承担的责任幅度大小做出明确的界定和划分,一旦发生损害事故,家长往往无法理性地看待法律上的责任划分,而使学校因无法可依据、无章可循而陷入被动。

针对学校无责任的情况,《学生伤害事故处理办法》(2010 年修订)所规定的经济补助要求学校一方在法律认定上没有责任,而不要求事故当事人各方均无责任。但是在实际情况中,高校发生的学生伤害事故案例中,学生家长常常无法理智客观地处理伤害事故的善后问题,无论高校是否有责任,学生家长都要求赔偿。造成这一现象的原因主要是学生家长持有如下两种错误的观点:第一,高校有能力提供经济帮助。高校作为非营利性事业单位,属于国家机构的分支,财政都由国家或地方政府拨付。因此,许多家长认为大学有财政能力为受伤害学生提供一定的经济补助。第二,学校有义务提供经济补助。目前,我国公民法律意识相对而言较为薄弱,这就反映到学生家长面对学生伤害事故上表现出的不理性行为。绝大多数家长都认为把自己的孩子交给学校,支付了学费,学校就有义务和责任保证孩子的安全。如果学生在校期间发生了意外伤害,学校就存在安全责任和管理的疏忽,而不会因为从法律角度上确认了学校的无责而改变这一思想。

虽然《学生伤害事故处理办法》(2010 年修订)明确了学校无责任的情况下不需要承担任何赔偿责任,但却因对高校责任承担幅度的划分不明而为家长善后行为的不理性和寻求学校高昂的经济补助开辟了另一条变通之路,学校在处理学生伤害事故的过程中,被动局面不但没有改善,反而由于只是笼统地把经济帮助的幅度和范围约定在自愿、可能、适当的前提之下,却没有实际可操作性的条款,使学校支付了远远超出其自愿和能力范围的高额经济帮助。

第四节　大学生伤害事故处理的立法建议与完善

面对大学生伤害事故的处理过程中所存在的诸多困难和不足，首先要做的就是尽快出台专门用于处理大学生事故的《高校安全法》，理论学界对此也表现出了高度的关注。与此同时，也要进一步修正和完善法律法规中有关学生伤害事故处理的相关规定，查缺补漏，对学生伤害事故中教育行政部门、高校及学生所需承担的责任做细致而明确的区分，并加以确定化、法律化，切实保障学生的根本利益。

一、尽快出台专门调整高校学生事故的《高校安全法》

如何运用法律知识对高校大学生伤害事故管理焦点问题进行剖析，并由此提出加强高校安全管理和推进高校安全立法的思考与建议是当前高校伤害事故管理急需解决的问题。寻求法律救济是权利受到损害后最根本的保障。关于处理高校学生伤害事故，教育部在 2002 年 9 月 1 日颁发并于 2010 年 12 月 13 日修订的《学生伤害事故处理办法》是一个重要依据。[①] 它是教育部出台的当前处理学生事故的重要规范性文件，但是它仅仅是一部部门规章，位阶较低，并且规定的内容更多地倾向于中小学，而并没有把高校大学生这一特殊群体区别对待。高等院校的学生已经是完全民事行为能力人，但是由于仍在学生这个特殊的群体当中，安全问题同样不可忽视。但有关高校学生的人身伤亡事故的法律、法规，至今几乎仍是空白。并且目前后勤社会化一经推广，更有许多的安全隐患。高校学生属于“夹缝”中的完全民事行为能力人，因为他们还要接受学校和物业管理公司的双重监督和管理。因此，在高等院校的学生安全更需要以法律的手段来予以保护。因此，《校园安全法》的制定实施势在必行，其理由主要有：

（一）社会发展的客观需要

任何一部法律的出台，都是社会发展到一定阶段的产物。当前，随着人们

① 朱慧：《高校学生伤害事故救济途径探析》，《科教导刊》2010 年第 9 期。

法治意识的提高，越来越多的学校成为被告，并被判承担赔偿责任。[①] 在校大学生人身伤害事故屡屡发生，不仅严重威胁到学生的人身安全，而且也影响了高校正常的教学秩序，增加了学校的经济负担，同时也给学生家庭、社会带来了不安定因素。为了尽快减少在校大学生的伤亡事故，规范学校的管理行为，合理划分学校、家长、学生及社会的责任，急需制定校园安全法。

(二)填补立法空白，完善教育法规体系

有关对在校学生合法权益的法律保护，散见于《宪法》《民法典》《未成年人保护法》《义务教育法》《教师法》之中，而且这些法律对在校学生合法权益保护的规定也不具体，还存在立法空白，这几部法律对在校学生人身伤害案件的归责原则、处理标准没有涉及，对学校应该履行哪些具体管理职能规定得不具体，学校是不是应有监护责任等问题社会各方面还有疑义。急需制定一部详尽、具体、针对性强的校园安全法来解决这些问题，这也是充实我国的教育法体系所必需的。[②]

(三)便于司法实践中的实际操作

过去法院在审理在校学生人身伤害赔偿纠纷案件时，主要依据《民法典》，但由于《民法典》只是对一般的人身损害赔偿案件作了原则性的规定，可操作性不强。在审理这类特殊的侵权案件时，缺乏可以直接参照适用的法律依据，使得许多案件的审判合法但未必合理。[③]

《高校安全法》应当由全国人大、人大常委会或由它们授权国务院制定，其目的在于保证校园安全、预防和处理学生伤害事故。《高校安全法》应坚持以预防为主的原则，把立足点放在事故的防范上，以强制性的法律规范保证校园安全的经费投入，消除事故隐患。在对学生伤害事故的处理方面应克服《学生伤害事故处理办法》(2010 年修订)的弱点。应当组织熟悉教育的法学家和熟悉法律的教育家成立相应的论证小组进行前期准备，使《高校安全法》真正起到学校、学生安全的保护伞作用。

---

① 张维平、翁莹秀:《〈校园安全法〉立法原则性问题研究》,《教育理论与实践》2005 年第 10 期。

② 张维平、翁莹秀:《〈校园安全法〉立法原则性问题研究》,《教育理论与实践》2005 年第 10 期。

③ 张维平、翁莹秀:《〈校园安全法〉立法原则性问题研究》,《教育理论与实践》2005 年第 10 期。

二、完善有关学生伤害事故处理的法律规定

（一）《学生伤害事故处理办法》中与民事法律相抵触的规范的修正和完善

1. 在适用主体界定上的进一步明确。《民法典》第1199条规定："无民事行为能力人在幼儿园、学校或者其他教育机构学习、生活期间受到人身损害的，幼儿园、学校或者其他教育机构应当承担侵权责任；但是，能够证明尽到教育、管理职责的，不承担侵权责任。"第1200条规定："限制民事行为能力人在学校或者其他教育机构学习、生活期间受到人身损害，学校或者其他教育机构未尽到教育、管理职责的，应当承担侵权责任。"第1201条规定："无民事行为能力人或者限制民事行为能力人在幼儿园、学校或者其他教育机构学习、生活期间，受到幼儿园、学校或者其他教育机构以外的第三人人身损害的，由第三人承担侵权责任；幼儿园、学校或者其他教育机构未尽到管理职责的，承担相应的补充责任。幼儿园、学校或者其他教育机构承担补充责任后，可以向第三人追偿。"而《学生伤害事故处理办法》(2010年修订)第37条规定："本办法所称学校，是指国家或者社会力量举办的全日制的中小学(含特殊教育学校)、各类中等职业学校、高等学校。本办法所称学生是指在上述学校中全日制就读的受教育者。"这一规定明确了《学生伤害事故处理办法》(2010年修订)对在校大学生所发生的伤害事故处理适用。然而，这显然与《民法典》中的规定相抵触。某种意义上说，当发生大学生伤害事故时，《学生伤害事故处理办法》(2010年修订)中的所有规定都有可能因为高校以及大学生的主体不适合而无法适用。而实际情况也是如此，事实上对于大学生伤害事故还没有一部法律法规能够明确加以规定，这是校园安全法律法规体系中的空白和漏洞，急需相关的法律法规予以明确的界定和完善。

2. 在民事责任的承担主体上，显然，教育行政部门如果在执行职务中，侵犯学生的合法权益造成损害的，应当承担民事责任。而《学生伤害事故处理办法》(2010年修订)第四章"事故损害的赔偿"中对教育行政部门应负的民事责任只字未提，在第五章"事故责任者的处理"的第34条中，将教育行政部门应负的责任限定于行政责任和刑事责任，这无疑有为教育行政部门规避应负的民事责任之嫌。这是既不合理也不合法的。

3. 在民事责任的承担的方式上，根据《民法典》第179条规定，有停止侵害、消除危险、赔礼道歉、赔偿损失等11种承担方式，而学校却将学生伤害事

故中的民事责任承担方式仅限于赔偿损失，这显然是违反民事法律规定的。①

4.《学生伤害事故处理办法》(2010 年修订)第 11 条规定："学校安排学生参加活动，因提供场地、设备、交通工具、食品及其他消费与服务的经营者，或者学校以外的活动组织者的过错造成的学生伤害事故，有过错的当事人应当依法承担相应的责任。"这一规定也与民法相抵触。因为在这些情况下发生的学生伤害事故，向学生承担民事责任的应当是学校。因为是学校安排学生参加活动，所以是学校与提供场地、设备、交通工具、食品及其他消费与服务的经营者、学校以外的活动组织者存在民事法律关系，学生与这些加害人并不存在民事法律关系；当发生伤害事故时，学生依法只能要求学校承担民事责任，而不能直接要求加害人承担民事责任。学校在承担民事责任后，依法有权向加害人追偿。所以本条应当修改为："学校安排学生参加活动，因提供场地、设备、交通工具、食品及其他消费与服务的经营者，或者学校以外的活动组织者的过错造成的学生伤害事故，由学校向学生承担民事责任。学校向学生承担民事责任后，有权向有过错的经营者、活动组织者追偿。"②

(二)《学生伤害事故处理办法》中应当规定而未明确的内容

1. 关于举证责任的明确

举证责任，是指法律要求诉讼当事人对自己所主张的事实，提出证据加以证明的责任。在处理学生伤害事故时，作为受害人的学生，如果要求学校承担民事责任，那么是由学生还是由学校承担举证责任?《学生伤害事故处理办法》对此并未作任何具体可操作性的规定。

学生伤害事故通常是侵权行为引起的，对侵权行为提起的民事诉讼为侵权行为之诉。根据我国《民事诉讼法》和最高人民法院《关于民事诉讼证据的若干规定》(以下简称《民诉证据规定》)的规定，在一般侵权之诉中，遵循的是"谁主张，谁举证"的原则，即由原告就被告应承担侵权责任进行举证。而在特殊侵权之诉中，对于某些侵权构成要件，应按照法律规定由被告承担举证责任，即"举证责任倒置"。造成学生伤害事故的侵权行为有一般侵权行为，也有特殊侵权行为。如《学生伤害事故处理办法》第 9 条第(3)、(8)、(9)、(10)等项

① 刘瑞蓉、陈尚志、谢天长：《〈学生伤害事故处理办法〉的立法缺陷及其完善》，《福建工程学院学报》2003 年第 3 期。

② 刘瑞蓉、陈尚志、谢天长：《〈学生伤害事故处理办法〉的立法缺陷及其完善》，《福建工程学院学报》2003 年第 3 期。

为一般侵权行为，而第(1)项应属于特殊侵权行为。[①]

此外，《学生伤害事故处理办法》中规定的有些侵权行为如果作为一般侵权行为由受害学生承担举证责任，则明显对学生不利，也不公平。例如，根据《学生伤害事故处理办法》第9条第2项的规定，学校的安全保卫、消防、设施设备管理等安全管理制度有明显疏漏，或者管理混乱，存在重大安全隐患，而未及时采取措施造成学生伤害事故的，学校应当依法承担相应的责任。但是，谁来举证证明学校的安全保卫、消防、设施设备管理等安全管理制度有明显疏漏，证明学校管理混乱，存在重大安全隐患且未及时采取措施，并造成学生伤害事故的发生？因为学校的这种侵权行为并不属于举证责任倒置的情形，所以似乎只能由受害学生承担举证责任。但是，受害学生显然很难承担这样的举证责任。而学校对本校的安全保卫、消防、设施设备管理等安全管理制度是否有明显疏漏，是否管理混乱，是否存在重大安全隐患且未及时采取措施，比学生更加清楚，或者说更有条件与可能予以判定。从举证能力的强弱及证据距离看，显然在这种情况下，学校距离证据更近，更有能力提供证据。让更容易提供证据的学校一方举证，不仅公平，而且还更加有效率，更加节省举证成本，举证不能的概率也大大减少。[②]

作为处理学生伤害事故的规范性依据，《学生伤害事故处理办法》(2010年修订)应当根据民事法律的相关规定，对哪些情况下由受害学生承担举证责任，哪些情况下由学校承担举证作出明确规定，以便更加有利于依法处理学生伤害事故。

2. 关于精神损害赔偿制度的建立

在学生伤害事故处理中，受害学生一方能否提出精神损害赔偿的请求？《学生伤害事故处理办法》(2010年修订)对此未作明确规定。教育界、法学界对此争论激烈。笔者认为，根据最高人民法院2001年2月26日颁布并于2020年12月23日修订的《关于确定民事侵权精神损害赔偿责任若干问题的解释》(以下简称《解释》)的规定，学生伤害事故赔偿范围应当包括精神损害赔偿，但与此同时应当加以限制。《解释》第1条明确规定：因人身权益或者具有

---

① 刘瑞蓉、陈尚志、谢天长：《〈学生伤害事故处理办法〉的立法缺陷及其完善》，《福建工程学院学报》2003年第3期。

② 刘瑞蓉、陈尚志、谢天长：《〈学生伤害事故处理办法〉的立法缺陷及其完善》，《福建工程学院学报》2003年第3期。

人身意义的特定物受到侵害,自然人或者其近亲属向人民法院提起诉讼请求精神损害赔偿的,人民法院应当依法予以受理。可见,根据《解释》的规定,我国对于精神损害的民事赔偿主要集中在人格权利受损的范围内,据此,学生伤害事故中,受害学生在人格权利遭受非法侵害后,当然有权要求侵权人赔偿精神损失。受害学生死亡的,根据《解释》第3条的规定,其父母或其他近亲属有权提出精神损害赔偿的请求。[①] 但是,上述权利行使的前提是其人格权利受损与学校的行为有因果关系,即学校应当承担侵权责任时才可提出。由此可见,《学生伤害事故处理办法》(2010年修订)应根据《解释》,在第四章"事故损害的赔偿"中对精神损害赔偿作出明确规定,并加以明确限制,以保护受害学生的合法权益。

3. 赔偿资金的来源问题悬而未决

关于学校赔偿金的来源问题《学生伤害事故处理办法》(2010年修订)有这样一些规定:"应当由学校负担的赔偿金,学校应当负责筹措;学校无力完全筹措的,由学校的主管部门或者举办者协助筹措";"县级以上人民政府教育行政部门或者举办者有条件的,可以通过设立学生伤害赔偿准备金等多种形式,依法筹措伤害赔偿金";"学校有条件的,应当依据保险法的有关规定参加学校责任保险"。这些规定含混、模糊,设置的前提条件缺乏可操作性,给人留下了诸多疑惑:由学校负责筹措赔偿金合适吗?如果学校无力筹措,学校主管部门或举办者按什么比例协助筹措?什么样的教育行政部门或学校举办者才有条件设立学生伤害赔偿准备金?什么样的学校才有条件参加学校责任保险?依我国目前的情况,大部分学校、学校举办者和教育行政部门可以认定自己无力或无条件承担与赔偿金有关的费用。学生伤害事故发生率最高的从事义务教育的中小学校,学校经费来源有国家的拨款与按规定的项目和标准收取的学杂费,这些项目的审批都以教育成本为依据,以保证学校正常运转和发展为目的,这其中没有多余的经费挪作他用。而我国广大农村尤其是西部地区经济还不发达,地方政府的财力有限,地方发展教育事业的经费十分短缺,有的地方长期不能保证教师工资按时足额发放,学校举办者和教育行政部门可以认为自己有条件不承担此笔费用。只有一些高等学校和收费昂贵的民办学校或重点中学经费较为宽裕,但这些学校也完全可以根据自己对《学生伤害事故处

---

① 刘瑞蓉、陈尚志、谢天长:《〈学生伤害事故处理办法〉的立法缺陷及其完善》,《福建工程学院学报》2003年第3期。

理办法》(2010年修订)"条件"的理解以种种理由辩称自己没"条件"。事实上,《学生伤害事故处理办法》(2010年修订)颁布至今,大部分地区都没有设立学生伤害准备金,大部分学校也没有参加学校责任险,赔偿金的来源还是老大难问题。[①] 由此可见,关于赔偿金来源的规定必须订立具有强制性的行为规则,以法律法规的形式加以明确。参考一些发达国家的成功做法,学生人身伤害的学校赔偿金都来源于学生事故专项资金或学校责任保险,事故专项资金一般用于比较重大和比较特殊的学校责任事故,而这两项资金都由学校举办者负责筹集。[②] 只有实现损害赔偿的社会化,才能真正为学校化解风险,为学校减负,使学校能把主要精力投入到教育教学和科研活动中。也只有这样,才能真正切实有效地保障受害学生及其家属的合法权益。

三、对于大学生伤害事故的责任需进一步区分和明确

(一)学校责任

学校责任应体现为:(1)学校在教学活动中是否尽到了管理责任,如是否落实了安全保护措施,以确保校舍、设备、设施等的安全;(2)学校是否尽到了教育责任,如是否制定了有关学生人身安全的规章制度并教育学生遵守规定;(3)学校是否尽到了照顾学生的责任,如是否及时制止学生和他人的不当行为,以及在学生受到伤害和发生疾病时,是否采取了积极的救治措施;(4)学校对办学经费问题、校舍场地设施的安全问题、学校安全事故等负有报告的义务。

但是因为学校举办者的不同,现在的高校存在民办院校和公立院校之分。如果学校的举办者是各级人民政府、行业主管部门,则为公立性质的高等院校,如果学校的举办者是民营企业或个人,则属于民办性质的院校,也称之为私立院校。针对不同性质的院校,对于学生发生伤害事故的责任承担上是没有区别的,都应当由学校作为独立法人承担责任。但是,二者在损害赔偿的承担上,笔者认为应当区别对待:

---

① 李红雁:《对〈学生伤害事故处理办法〉的法律反思》,《湖南社会科学》2005年第2期。

② 李红雁:《对〈学生伤害事故处理办法〉的法律反思》,《湖南社会科学》2005年第2期。

1. 公立院校:由学校承担

公立性质的高等院校的学生发生伤害事故后,如果学校负有责任,则应当由学校责任;如果学校无责,则学校可适度对受伤害学生进行经济帮助。

2. 私立院校:由学校的举办者(法人)承担

私立院校的学生发生伤害事故后,如果校方负有责任,应当由私立院校的举办者(法人)承担相应的赔偿责任;如果学校无责,则学校举办者(法人)可根据自愿原则,适度对受伤害学生进行经济帮助。

(二)教育行政部门的责任

教育行政部门的责任主要表现在以下四个方面:(1)对学校的办学条件进行认真细致的评估并向办学者进行反馈和报告。(2)对学校的安全稳定工作进行实时指导并提出切实有效的建议和意见。(3)对已经发生的学校安全事故进行积极有效的协调,协助学校妥善处理事故。(4)对学校的安全工作做出部署、指导和督促。

第五节　大学生伤害事故的社会保障与救济途径

由于立法上对于大学生伤害事故处理缺乏明确而统一的规定,在司法实践中,由于引用法律法规的不一致而导致对同类案件的处理差异很大的情况时有发生。虽然《学生伤害事故处理办法》的出台在一定程度上明确了权责,但在现实中的可操作性及法律效力又有待进一步的完善和确定,使得大学生伤害事故处理法律以外的社会保障与救济途径就显得尤为重要。因此,完善和健全大学生伤害事故的社会保障与救济途径,不仅十分重要,而且尤为迫切,因为它不仅可以防患于未然,在事故发生后还可以把损害降到最低。[①] 笔者认为,大学生伤害事故的社会保障与救济方式包括社会保险救济机制,预防、处理的行政救济机制和企业及个人公益基金等救济机制。

一、大学生伤害事故的处理中引入社会保险机制

当前,急需从学校、政府、社会、家长等不同角度,探讨如何建立有效的高

① 朱慧:《高校学生伤害事故救济途径探析》,《科教导刊》2010 年第 9 期。

校学生伤害事故预防和处置机制，预防意外伤害。

意外伤害是指因意外导致身体受到伤害的事件，常用于保险业。按照保险业的常见定义，意外伤害是指外来的、突发的、非本意的、非疾病的使身体受到伤害的客观事件。学生发生伤害事故后，赔偿问题往往是双方争执不下的焦点问题。如果事故是由于校方的过错导致，那么校方肯定要承担相应的赔偿责任，但是现实情况是高校不是经济实体，本身没有盈利的职能，只是一个事业性公益单位，往往支付不起巨额赔偿金，最终损害的还是受伤害的学生及其家庭的利益。[①] 鉴于这种情况，要为事故赔偿问题找到一个可行的途径。从国外的经验看，大多数发达国家是通过社会保险来解决学生的伤害事故的赔偿问题，一旦发生人身损害，即可得到国家和社会的保护和帮助。但是，中国的社会保险行业还处于刚起步的阶段，许多商业保险的理赔机制还尚不健全，更不用说涉及高校学生大面积社会保险机制的建立健全，但是随着社会的发展，这一做法势在必行。因此，笔者从以下两个方面对建立健全社会保障机制提出自己的意见和建议：

(一)以行政强制力建立健全校方责任险

笔者认为，为了切实有效地预防学生伤害事故，各所高校必须办理“校方责任险”。所谓“校方责任险”，就是指学校出资为自己可能发生的过错和侵权责任向保险公司购买保险后，校方因疏忽或过失造成学生的人身伤害，依法应当承担经济赔偿时由保险公司负责理赔。而且保险公司根据大数法则，当多数学生大面积投保时，保费可以比较低，而保额仍然不变。以投保转移学校教育风险，是学校走出可能面临的学生伤害事故困境的一条出路。据了解，日本、德国、加拿大等国政府在保险制度中都专门设有校园责任险。国内一些商业保险公司也从单位责任险种中开发了校园责任险，并已在上海、杭州、深圳等城市开展业务。[②] 但是由于我国经济发展的不平衡，各地像上海市一样，政府出资为每所学校投保校园责任险还不现实。

因此，笔者建议中央以及地方政府应当拨付专项经费用于保证每个高校大学生都必须参保“校方责任险”，以行政强制力的手段帮助高校选择服务质量好、理赔快捷、信誉度高的保险公司，根据《中华人民共和国保险法》的有关规定，按照在册学生人数及校园责任险险种的保险费率标准，由政府财政拨付

---

① 朱慧：《高校学生伤害事故救济途径探析》，《科教导刊》2010 年第 9 期。

② 杨文德：《学生伤害事故及保险救济的选择》，《社会纵横》2007 年第 9 期。

或者由学校和政府联合出资等多重形式保证“校方责任险”落到实处。

(二)以规章的形式明确学生参加保险的义务

除了校方责任险以外,教育行政部门以及高校还应当以规章的形式明确学生参加其他系列团体保险的义务,例如“学生意外伤害险”。

“学生意外伤害险”是涉及学生在校造成人身伤害的一个险种,由学生或其家长自愿出钱,为自己的人身安全向保险公司购买保险,属于自然人的人身保险范畴,投保人和受益人都是特定的。而在以往的实际操作中,大都是学校将保险费混在学生入学的“一揽子”费用中统一收取,统一投保,这剥夺了真正投保人的知情权和选择权。学校在尊重学生意愿的前提下,可为学生投保创造便利的条件,比如联系保险公司到校内宣传和办理业务等。但是,必须看到,面对自主选择,许多学生及其家长认为投保是毫无意义的,加之中国人对于保险业不够了解甚至采取排斥态度,使得如果采取自愿原则,学生参保“学生意外伤害险”的热情和积极性都大打折扣。

因此,笔者认为政府及其教育行政部门应当在此问题上适当放权,允许学校可以以校园规章的形式要求学生必须参保“学生意外伤害险”。与此同时,政府还要应当划拨一部分经费用于帮助经济存在困难的贫困大学生投保“学生意外伤害险”,以保证不漏掉一个学生。这一设想任重道远,但笔者认为势在必行。

二、建立健全大学生伤害事故的行政救济机制

(一)大学生伤害事故的逐级报告制度

《学生伤害事故处理办法》(2010 年修订)第 16 条规定:“发生学生伤害事故,情形严重的,学校应当及时向主管教育行政部门及有关部门报告;属于重大伤亡事故的,教育行政部门应当按照有关规定及时向同级人民政府和上一级教育行政部门报告。”第 22 条规定:“事故处理结束,学校应当将事故处理结果书面报告主管的教育行政部门;重大伤亡事故的处理结果,学校主管的教育行政部门应当向同级人民政府和上一级教育行政部门报告。”这些规定明确了高校学生伤害事故发生后,学校应当及时向教育行政部门及有关部门报告的制度,既包括高校学生伤害事故及时上报制度,也包括高校学生伤害事故的总结通报制度。[①]

① 谢军:《高校学生伤害事故防范和处理机制》,《当代教育论坛》2010 年第 5 期。

(二)大学生伤害事故的协商解决制度

协商解决制度是指在高校学生伤害事故发生后,学校、受害学生及家长、应承担责任的其他人、有利害关系的第三人等通过协商的方式,解决校园侵权赔偿等相关问题的制度。《学生伤害事故处理办法》(2010 年修订)第 18 条规定:"发生学生伤害事故,学校与受伤害学生或学生家长可以通过协商方式解决。"高校学生伤害事故的协商解决有利于缓和各方当事人的矛盾和冲突,有利于维护学校教育教学秩序,有利于节约司法资源,比较经济高效。但应注意的是,协商解决要建立在当事人自愿的基础上,并以事实为依据,以法律为准绳,且制作详细的协商协议书,得到各方当事人的确认后才是有效的。

(三)大学生伤害事故的调解解决制度

教育行政部门的调节属于行政调解。而高校学生伤害事故的调解是指高校学生伤害事故双方当事人在第三人主持下,通过劝说引导、说服教育、交流沟通和平等谈判,按照法律、法规和规章的规定,力求当事人在自愿的基础上达成协议解决争议。它具有三大特点:(1)行政调解由国家主持,即调解人必须是行政组织。在我国的教育体制中,学校的上级主管部门是教育行政部门。因此,如果学生伤害事故发生在学校或者学校组织的教育活动中,教育行政部门在必要的情况下理所应当承担调解义务。[①] (2)调解必须是以自愿为原则。教育行政部门只有在学校和学生或其监护人都愿意接受调解的情况下才能进行调解,而所达成的协议必须是双方当事人都同意确认的。(3)属于诉讼外的调解。这种行政调解不是诉讼的必经程序,不能因为行政调解而限制当事人行使诉讼权。[②] 关于调解机构,《学生伤害事故处理办法》(2010 年修订)规定:在双方自愿的情况下,当事人可以书面请求主管教育行政部门调解。然而,在实践中,学校之外的当事人往往对主管教育行政部门进行调解的公正性表示怀疑,从而拒绝通过这种方式解决事故。所以,笔者认为除教育行政部门外,当事人只要自愿,也可以请求政府设立的学生安全事故调解机构,甚至是人民调解委员会等调解组织来调解。《学生伤害事故处理办法》(2010 年修订)对调解时限没有做具体规定,笔者认为应规定一定的调解时限较合理,调

---

① 陈书昆:《关于妥善处理学生伤害事故的几个问题——〈学生伤害事故处理办法〉解读》,《教育导刊》2003 年第 2 期。

② 陈书昆:《关于妥善处理学生伤害事故的几个问题——〈学生伤害事故处理办法〉解读》,《教育导刊》2003 年第 2 期。

解不成的，调解机构可以终止调解，告知当事人通过诉讼方式解决争端。

(四)大学生伤害事故的诉讼解决制度

对于高校学生伤害事故如果协商、调解不成，或者协商、调解达成协议后一方当事人不履行或反悔的，双方可依法提起诉讼。高校在诉讼实务中要尤其注意搜集证据，在当前的司法环境下，高校在学生伤害事故中举证责任不明的领域还非常多，一些本应当由其他当事人举证的方面，经常会通过各种方式强加于学校。如高校已对学生进行了相应的安全教育或已采取了必要的安全保护措施，学校不知道学生有不适应某种场合或者某种活动的特殊体质、异常心理状态，教师及其他职工并未擅离工作岗位，教师及其他职工正确履行职责并无违反工作要求、操作规程。① 司法实践中，法院经常要求学校承担举证责任，如果学校对此能予以充分举证，就可能不承担或少承担民事责任。相反，就可能因此承担或多承担民事责任。当前，学校在民事诉讼中失利的经常性因素即在于学校缺乏证据收集的观念，以致举证不能或不足导致承担本不需要承担的民事责任。

三、广泛引入公益基金形成长期稳定的公益救济机制

学校对学生负有教育管理和保护的职责，承担过错责任，无过错无责任。由于学校属于非营利性机构，用于支付重大学生伤害事故的赔偿资金必然来自外部。根据《学生伤害事故处理办法》(2010 年修订)第 30 条的规定：教育行政部门或者学校举办者有条件的，可以通过设立学生伤害赔偿准备金等多种形式，依法筹措伤害赔偿金。基于对政策和现实需要的双重考虑，建议设立“国家高等学校安全保障基金”，可采用会员制，类似于国外的教育保险，资金由中央政府和地方政府的教育行政部门共同承担，用于对学生在校由于校方过错所引起的学生伤害事故的赔偿。

另外，面对学校无过错的情况，学校也可以广泛地与社会的企业、个人建立良好的合作关系，成立专门的“学生伤害经济帮助基金”，用于帮助学校给予受伤害学生本人或其家属必要的经济帮助，以缓解学校的经济压力。形成长期有效的公益基金救济模式，既能够迎合社会许多企业和个人的公益需求，也从根本上缓解了学校可能面临的高额经济帮助的压力。

---

① 谢军：《高校学生伤害事故防范和处理机制》，《当代教育论坛》2010 年第 5 期。

第七章　大学生伤害事故的事前预防

我国高校伤害事故的管理方式大都习惯于“事发处置、事后恢复”，即多数管理方式属于“理灾”型，而不是“减灾”型，更不及大学生伤害事故管理最高境界的“免灾”型。尽管大学生伤害事故的形式不同，诱导因素各异，但它们背后都存在着事前预防机制不健全的深刻隐患。高校管理者要改变伤害事故“撞击—反射”的应对模式，从结果导向型向原因导向型转变，充分发挥管理主体的能动性。① 因此，在高校大学生伤害事故管理中，事前预防机制的建立就显得至关重要。本章对大学生伤害事故的预防进行全面的分析，对大学生伤害事故的预防措施、安全教育及预防事故发生制度进行分析研究。

第一节　大学生伤害事故的事前预防概述

大学生伤害事故，对学生及其家庭，对学校和国家都是一种损失。同时，大学生伤害事故一旦发生，如不能进行及时和正确的处置，还可能给学校带来负面影响。因此，我们必须高度重视大学生伤害事故的预防工作，这就要求我们对大学生伤害事故的诱发因素有较全面的了解，才能有针对性地采取事前预防措施。

一、大学生伤害事故的诱发因素

大学生伤害事故频发已引起舆论和群众的重视，通过总结，我们认为其诱发因素主要有大学生自身因素、高校管理因素、自然灾害因素三个方面。

① 谢军:《高校学生伤害事防范和处理机制》,《当代教育论坛》2010 年第 5 期。

(一)大学生自身因素

1. 学习困难

一些学生因无法掌握恰当的学习方式以适应新的大学生活而自暴自弃，导致最后无法拿到毕业证而紧张焦虑；部分来自教育水平较落后地区的学生，容易产生自卑心理；部分学生会因不喜欢自己所学专业而出现厌学情绪。而这些消极情绪和心理一旦没有及时得到疏导和排解，很有可能导致学生出现自杀行为。

2. 心理危机

目前，高校大学生是心理危机的高发人群，2018 年秋，“00 后”正式成为大一新生的主体，他们的心理健康水平总体向好，但近半数存在不同程度的心理问题，大多集中在躯体问题、抑郁情绪和神经焦虑等方面，呈现出交往更为敏感、情绪更容易紧张焦虑、现实感较弱、脆弱性突出的特征。在校大学生是否身心健康，能否全面发展以适应新世纪的各种挑战，对于国家能否繁荣发展有着举足轻重的影响。因此，学校需要强化心理危机干预，为广大学子营造一个健康的成长氛围，培养大学生珍爱生命的意识，加强社会责任感、使命感的教育等。

导致大学生产生心理危机的原因是多方面的，比如个人、家庭、同学、社会等。[①] 常见的有：

(1)因人际关系而引发

现在的大学生基本上都是“00 后”，大部分都属于独生子女。相对来说，他们的思维更加灵活前卫、追求创新，性格更加自信乐观，价值取向更加多元化且功利主义、实用主义倾向明显，自我意识、维权意识更强，对权威的服从性更弱，人际冲突和矛盾更难调解。他们个性张扬，更为依赖父母，所以部分学生进入大学后，面对陌生的人际关系，显得有些无所适从，在处理与宿舍舍友、同班同学以及社团伙伴等关系上显得很不成熟，疏于考虑。人际关系没有妥善处理，就容易产生被孤立的感觉，心理危机随之而来。

(2)因恋爱情感而引发

随着年龄的不断增长，大学生逐步进入成年人行列，很多人对感情的认识开始在这一阶段也逐渐由朦胧、肤浅转向理性、成熟，面对感情时，有的大学生

---

① 杨月巧、贺秀玲：《高校突发公共事件诱因分析》，《防灾科技学院学报》2010 年第 3 期。

理性不足而冲动有余，没有办法正确处理好情感问题，久而久之，造成了一系列感情危机。近年来，高校发生了一些自杀事件，很多都与情感受挫引发的心理问题有关系。

(3)因家庭突变而引发

家庭中某一个成员出现伤亡，或者家庭遭受重大财产损失等家庭变故，容易引发比较严重的心理问题，使大学生情绪和行为出现异常情况。甚至造成分泌及代谢系统疾病或抑郁性精神疾病。[①]但由于现实中的诸多原因，这些患病的同学没能及时得到特殊关照，导致情绪问题恶化，病理症状加重，在没有适时的开解和恰当的保护措施的情况下，极易造成个人情绪崩溃。

(4)因就业危机而引发

初步接触社会，象牙塔中的大学生对未来充满了期待，可四年后，学业修成正果的毕业生走向社会面临的第一道坎就是就业。就业坎难跨有两个原因：一是大学生择业期望值偏高，择业意愿与社会对人才的需求明显错位；二是部分大学生自身素质不高，难闯竞争激烈的面试关。这两方面的双重打击，令部分毕业生面对求职压力时产生自卑、气馁的心理，对生活失去了信心，造成了当今社会上毕业生因就业问题引发的伤害事故数量较多的状况。此外，就业中存在诸多人为因素的干扰，比如"学得好不如有关系"的言论也使得不少学生深感社会不公，对未来无法把握，产生放弃生活的想法。

3. 政治思想因素

大学生处在青春期向成年期过渡的阶段，政治思想不成熟，情绪不稳定，没有形成统一完整的世界观、人生观和价值观，很容易受到别人的影响。他们做事情充满激情，同时又极易冲动，判断力较弱。在内外部因素的诱导下容易做一些极端的事情。而及时的心理疏导，将会有效缓解冲突，甚至化解突发事件。

大学生政治思想不成熟，是导致大学生突发事件发生的重要的主观因素，它主要表现在两个方面：第一，大学生有知识有文化，是推动国家发展的重要力量，虽然有足够的热情，但是做事情考虑不周全，看法、观点极易受他人影响，立场摇摆不定。第二，高校是学生们聚集的场所，大学生年轻气盛、容易冲动，在学习生活中的小摩擦，都很容易被放大。例如，在运动场上，学生由于争

---

① 杨月巧、贺秀玲：《高校突发公共事件诱因分析》，《防灾科技学院学报》2010 年第 3 期。

抢场地或在比赛中发生摩擦，一旦有学生控制不住情绪，很容易爆发打群架事件。因此，进一步加强政治思想、理念教育显得尤为重要。

(二)高校管理因素

1. 硬件更新不到位

从 2000 年开始，中国以每年增加 40 万～50 万人的速度扩大高校招生。高校招生人数从 2000 年的 221 万上升到 2017 年的 700 万，17 年里增加了近 4 倍。随着高校招生规模不断扩大，校内硬件设施的更新也成为不容忽视的问题。办学规模的急剧膨胀导致高校的教育资源相对匮乏，管理制度和管理水平出现了许多疏漏。教室、公寓、操场、食堂、实验室等教育教学设施和生活设施，是高校开展教学科研活动、学生自主学习生活所必须具备的物质基础，提供符合国家安全标准的教学设施和生活设施是高校应尽的职责。然而，当前部分高校的教育教学设施普遍存在着安全隐患和缺陷，这容易导致学校设施损坏引发意外事故，即由学校的校舍、场地、其他教育教学设施、生活设施不完善而导致的意外事件。例如，学校消防设施年久失修，无法应对紧急消防事故，体育设施破损、安装不牢，容易造成器械脱落砸伤学生，水电设施线路陈旧老化，易引起火灾，学生遇到危险的紧急时刻发现公寓楼房缺少应急照明设备和安全通道标志，学生宿舍门窗护栏不坚固等，都对大学生的正常学习、生活构成潜在的威胁。高校必须及时采取切实有效的措施进行整改。

2. 管理制度不到位

管理制度建设是学生工作的依据，建立健全各项管理制度是加强学生工作的有力保证。目前，学生管理的规章制度不计其数，而真正的服务规范、有效的动态管理机制却非常缺乏。凡事预则立，不预则废。一些高校没有采取以“预防为主”、防患于未然的方式来解决大学生突发事件，而是沿用过去的“事后动员”的管理方式。在应对突发事件方面，高校缺乏必要的危机意识，制度规范建设滞后，组织机构不够健全，沟通渠道不够顺畅，预防机制不够完善。有些高校根据国家颁布的《突发公共卫生事件应急条例》《中华人民共和国突发事件应对法》，制定了相应的突发事件应对方案和配套措施，但很多高校仍没有制订大学生突发事件的应急预案，缺乏相应的应急演练。他们的管理模式和管理理念得不到创新，还是常规的命令式、口号化，还有些管理规章制度存在不少管理漏洞，这些管理模式、理念、规章制度上的不完善使得校园安全存在隐患。

3. 日常管理不到位

日常管理不到位主要表现在学生反映的学校交通、治安、饮食、宿舍管理和服务等方面存在的问题得不到有效解决，学校仅仅从主观上提醒学生多加注意，不能视为学校已履行了安全管理职责。以下几个方面如果不能得到妥善管理，对大学生的人身安全存在一定的威胁①，具体表现在：

(1)校园交通

高校办学模式转变，对外开放程度扩大，使得高校呈现出越来越强的社会化特征。高校周边地区伴随着高校的发展日渐繁荣，车辆随意进出校园、在校内横冲直撞，校园交通压力与日俱增，如果这些隐患不能及时消除，就有可能引发学生伤害事故。

(2)校园治安

长期以来，大学校园一直被人们视为内部稳定性较高、外侵因素较少的地方。但是近年来，由于社会变迁，各种社会势力也逐渐影响大学校园，大学校园的整体安全已受到挑战，高校大学生意外伤害事故频发。如果学校未能及时做好预防，不能加大打击力度，震慑不法分子，则师生可能遭遇威胁、骚扰和敲诈勒索，导致财产损失甚至伤亡。高校保卫部门担负着保障高校师生财产及人身安全的职责，虽然各高校都设有保卫部门，但一些学校缺乏门卫，在岗的校卫队员大部分也是临时工，待遇低，不安心工作，没有经过专门的业务培训，缺乏相应的工作技能。高校保卫除了加强人防，还应在技防、物防上下番功夫。

(3)校园饮食

现在高等院校大都成立了后勤集团，学生的食堂大都交给了外面的承包商经营，学校行政后勤部门如果放松了饮食卫生的监督工作，那么就容易出现学生食物中毒事件或由食品卫生引发的各种疾病。

(4)校园住宿

高等院校扩招以后，高校面临的住宿管理压力也与日俱增。部分高校宿舍管理人员或保卫人员有限，对学生宿舍的管理混乱、缺失，使得外来人员随意进出宿舍，导致在宿舍发生暴力事件等。有些学生公寓违章用电、用火现象普遍，学生使用热得快、电热毯而引发火灾的例子屡见不鲜。例如，2017 年中

① 陈丽平、李义发：《试论高校突发事件成因及应对策略》，《牡丹江教育学院学报》2009 年第 4 期。

南林业科技大学涉外学院男生宿舍楼发生火灾，初步调查分析火灾是学生违规使用热得快引发的。由于事发时大部分学生在教学楼上课，大火未造成人员伤亡。此外，伴随高校扩招而来的另一问题是高校原有的住宿条件已经无法满足现实需要，许多学校将学生安排到附近校外开发商经营的学生公寓或租用其他单位的住房。学生住宿地点的分散，给学生管理工作带来了重重困难。

(5)校园教育

目前，高校教育力度不够主要表现在法治教育的缺失、心理干预与预防教育的缺乏、危机教育的缺失、思想政治教育力度的不足等方面。学校对于这方面的专门课程较少，同时又缺乏日常教育，忽视了学生心理素质、思想文化和法律知识水平的培养，使得学生对于法律、心理、思政方面的知识了解较少，因此，遇到这类问题就很难解决。一些高校忽视了对大学生的防范意识教育、危机意识教育等。以危机教育为例，我国大部分的高校没有开设危机教育的相关课程，只是通过讲座、宣传手册等形式对学生进行教育，教育的范围较小，力度较弱，导致大学生面对紧急事件时惊慌失措、心理失衡，不懂如何调整心态、如何自救等。

4. 人员素质不到位

除了学生管理工作人员的需求逐渐扩大，学生工作人员的素质也参差不齐。有些学生工作人员缺乏服务意识，长期对学生反映的问题和困难不够重视，实行固化的行政管理，采取容易操作的简单的行政命令手段，通过“管、控、压”的方式方法对待学生，难以得到学生的信任，施行工作缺少学生的参与，那么学生自然在产生各类问题时少了一个可靠的“排气筒”，以致出现心理问题难以及时得到疏导。[①] 不仅如此，还会导致部分学生工作人员危机意识较为淡薄，对危机管理缺乏系统的研究，遇到突发事件时更多的是被动机械地处理而不是主动积极地解决问题，甚至出现压制现象，大学生便容易采取过激行为或盲目行为。

(三)自然灾害因素

一般来说，自然灾害包括水旱灾害、气象灾害、地震灾害和火灾等。我国是世界上受自然灾害影响最为严重的国家之一，同样，高校也会受到或大或小

---

① 韩先满：《大学生意外伤害事故预防与处理》，《科技信息》2007 年第 34 期。

的影响。如地震、洪水等自然灾害造成的师生人身伤害等意外事故。这暴露出高校对于自然灾害的逃生演练不够重视，防控意识比较薄弱。

二、大学生伤害事故的事前预防的类型

根据上述提到的诱发因素，我们可以总结出大学生伤害事故事前预防的类型可以分为以下三种：一是抽象预防，或者叫做面上的预防；二是具体预防，或者叫做点上的预防；三是常见易发事故的预防。

(一)抽象预防

抽象预防的具体措施有：广泛地经常性地开展安全教育工作。包括安全教育与自护自救教育。要把安全教育纳入教学内容和日常教育工作。建立健全安全管理制度，还要建立突发事件应急预案。切实加强日常安全管理工作。要加强对学校的教育教学设施和生活设施，以及校园内的其他建筑物、构筑物的日常维护、维修和保养工作，加强对各种危险物品的日常管理，要及时发现和消除各种安全隐患。同时，也要建立安全信息系统，保证安全信息渠道畅通。

(二)具体预防

具体预防，就是指我们在开展各项具体的教育教学活动时，要对活动进行安全评估，针对可能发生安全事故的环节，事先采取预防措施，避免安全事故发生。比如，大型集会活动、外出参观考察、带队实习……

(三)常见易发事故的预防

常见易发事故中学校应承担责任的事故情形都需要进行安全指数评估，包括两种情况：一是《学生伤害事故处理办法》(2010 年修订)中规定的学校应承担责任的事故，这类事故的预防方法就是要保证设施、设备的安全；二是学校根据自身实际情况总结出来的常见易发事故，《学生伤害事故处理办法》(2010 年修订)第 9 条列举了 11 种学校应承担事故责任的具体情形。

1. 就大学生伤害事故而言，这些事故情形有：

(1)设施设备不安全

学校的校舍、场地、其他公共设施，以及学校提供给学生使用的学具、教育教学和生活设施、设备不符合国家规定的标准，或者有明显不安全因素的。对这类事故的预防方法，就是要保证设施、设备的安全。

(2)物品质量不安全

学校向学生提供的药品、食品、饮用水等不符合国家或者行业的有关标准、要求的。对这类事故的预防,就是要保证药品、食品、饮用水等各类物品的安全。

(3)安全管理不到位

学校在安全保卫、消防、设施设备管理等安全管理系统上有明显疏漏,并且存在管理混乱等问题,却未及时改进。比如,学校组织学生参加教育教学活动或者校外活动,而未对学生进行相应的安全教育,也没有在可预见的范围内采取必要的安全措施。对这类事故的预防,就是要对学生进行必要的安全教育,并采取相应的安全措施。

(4)问题教师管理不到位

学校知道教师或者其他工作人员患有不适宜担任教育教学工作的疾病,但未采取必要措施的。对这类事故的预防,就是要加强对问题教师的管理。

(5)特异学生管理不到位

学生有特异体质或者特定疾病,不宜参加某种教育教学活动,学校知道或者应当知道,但未予以必要的注意的。对这类事故的预防,就是要注意掌握特殊特异学生,特殊对待。

(6)救助学生不及时

学生在校期间突发疾病或者受到伤害,学校发现,但未根据实际情况及时采取相应措施,导致不良后果加重的。对这类事故的预防,就是发现后要及时救助,不能因为任何理由而拖延救助时间。

(7)职业操守不合格

学校教师或者其他工作人员体罚或者变相体罚学生,或者在履行职责过程中违反工作要求、操作规程、职业道德或者其他有关规定的。对这类事故的预防,就是要加强对教职员工的教育与管理。

2. 根据高校的实际,要特别注意预防下列原因导致的大学生伤害事故的发生。

(1)因恋爱问题引发的伤害事故;

(2)因贫困、就业、学业等压力引发的伤害事故;

(3)因其他纠纷引发打架斗殴导致的伤害事故;

(4)因学生擅自外出在校外发生的伤害事故。

对于这些事故的预防,需要我们建立完善的事前预防体系,认真做好学生思想政治教育工作和日常管理工作，注意收集信息，注意把握学生思想行为动态，注意解决学生的一些具体问题，加强心理疏导、思想教育和日常行为监管，防微杜渐，未雨绸缪。

三、大学生伤害事故事前预防原则

（一）区分特殊关注学生类型

对于大学生可能出现的潜在危机，我们都要给予足够的重视，重点关注一些具有常见潜在问题的学生，包括因学习、生活和情感压力，诱发心理疾病或有心理疾病倾向的、受以外事件刺激等而引发的情绪和行为异常的学生，有先天性或传染性疾病的学生，经常违纪的学生，经济困难的学生，出现不及格科目、需要重修多门功课的、难以适应大学新生活的、将被退学、将无法毕业的学生，等等。

（二）建立准确动态信息渠道

1. 加强网络监控和管理

随着社会的发展，电脑的普及率越来越高。很多大学生使用电脑的目的是上网，网络与大学生的生活密切相关，他们通过网络获得新知识，同时也在网上这个虚拟世界中发布个人观点、转载关注内容、参与一些问题的讨论等。通过网络，我们可以比较深入地了解大学生的思想状况。因而，我们可以充分利用自身在新知识、新技术上的优势，利用先进的信息技术，对学校内部的网络信息进行收集、整理和分析，建立专门的信息采集、监控体系，全面掌握信息，并预测各类事件的发展趋势及可能造成的后果。学校应安排专人对网上讨论活跃区、涉及时政和社会问题及校园生活主题的版面、论坛以及QQ群进行24小时监控。

2. 定期深入学生了解思想动态

辅导员要深入学生宿舍和班级，了解学生的学习和生活情况，发现问题，及时处理。深入学生宿舍，一方面可以近距离与学生接触，了解他们的生活、学习等情况，另一方面也可以检查学生在宿舍中有没有使用违规电器等，还可以宣传学校的有关规定。因而，定期深入学生宿舍值得提倡，这有助于拉近与学生的距离，增进理解，并及时发现不良苗头。[①] 当前，部分学校要求辅导员定期探访学生宿舍，深入了解情况，取得了良好的工作效果。

3. 加强与授课教师的沟通

授课教师在上课的过程中，容易发现大学生的异常行为情况，如经常旷课、上课注意力不集中、成绩下降明显等。我们应建立与授课教师沟通的渠道，及时向他们了解情况；同时授课老师一旦发现异常情况，及时向辅导员通报。这样就有助于我们及时了解学生上课时表现出来的异常情况，并尽早介入处理。

4. 定期进行隐患排查

不同时期学生所面临的问题并不一样，我们应该根据不同时段的特点，有针对性地排查问题。在毕业生就业期间，我们要着重关注就业有困难的学生、毕业论文撰写和答辩存在疑惑的学生；每学年开始阶段，要关注家庭经济困难的学生，了解他们缴纳学费的情况；要重点关注新生入学期间大学生适应性问题……针对这些问题，我们要采取不同的措施，帮助大学生渡过难关。

5. 定期开展心理测评

开展心理测评，有助于了解并掌握学生的心理状况，并发现一些不健康的心理异常情况。为全体大学生建立心理健康档案，对新生、毕业生等特殊群体开展有效心理测评，通过定期与不定期心理测评相结合等手段实现早发现、早辅导、早治疗，防止心理问题演变成严重的心理疾病。

（三）确认、分析和判断已获信息

获得信息后，还需要对信息去伪存真。要在掌握大量信息的基础上，对信息的真实性进行确认，初步判断意外伤害事件发生的真实性和可能性。没有明确和深入地分析判断，随之的干预措施就很难有的放矢，解决问题、消除意外伤害事件等既定目标将会难以实现。

1. 信息确认

对于一个事故信息，首先要分析和确认它的真实性，任何虚假、失真的信息都可能导致不良的后果。要保证信息的准确性和真实性，就要多方确认。如当有人报告说“某某同学失踪”，我们首先就应该确认这个信息是否属实，可以通过我们上文建立的信息渠道确认该学生的具体行踪。

---

① 张菁：《高校危机管理防预体系研究》，同济大学公共管理硕士（MPA）学位论文，2007 年。

2. 信息分析

分析信息，指的是对包含可能引起或已经引起事故发生的校园管理、文化、周边社会等环境因素信息的了解、评价和预测。通过学生信息员所掌握的与伤害事故有关的信息，判断有关事故的发展态势，了解与事件相关的微观动向，从而敏锐地察觉事件有可能发生的变化，保证当环境出现不利因素时，能及时有效地采取措施，趋利避害。

3. 事故预测

包括预测事件的严重程度，以及各种替代解决办法、应付机制、支持系统等，如从哪些机构、社会团体或个人中获得支持和帮助等。

根据预测的结果，我们还应该做到具体问题具体分析，针对不同的事故，采取不同的方法，快速而及时地采取一些力所能及的措施，如有生命危险的学生及时送院治疗，有心理危机的学生进行危机干预，以及向相关领导汇报情况等，尽可能将潜在危机消除，避免危机发生。

第二节　高校预防大学生伤害事故的措施

任何一所高校都不可能不遇到大学生伤害事故，但这并不等于说大学生伤害事故是不能预防的。最好的大学生伤害事故管理是化伤害事故于无形之中，防患于未然，伤害事故的预防应是大学生伤害事故管理中的重中之重。高校应针对容易造成大学生伤害事故的原因及类型，建立和完善预防大学生伤害事故的管理体系。

一、建立工作体系，做好基础保障

建立预防伤害事故的工作体系是高校为了能尽早发现突发事件来临，建立一套能感应危机来临的信号报告系统，并能够判断这些信号与意外伤害事件之间的关系，帮助高校管理者迅速转入大学生伤害事故应急管理状态，采取及时的行动。① 它的作用在于：有助于学校管理者及时收集与评判有关学校大学生伤害事故的各种信息，提前发出危机预报；有利于学校进行快速的应急反应。如果把学校可能发生的各种大学生伤害事故都概括出来，便能够大大

① 郑广峰：《大学生突发事件的处理及预警机制的构建》，《世纪桥》2010年第5期。

缩短应对意外伤害事件的时间，有助于避免因人为因素而造成的麻痹心理，也有利于提高大学生伤害事故的监测效果，一旦大学生伤害事故爆发，校方就能快速做出反应。近年来，设计科学的监测和评估体系持续不断地对各种信息进行监测和评估，在危机监测效果方面表现出了一定的优势，减少了人们对大学生伤害事故的误判断。

而工作体系的建立与完善又分为以下几个方面：

(一)组织机构和主要人员

1. 做好学生干部队伍建设

高校预防大学生伤害事故的机构成员应包括学校主要领导和可以迅速联系到的学校核心部门负责人，一般由党办校办、学生处、保卫处、教务处及各二级学院等主要领导组成，成员应具备以下基本素质：(1)具有大学生伤害事故的预防管理意识。(2)能预测和排查可能发生的潜在的危机。(3)了解具体的大学生伤害事故类型。(4)当大学生伤害事故出现时能迅速反应、清晰评估、快速处理和启动学校应急的系统程序。小组成员还应该包括有心理咨询专家、医学专家、信息专家等。小组成员的广泛性能够保证大学生伤害事故应急预案的各个环节得以实现。

同时，辅导员是除了同学以外和学生接触最密切的人，因此，辅导员的事前预防工作就显得尤为重要，辅导员一定要深入班级和学生当中，特别是那些问题多、矛盾尖锐的地方，要及时捕捉学生的情绪热点，准确把握学生的思想动态、发展倾向和趋势，对学生的意见和要求进行理性分析，找出带有规律性的东西；要了解学生的思想和当下存在的困难，帮助学生解决实际困难和问题；要与学生成为知心朋友，树立起辅导员在学生心目中的良好形象。辅导员在学生心目中的地位提高了，学生遇到困难就会及时向辅导员求助，发现问题也会及时向辅导员报告。同时，辅导员也要充分发挥学生干部的作用，从最基层的监测点抓起，层层落实，自上而下，形成信息链条，保证信息准确上传下达形成一条畅通的信息渠道，从而掌握工作的主动权，密切关注学生信息，达到及时排查危机的作用。①

2. 推行学生宿舍长制度

辅导员应重视学生干部在学生伤害事故中的作用，定期召开学生干部会

① 漆小萍：《大学生危机事件管理》，中山大学出版社2009年版，第81～82页。

议，一方面可以及时传达学校的精神和工作要点，另一方面可以了解学生的主要思想动态，及时发现和解决问题。宿舍是大学生的“家”，学生在宿舍中学习、生活，其重要性不言而喻，很多意外伤害事件征兆都可能在宿舍中表现出来。多数高校实施了宿舍长制度，明确宿舍长具有关心宿舍同学、活跃宿舍气氛、报告信息等工作职责，选拔优秀的学生担任宿舍长，通过培训提高其处理意外伤害事件等工作能力，通过奖励办法调动其积极性，从而激活宿舍这个基础组织。普通危机事件，通过宿舍长就可能得以解决；一些危机事件一出现苗头，宿舍长第一时间向辅导员报告，可使辅导员及早采取措施予以应对，有利于危机的化解。

3. 建立党员联系制度

密切联系群众，是我们党的优良传统和政治优势。我们可以发挥这个优势，建议党员与学生宿舍的联系制度，让每个党员联系几个宿舍，定期走访，关心所联系宿舍同学，帮助他们解决存在的问题及困难，一旦发现异常情况，及时向辅导员报告。有的辅导员还在学生队伍中专门安排信息员队伍，通过专门的信息员队伍收集掌握学生思想动态，这些做法都是值得提倡的。[①]

（二）建立完善准确的信息系统

预防大学生伤害事故最理想的目标是让事故不发生，学校的工作重点是致力于实现这个目标。一般来说，各类大学生伤害事故都有萌芽、发展、显露、爆发到平息的过程，发生之前会出现一定的征兆，因此，我们可以通过建立一个全方位、多层次的信息情报体系，超前掌握事件发展动态，对事件发展动态进行信息检测，实现超前防范，超前处置。信息监测，就是应用预测技术对大学生伤害事故发生的可能性及其危害程度进行估计。这种估计是通过对危机先兆和起因的严密观察，并对所获信息进行处理、评价而取得的。

高校必须建立动态的信息采集系统，及时捕捉各种有用信息，为预防突发事件的发生做好关键的一步。

1. 建立信息采集系统

（1）通过直接获得收集信息

高校管理者直接从学生那里收集信息，高校可以通过制定学生动态档案来获取。首先，新生入校时每个班级就要选择一位做事认真负责，具有敏锐洞

① 谢志均：《学生党员在预防大学生群体事件中的作用浅析》，《实践与探索》2009 年第 3 期。

察力的信息员，信息员的主要职责就是定期向辅导员报告班上同学的一些基本信息，包括入学情况、学习状态、思想状况、生活、恋爱、就业等，辅导员根据上报的信息来建立学生的档案库，并及时更新。对一些特殊学生要进行关注，包括家庭经济困难的学生、学习困难的学生、思想困惑的学生、心理有问题的学生等。对于家庭经济困难的学生，要建立困难学生信息库，对家庭状况做好详细的记录，随后对他们的贷款情况、勤工助学情况以及所获奖助学金情况进行跟踪记录，随时掌握他们的情况，并及时更新困难库。这样可以随时了解贫困学生的学习、生活和思想状况。对一些思想困惑和心理有问题的学生要建立好心理档案，并及时了解他们的思想状态，进行动态的信息跟踪。这些第一手信息是非常重要的，它们为高校有效地预防大学生突发事件的发生，有针对性地提出预防措施提供了重要的依据。

(2)通过间接获得收集信息

间接获取信息是指信息不是直接从学生那里获取，而是通过其他渠道，包括与学生家长联系获得信息，或通过从新闻媒体或者政府收集的信息中获取对本校有用的信息，这些都属于信息的间接获得，间接获得的信息是直接获取信息的有效补充。

2. 建立大学生心理档案库①

大学生的心理档案是大学生心理成长轨迹的反映，是一个动态发展的档案。档案中记录的大学生情况要随着大学生心理发展而不断变化，特别是人格、智力、心理健康等方面，要定期实施测评并进行分析。借助大学生心理档案的内容，我们能从中了解到有关大学生的心理状况以及心理特点等。

大学生心理档案应包含两大方面的内容：一是影响大学生心理发展的基本资料，也就是大学生的基本情况。大学生心理档案的内容，应尽可能全面反映大学生的心理特点，一般包括主要包括个人基本情况、家庭生活情况、学校学习生活情况以及对个人生活有影响的重大社会生活事件，诸如家庭成员死亡、父母离异、与教师和同学的关系不和、生活条件改变、遭遇重大挫折等。二是反映大学生心理状况和心理特点的资料，主要包括智力水平、个性特征、心理健康状况、学习心理特征、职业能力倾向类型等。建立大学生心理档案库要把握好以下几个特征：

① 漆小萍：《大学生危机事件管理》，中山大学出版社 2009 年版，第 81～82 页。

(1)材料的原始性

建立心理档案要尽量做到材料的客观性,努力克服主观因素的影响,少用或不用评价性语言,多用原始记录语言,这样就能够真实记录学生的心理特点。

(2)内容的保密性

心理档案的许多资料涉及学生个人隐私,对学生的个人心理健康档案资料严格保密是我们必须严格遵循的原则,特别是属于学生个人隐私的信息,更应严格保密。因而,要对相关文件和文档设置密码或权限,只有特定的人才能查阅。

(3)更新的及时性

资料是过去的记录,具有一定的局限性,它既不能直接说明现在,更不能直接描述未来。大学生的心理是随其年龄、环境等条件不断改变和发展的。心理档案,它只可帮助我们预测趋势,制定教育对策。我们要充分把握好这一点,通过建立大学生心理测评、学院学生心理危机汇报、学生心理咨询等制度,不断更新心理档案的内容,确保信息的时效性,并充分利用计算机建立学生心理档案库。建立大学生心理档案库后,还要建立动态定期分析制度,运用先进的科学技术手段和先进方法,建立信息分析平台。通过对所收集的信息进行深入分析,及早发现潜在问题,并反馈警示信息,对于发现的问题学生要跟踪查访、追踪研究,及早发出预警信号。通过学生心理档案这个"心理晴雨表",我们不但可以观察到学生的外部表象,深入学生的内心世界,而且能够帮助学生了解自身不同时期的心理优势和薄弱环节,进而自觉地加强自我教育、自我训练,正确认识和调整自己。①

3. 建立学生心理保健员制度

高校学生心理保健员,指的是高校在各个班级设立的专门负责学生心理健康教育相关职责的班级成员。学生心理保健员制度的设立是大学生自助与互助需求的体现,是将高校心理健康教育工作推向深入的产物。② 鉴于学生心理保健员在推动高校心理健康教育、排查学生心理问题、预防由心理问题导

---

① 张箐:《积极应对高校学生意外伤害事故促进和谐校园建设》,《思想政治教育研究》2007 年第 2 期。

② 李邵华:《班级心理保健要员在高职院权心理教育的地位操析》,《湘潮》2011 年第 5 期。

致的学生伤害事故具有重要作用，我们有必要进一步加强学生心理保健员队伍建设。

首先，应明确学生心理保健员的工作职责。高校学生心理保健员是学生与专业心理咨询师之间的桥梁，其职责主要定位于普及、推广心理健康知识，及时发现大学生中存在的心理问题，向上级报告以采取措施防止由心理问题而导致的学生伤害，而并非致力于解决大学生的心理问题。因此，学生心理保健员应明确自己的职责范围，把工作重点放在宣传心理健康知识和排查发现学生的心理问题上，及时发现有可能导致伤害事故的学生心理问题，做到"有所为有所不为"，认真履行其岗位职责。

其次，要提升学生心理保健员的业务水平。加强对学生心理保健员的业务培训，提升及时发现问题、预防伤害事故的能力。高校应从以下三个方面加强对学生心理保健员的培训：一是加强理论课程培训，邀请专业心理咨询教师开展系统的心理学知识讲座，提升学生的理论素养；二是加强实践技能培训，高校可以采用个案研讨、团体辅导等方式，培养学生心理保健员的人际沟通技巧和心理支持技术等专业技能；三是重视对学生心理保健员的督导，高校要配备专业的督导人员定期对学生心理保健员给予具体的学生心理保健员的队伍管理。学生心理保健员是校、院、班三级心理健康教育的先锋和监导，要在保障其自身的心理健康的同时，不断提高实际操作水平。

最后，要规范心理保健员管理制度。心理保健员管理制度是心理危机干预网络的重要组成部分，也是预防学生伤害事故的重要工作力量，各高校应制定专门的学生心理保健员管理制度，加强学生保健员队伍的管理，促进信息沟通。总之，校、院、班三级要做到互相配合、相互补充，形成联动机制，各个学院要努力搭建平台，支持学生心理保健员的工作。班级要营造氛围，做好同时推动大学生心理健康教育，及时发现学生中存在的心理问题，有效预防学生伤害事故。

4. 建立特殊群体学生信息库①

特殊群体学生包括了前文述及的具有学习、生活、心理以及就业前景危机的学生。在实践工作中，我们往往要花费大量的时间在特殊群体的学生上。要做好这些学生的工作，防止危机事件的发生，首先要全面摸清、了解他们的基本情况，建立他们的信息库。在建档的过程中，除了要了解个人的基本情况

① 漆小萍：《大学生危机事件管理》，中山大学出版社2009年版，第82～83页。

之外，非常重要的就是要根据不同群体的特殊性有针对性收集信息。如对于家庭经济困难大学生群体的信息库，就应该包含学生家庭的基本构成以及健康状况、日常生活消费情况、学杂费的支付能力情况、学习工作等平时表现情况、心理生理状况及思想动态等；对于有心理障碍学生的信息库，应包括学生的基本家庭情况、家庭成长环境、求学的历程、平时和班集体及寝室同学交往的情况及交友情况等；对于有就业前景危机学生的信息库，应包括家庭的基本构成以及收入情况、就业期望、实习经历、大学学习成绩等。

建立特殊群体档案，目的是使我们在工作中做到心中有数，工作对象更明确，根据不同特殊对象分清难易程度，深入了解他们的思想和心理，有针对性地采取措施，确定切实可行的教育途径和解决方法。如对于有就业前景危机的学生，我们可以帮助其正确地看待社会竞争，提高就业技巧，树立就业信心，同时建立大学生特殊群体信息库，还可以防止因辅导员换岗而原有基础性材料丢失情况的发生。同时尽可能为大学生提供就业信息，帮助他们走出困境，潜在危机就会自然消失。

（三）制定伤害事故的应急预案

突发事件应变预案通常由预防大学生伤害事故领导小组办公室制订，高校预防大学生伤害事故还需要制订相应完备的应对计划，即应对方案应具有详细性、针对性和可操作性。应急管理预案的主要内容包括：预案的适用情形，应急管理的原则，大学生伤害事故预防措施，组成机构及其分工，各机构和岗位的权责，应急管理需要的物资、人员，资金预算，应急管理预案的落实和保障措施，恢复和重建计划，相关的奖惩措施和注意事项等。目前，我国一些高校对校园的火灾、治安、人身伤害、自然灾害、群体事件等大学生伤害事故都制订了相应的应急管理预案。[①] 接下来，我们仍需切实提高学生管理人员的应急技能和业务水平，优化大学生伤害事故的应急处理效果。加强理论知识学习、培训和演练，将伤害事故应对能力纳入高校管理人员考核重要指标，举行应急技能比赛，不断从大学生伤害事故的处理和应急中总结反省等措施，切实提高高校管理人员应对大学生伤害事故的处理技能，形成如自然灾害应急能手、人为灾害处理能手、安全事件管理能手等系列的应急人才体系。

突发事件的应急预案编制好之后，高校要根据应急预案进行应急演练，特

① 王耀先、杨伟才：《构建高校突发事件防控长效机制的若干思考》，《长春理工大学学报》2011年第1期。

别是对一些常见的大学生突发事件，高校一定要安排师生做好应急演练。高校管理者在演练之前要做好一切安排和准备，使学生们身临其境，决不能敷衍应付，当做游戏，这样只会浪费时间和精力，起不到真正的效果。要及时从演练中发现问题，修改并完善应急预案中的各个方面，使之更具操作性和更全面。应急演练不但可以及时发现预案的问题，而且可以使大学生深入理解预案的内容，当突发事件真正发生时，可以做到临危不乱，做好自救和救人工作。

（四）畅通高校外部的沟通渠道

外部沟通指学校与学校之外，包括媒体、上级主管部门以及学生家长等的沟通。在高校的应急管理中，保持与上级主管部门的良好沟通，一方面可以帮助高校尽可能多地获取各种经验或教训，对本校的大学生伤害事故的预防有很好的指导和借鉴作用。另一方面有利于上级主管部门及时、准确掌握高校的具体情况，及时采取措施，帮助高校有效地预防和应对大学生伤害事故的发生。此外，高校还应当保持与公众、学生家长和学校周边社区等与学校相关环境的联系，及时掌握最新状况，从而消除隐患，为高校预防大学生伤害事故的发生设立层层防线。

（五）实施“三防结合”的防范管理

人防、物防和技防是安全防范的三个组成部分，其中人防和物防是古已有之的传统防范手段，历经时间长河的检验，成效卓著而显见，是安全防范的基础手段。随着科学技术的不断更新发展，又有一种全新的高科技含量的安全防范手段日渐受到人们的关注，那就是技防。技防的概念是在电子报警技术应用于安全防范领域后提出的，从此以后几乎所有的高新技术都将或早或迟地运用到技防上来，因此，技防的发展前景广阔，越来越受到高校的青睐，在高校防范大学生伤害事故过程中起到了至关重要的作用，所以，要加强高校的安全保障，应该实施“人防、物防、技防”“三防结合”的防范体系：人防是这个体系中的核心，物防和技防作为一种辅助手段。

二、引入保险机制，降低事故风险

在诸如学生伤害事故等涉及经济赔偿的危机事件管理中，高校往往会因事故责任与赔偿等问题与学生或家长发生纠纷，高校可能要从紧张的教育经费中支取赔偿费用，而受害学生也可能因为得不到及时的赔偿而耽误治疗。对于此类赔偿经费来源，可以通过鼓励学校、学生参加保险的方式，由学校、学生家长和社会共同负担办学风险。校园保险机制具有分担危险、补偿损失等功能，既可以保护学生的合法权益不受伤害，又可以为高校在经济上“松绑”[①]，应当是比较有效和可行的解决途径。辨析保险机制，应该从以下几方面入手：

（一）国外学校引入保险制度的做法及经验

目前，许多发达国家都推行赔偿责任的社会化，建立学校事故保险制度，如日本、德国、加拿大等国政府在保险制度中都专门设有学校责任险。日本绝大多数学校都加入了学校健康会，一旦出现事故，学校或教师负有赔偿责任时，即可要求学校健康会支付赔偿；德国则将学校事故纳入法律规定之内，大中小学生以及幼儿园儿童都在事故保险之列，学生一旦遭遇人身伤害导致人身、财产安全受损时，即可得到国家和社会的保护及帮助。国内一些商业公司也从单位责任险种中开发出了学校责任险，并已在上海、杭州、深圳等城市开展业务。

（二）国内学校引入保险制度的现状及可行性

实际上，我国法律法规对适用保险制度分散学生伤害事故风险已经有了相关的规定，如《学生伤害事故处理办法》（2010 年修订）第 31 条规定：“学校有条件的，应当依据保险法的有关规定，参加学校责任保险。教育行政部门可以根据实际情况，鼓励中小学参加学校责任保险。提倡学生自愿参加意外伤害保险。在尊重学生意愿的前提下，学校可以为学生参加意外伤害保险创造便利条件，但不得从中收取任何费用。”

在学校保险的设立方面，上海市走在全国各城市的前列，其经验值得其他地区借鉴。2019 年，上海市教育发展有限公司根据由学生家长出资为学生缴纳保险费人数的 1.5％比例赠送学生平安保险，再为部分贫困学生统一投保学生平安险，以解决困难家庭的后顾之忧，让每一位学生都快乐地学习和生活。

当然，要求各地都效法上海由政府出资为每一所学校投保学校责任险还不现实。各个学校可根据自身情况自行投保学校责任险，这是学校为预防和转移办学风险、保护学生合法权益、维护学校教育教学秩序所必须履行的一项

---

① 沈延兵：《美国大学生意外伤害与健康保险对我们的启示》，《伤害保险》2003 年第 6 期。

义务。今后，有条件的学校要根据《保险法》的有关规定，按照在册学生人数及保险公司学校责任险的保险费率标准，选择服务质量好、理赔快捷、信用度高的保险公司以及学校发展资金投保学校责任险，其保险金纳入学校的办学成本支出。

另外，国内还有一种涉及学生在校造成人身伤亡的学生伤害险。这是由学生或其家长自愿出钱、为学生自己的人身安全向保险公司买的保险，属于自然人的人寿险范畴，投保人和受益人都是特定的，需要遵循保险自愿的原则进行。有关专家特别强调，学校在尊重学生意愿的前提下，可为学生参加意外伤害保险创造便利条件，比如，联系保险公司到学校宣传学生伤害险的意义，但不能擅自运用行政手段要求学生出钱投保，不能直接参与学生意外险费收取代办费。由学校或学生家长投保责任事故险，保险公司参与学生伤害事故的处理并为处理学生伤害事故问题而建立的社会保险，可转移风险责任，使损害赔偿社会化，这是解决当前学生伤害事故损害赔偿的一剂良方，这种方法值得借鉴。①

三、建立规范体系，重视防范管理

（一）建立校内安全管理体系

1. 制定和完善安全规章制度

对现有的涉及安全管理的规章制度进行清理和检查，完善各种安全规章制度，如门卫制度、教师执勤制度、安全教育制度、安全责任制度、宿舍管理制度等，做到有章可循，并认真贯彻执行，责任到人，确保每项安全制度落到实处，真正起到安全防范的作用，避免事故的发生。安全管理规章制度还没有建立的，应迅速制定；安全管理规章制度内容不健全的，应尽快完善；安全管理规章制度没有跟上新形势的，应及时修改。

2. 实行安全工作定期研判制度

要建立校园安全研判会议制度，由校领导牵头，定期召开校园安全研判会议。组织保卫部、学生处、宣传部、后勤部、团委等相关部门，应在会上及时通报学校最新一阶段安全稳定工作动态，分析研究校园安全工作形势，针对一定时期内凸显的校园安全问题提出相应的对策建议，制定具体的行动策略，由学

---

① 漆小萍：《大学生危机事件管理》，中山大学出版社 2009 年版，第 297～298 页。

校进行统一指挥，协调各部门联合行动，以维护校园安全，防范学生伤害事故。高校要建立安全检查制度，组织相关人员定期对各学院、各部门开展安全检查，及时发现学校教育教学设施中存在的安全隐患，以及学生中的不稳定因素，充分发挥信息网络系统功能，加强信息搜集、分析与整理，及时采取相应的措施进行安全整改，最大限度地保障学生安全，预防学生伤害事故。

3. 加强校园设施规范管理

每年因学校环境不安全导致大学生受伤的意外伤害事件，约占全部大学生伤害事故的一半。因此，在完善高校各种“软件”以防范大学生伤害事故的同时，“硬件”保障也不能忽略。只有“软硬结合”，才有可能杜绝大学生伤害事故的发生。要建立一定的隐患排查机制，确保有关部门对高校设施设备进行定期的详细的安全检查和维修保养，对达不到安全标准的设施要全部撤换，对老化破损的设备要及时修复更新，及时消除事故隐患，做到随时发现、随时解决。如检查学校的校舍、场地、公共设施，以及供学生使用的实验、教育教学和生活设施、设备等是否有明显不安全因素；学校的安全保卫、消防、设施设备的管理等安全管理制度是否有明显疏漏，是否存在管理混乱、存在重大安全隐患，要通过定期的自查自纠，对存在的安全隐患及时采取措施，尽量避免造成安全事故。①

4. 建立健全信息监测系统

对大学生突发事件的发展变化情况进行分析、总结的信息监测系统能够向决策者提供判断突发事件当前的形势及发展趋势的依据。当突发事件发生时，除了积极地采取行动，高校还应该对突发事件进行密切监测。要及时了解突发事件的进展情况、解决情况，弄清楚事件的影响是否在减弱，特别要注意学生因重大突发事件而产生的心理变化，留意学生中可能出现的各种个体、群体的社会心理行为及可能的发展趋势。高校一定要重视信息监测这个环节，不可疏忽大意，不要过早地宣布处置工作结束，造成不必要的损失。高校只有建立完善的信息监测系统，做好突发事件的监测工作，才能保证突发事件的处置工作圆满结束。

(二)强化校外治安环境建设

意外伤害不仅是个人行为，其发生还有复杂的环境因素和社会因素，因

---

① 查星星、林敏:《从危机管理视角探讨校园突发事件的防范》,《高教与经济》2010年第2期。

此，预防意外伤害的发生需要社会各部门的参与和家庭配合。伤害的预防控制是一项社会系统工程，在家庭方面，父母要加强健康教育、健康促进，提高个人防范意识，针对相关因素，加强防范措施，配合学校控制和降低学生伤害，提高学生健康水平。在学校方面，首先，可在各高校之间建立校际安全合作机制，共同研究应对的策略，交流宝贵经验。如定期召开省内或国内高校学生伤害事故预防与处置工作交流会和研讨会，集思广益，将行之有效的办法和措施进行推广。其次，政府有关部门以及全社会要积极配合，群策群力，与高校共同打造安全的教育环境。如公安部门应加强对高校周边治安环境的治理，交通部门应加强对高校附近的交通安全管理，卫生防疫部门应加强对高校卫生状况的检查监督等，给大学生一个安心、安宁、安全的学习生活环境。[①]

四、树立意外伤害预防的系统观念

(一)普及意外伤害预防知识，牢固树立防范观念

纵观现实中发生的意外伤害，很多都是源自对意外伤害知识的无知。如当实验室发生火灾时，学生可能不懂防火知识，错误地将实验室的防火大门打开，火借风势，越烧越大，零星火种成了火灾，使实验室损失惨重，自己也可能受伤。可以说，对火灾知识的无知导致了意外伤害的发生，因而我们必须普及意外伤害相关知识。要让大学生了解各种意外伤害发生的原因、规律，鼓励他们通过自学等方式广泛获取有关意外伤害的科学知识。如对于地震，要了解什么是地震、地震的成因，如何解读地震速报信息，如何通过观察气象异常来预测地震等等。另外，对于心理健康，要了解心理健康的标准，哪种行为容易对心理健康不利，以及保持乐观的情绪，排除不良的情绪；要形成助人为乐、善以待人的良好品格，心胸大度，学会协调自己与社会的关系；要有广泛的爱好，并通过培养生活中的幽默感等方式保持健康心理。[②] 以上这些知识主要可以通过以下几种宣传方式获得：

1. 邀请专家开展系列讲座

关于心理健康问题，可以邀请心理专家开展心理健康知识讲座，告诉大学生如何保持心理健康；关于安全逃生的知识，可以邀请对此富有经验的公安

---

① 李晓玉、张程：《新时期高等学校预防与处理突发事件刍议》，《理论月刊》2010年第11期。

② 吴小林：《大学生如何应对突发事件》，《宜春学院学报》2011年第1期。

民警来开展讲座，如中山大学每年都邀请属地派出所所长来校做讲座，内容丰富，获得学生的广泛欢迎；有关地震问题，可以邀请地质专家来校开设讲座……学生当中容易发生什么样的意外伤害，学校就邀请此方面的专家到校开展讲座，由专家帮助大学生丰富意外伤害知识，提高应对意外伤害的能力。

2. 编制《意外伤害预防手册》

日本各都道府县教育委员会基本上都编写有《意外伤害管理和应对手册》或者《防灾教育指导资料》等教材，指导各类学校开展意外伤害预防和应对教育，学校也会编制相关的手册。其中防地震小册子中提醒大家时刻提防地震，里面包含了各种丰富实用的知识，如针对在地震中受伤的人绝大多数是被倒下的家具砸伤的，就指导各家将衣柜等高大家具固定在墙上，防止家具倒下伤人；要求居民在家中准备手电筒以及三天左右的饮用水和食品……①

现在我国部分高校也编制了《意外伤害预防手册》，将各类意外伤害知识收录集中，特别强调如何应对各种可能发生的意外伤害。

3. 多种形式宣传意外伤害知识

采取漫画、图片等形式宣传学生意外伤害有关知识，能够起到良好的宣传效果。高校可以把防火知识、安全逃生知识、交通安全知识、饮食安全知识、网络安全知识、心理健康安全知识等编制成漫画，进行详细的讲解和描述。此形式令人耳目一新，让人在轻松中接受了深刻的教育，能够收到良好的效果，有助于广泛宣传意外伤害知识。

4. 推进高校危机教育课程体系建设

由于我国高校危机教育课程体系开发较晚，目前大学危机教育主要集中在安全教育、心理健康教育、公民教育及职业教育等单个主题上，很少有综合性的危机教育内容。教育形式和载体也比较单一，基本上是以橱窗、宣传板、讲座和极少数选修课为主。因此，我们要进一步充实危机教育内容，改革危机教育模式，积极构建大学生危机教育课程体系。大学生危机教育课程体系可分为公共危机和个人危机两大教学模块，在多种形式的教学中实现两大教学模块的相互渗透和相辅相成。公共危机课程教学模块应以理论学习为主，在教学形式上可采取课堂教学、讲座报告以及网络宣传等方式对学生进行危机教育，提高学生危机意识。同时，不忘与课外实践相结合，以案例分析、典型事

① 漆小萍：《大学生危机事件管理》，中山大学出版社 2009 年版，第 97 页。

件和实践演练为主要形式，把危机教育与思想政治教育、心理健康教育、就业创业指导等联系起来，提高学生应对危机的能力。

(二)培养大学生防范意外伤害的意识，正确应对意外伤害

树立起正确的应对大学生伤害事故的意识，关键是加强大学生危机教育。我国对危机教育的重视程度不够，因而每每危机突然来临时，大多数人都会方寸大乱，最后造成无法挽回的重大损失。日本是一个灾害频发的国家，地震、海啸、台风、水灾等自然灾害时有发生。为此，日本大力推行全民危机教育，将每年的9月1日定为“防灾日”，8月30日到9月5日作为“防灾周”，在此期间举办各种危机宣传普及活动。除此之外，每年还举办两次“全国火灾预防活动”(3月1日和11月9日)、“水防月”(5月或6月)、“危险品安全周”(6月第二周)、“雪崩防灾周”(12月1—7日)等，活动形式有展览、媒体宣传、标语、演讲会、模拟体验等。日本开展的这些危机教育，提高了民众应对危机的能力，每当危机来临时都能将危机带来的损失减到最低。如2011年日本发生地震，震情虽然比较严重，但震后并没有出现恐慌，秩序井然，救援工作也比较顺利，灾民基本上得到了妥善安置[①]。可以说，危机教育有利于减灾防灾。实践证明，加强危机教育，有助于社会的稳定，能够提高社会的成熟程度，从而获得危机管理的良好效果。而教育之于大学生，又具有以下益处：

1. 通过教育，帮助大学生正确、辩证地看待危机

博尔诺夫认为，人的生命发展并不是一个连续的统一体，有一些深埋于人类存在的本质中，对人类生命具有根本意义的非连续现象(比如遭遇危机、挫折等等)会打断生命发展的正常进程，使生命发展发生转向，从而改变人的生活甚至命运，因为生命发展实质上是连续性和非连续性的统一。他认为，只要人们生存于世，就不可避免地会遇到各种各样的危机。大学生在校期间难免会遇到各种各样的危机，如果处理不好，危机极有可能导致学生伤害事故。因此，要加强对大学生的危机教育，引导大学生学会辩证思维，正确、辩证地看待问题，提升危机应对能力，努力战胜危机，防止由危机而引发的学生伤害事故。

2. 通过教育，帮助大学生做好应对意外伤害的准备

意外伤害不可避免，但并不可怕，它是可以克服的，要掌握好各种求生技

① 肖建国：《高校意外伤亡事件与学生的自我防范》，《思想理论教育》2006年第5期。

巧，做好应对意外伤害的准备。从大学新生入学起就应开展意外伤害教育，实现意外伤害教育全程化。意外伤害不可避免，可能发生在大学生活的任何一个阶段，因而意外伤害教育绝对不是阶段性的工作，它应该贯穿在整个大学生活中，要从新生入校那一刻就开始抓，将新生的意外伤害教育纳入新生教育的范畴。大学新生刚刚结束高中阶段紧张的学习，对大学校园环境感到新奇，加之远离父母，心理尚未成熟，缺乏社会经验，极易忽略对个人安全的防范，缺乏对意外伤害的警惕。将意外伤害教育纳入新生教育中，让意外伤害教育成为新生入学的第一课，凸显意外伤害教育的重要性，提高新生的警惕性，从入大学的一刻就具备一定的意外伤害知识，做好应对意外伤害的准备，并养成良好的习惯。那么，我们应当如何帮助大学生做好应对意外伤害的准备呢？[①]

首先，我们要引导学生培养良好的心理素质，不断提高他们应对意外伤害的心理承受能力，保持积极向上、乐观开朗的健康心态，遇到意外伤害时，在短暂的恐惧、惊慌、忙乱等正常的反应后，要立即恢复冷静，尽快想办法求生。其次，我们要教育学生树立忧患意识、做到“安而不忘危，治而不忘乱，存而不忘亡”，时刻警惕各种意外伤害的发生，在外勤工助学时，要充分意识到可能发生交通意外等；在做实验时，要估计到因实验物品而引发的事故，要严格遵守实验操作规程，妥善保管好实验物品……从小事做起，从我做起，预防意外伤害发生。

3. 通过教育，培养大学生伤害事故的应对能力

在美国、加拿大等国家，政府会针对地震、火灾、台风以及反恐怖活动等大学生伤害事故进行救灾反应演练。近年来，我国的一些地区也开展了类似的活动。高校应加强应对学生伤害事故的应急演练，使学生在演练中提高应对能力，从而有效预防伤害事故。中山大学每年都进行消防演练：报警中心接到报警电话，称×地方发生了大火，并简要介绍火灾情况，请求支援。接到报警电话后，报警中心立即派出专业人员驾驶消防车在最短时间内赶到“火灾”现场，架起水枪开始灭火，并升起云梯搭救受困人员，搭救出来的“伤员”被及时送到医院治疗。在“火灾”现场，有工作人员指导大学生如何使用灭火器灭火，并指导受困人员有序“逃生”。参加完消防演练后，很多大学生表示，此演练生动地展现了火灾发生以及灭火、救人的全过程，给人留下了非常深刻的印象，通过演练，大家掌握了如何报警、灭火器使用以及逃生等技巧。

① 刘婷婕、吕旺盛：《大学生意外伤害的健康教育》，《护士进修杂志》2006年第8期。

此外，我们还可以组织大学生开展模拟意外伤害训练。比如，让两个大学生在台上分别扮演受害者和歹徒，模拟抢劫案中受害者如何与歹徒斗智斗勇。表演结束后，学生讨论如何更好地处理此类意外伤害事件。通过模拟意外伤害，大家身临其境地体验意外伤害，并掌握类似意外伤害的应对办法。在具体模拟演练操作中，意外伤害的应对方法一般分为求救、自救、互救三种方式：

1. 学会在意外伤害中求救

借助一些可以借助的力量，能够有效地降低风险的程度，包括：第一，学会使用常用的求助电话。遇到被盗、被抢、打架等紧急情况时，拨打报警电话110；发生火灾时，拨打火警电话119；遇到发病和各种需要救护的紧急情况时，拨打急救电话120或红十字会的急救电话999；遇到交通事故时，拨打交通事故报警电话122。第二，学会寻求他人的帮助。心情不好或想不开时，要积极寻求朋友、家人的帮助，严重时要寻求学校心理健康咨询中心等专业机构和人士的帮助；遇到危险时发出呼喊等求助信号，寻求他人的支援……

2. 学会在意外伤害中自救

意外伤害来临时，当周边无人可求救时，要保持头脑冷静，并分析意外伤害情况，采取及时有效的办法进行自救。自救的知识非常丰富，在这里仅举数例，如地震时，若情况紧急应该躲在桌子等坚固家具的下面或两个承重墙夹角的地方，充分利用地形和身边的物体进行自救，不要慌张地向户外跑；火灾时，应用湿毛巾捂住口鼻过滤毒烟，尽量将身体贴近地面匍匐或弯腰前进，或用浸泡过的棉被或毛毯、棉大衣盖在身上，确定逃生路线后用最快的速度钻过火场并冲到安全区域；心理压力大时，应及时调整心态，做一些自己感兴趣的事情，如旅游、运动、听音乐等，来放松自己，而不能将压力埋到心底；遭遇抢劫财物等意外伤害事件时，要灵活应对，尽可能避免由抢劫转化为人身伤害……

3. 学会在意外伤害中互救

大学生要具有社会责任感，遇到危险要互相救助，与他人共同努力克服困难，防止意外伤害发生，在意外伤害中与他人互相鼓励，多关心学习、生活压力大的同学，互相提醒危险等。如某日凌晨4时，某学校男生宿舍一把凳子被碰翻撞到地上，发出了比较大的响声。响声将同宿舍的另外两名同学惊醒了，两位同学立即起来查看，发现舍友颓然坐在地上，问他问题时已经言语不清，只说是头很晕，要擦点活络油。两名同学立即意识到舍友出了问题了，于是打120求救。救护车很快就将患者送到医院抢救。后经检查，患者是因脑血管畸形而突然脑出血，情况非常紧急，如果晚半小时送到医院，患者就错过了最佳治疗时间，后果不堪设想。由于同宿舍同学掌握了意外伤害知识，及时求救，抢救及时，患者的性命被保住了。

应对意外伤害、保护生命，非常重要而且有效的办法就是自救和互救。这些能力的培养应该贯穿在日常教育、与学生的沟通以及实践演练操作中，具体可以通过理论与实践相结合的方式强化教育效果。媒体上有关意外伤害事件的报道屡见不鲜，校园内也会发生各种类型的意外伤害事件，我们完全可以利用这些鲜活的案例教育和引导学生，帮助学生获得更多的意外伤害经验，提高意外伤害处理的能力。《广州日报》曾刊登出这样一则事件：一个女士在傍晚时分遭遇劫匪骑摩托车抢包，该女士始终紧抓包不肯放手，被摩托车拖行几十米，劫匪见没有得手，遂松开包，该女士的包保住了，但其手、脚等多处受重伤，不得不住院接受治疗，花费一大笔医疗费，后经了解，该女士包中并无贵重物品，现金也仅有几十元。通过这个案例，我们可以组织大学生进行“如果我是受害者”的讨论，让学生设身处地地出谋献策，思考遇到意外伤害时财物与人身伤害孰重孰轻问题，并让学生知道如不幸遇到类似意外伤害时该如何应对。我们还可以针对大学生容易发生的意外伤害情况，收集相关的成功范例，并在学生中大力进行宣传和推广，通过榜样的示范作用来加深学生对意外伤害的印象，鼓励大学生们积极应对意外伤害，增强克服意外伤害的勇气和信心，这种教育办法往往能收到非常好的效果。

危机情景模拟演练可以检验日常危机教育的实效性，为学生提供实际参与的训练机会，让大学生具备一定的应急技巧，使他们成为有能力处理各种危机事件的主动者。万一危机不幸发生，大学生也知道在危机面前快速运用所掌握的处理技巧和求生技能，控制危机并能迅速脱离危险。危机情景模拟演练应以个案的形式进行，拟定可能发生的各类突发事件的模式，设计制定标准作业程序，安排学生扮演不同角色并模仿真实的情境，定期加以演练。例如，组织学生进行火灾的防护演习，让学生熟悉逃生路线、逃生方法以及被困时如何自救等。这种演练既可以与公安、消防等有关部门共同组织，也可以直接参与社区、企业等社会机构的模拟演练。需要注意的是，危机演练是一个互动的过程，即使只是模拟演练，全体人员也要认真对待。演练结束后，专业教师可从学生参与过程及行为表现中分析或者判断学生在危机前是否处理适当，再通过讲解帮助学生提高应急能力。

第八章　大学生伤害事故的应急处置

高等学校发生大学生伤害事故时，如何开展应急处置，是大学生伤害事故管理的重要课题。大学生伤害事故应急处置直接牵动着每一位当事者的神经，应急处置是否合法、科学、有效是高等学校管理不可或缺的组成部分，研究大学生伤害事故的应急处置对稳定学校教学秩序、维护学生安全、破解高校责任困境，对学生家庭、社会稳定都具有重要的现实意义。本章从应急管理的理论概述、应急管理的机制建立、应急管理的管理控制三方面展开研究论述，旨在提升高等学校管理者对大学生伤害事故应急管理的能力。

第一节　大学生伤害事故应急处置概述

处理大学生伤害事故是一个法律与道德相结合、管理与教育相融合、科学与经验相契合的全过程，它包括了立法管理、事前预防、应急处置、善后处理、恢复总结五个方面的要素，这五个要素在整个事故处理中具有重要作用，本章节主要论述大学生伤害事故应急处置的相关内容。

一、大学生伤害事故应急处置的概念

所有的论述都要以清晰的定义为基本前提。我们必须要明确界定“应急处置”的概念。我们认为大学生伤害事故应急处置是在大学生伤害事故被发现后，高校通过迅速组织相关人员采取紧急救援行动，排除危险、拯救学生生命，使伤害停止、事态不再恶化的应急行为。

首先，从时间上来界定。大学生伤害事故应急处置是在有关组织或人员发现伤害事故发生这一时间点之后。这里要明确指出，伤害事故发生时间与事故被发现时间常常不是一致的，甚至会有相当一段时间差。而这一段时间差是大是小，除了客观条件限制外，很大一部分要依赖于校园安全预警系统是

否完善。也就是涉及应急处置阶段的前一阶段——预防阶段的准备工作。因为所有施救和处理行为必须是在事故被发现之后才能发生的，所以必须要以发现伤害事故发生为起始时间点。

其次，从行为上来看。该阶段包括了现场控制、医疗救助、技术修理、收集信息、沟通联络、心理救助和后勤保障等应急行为。而这些相关行为主体都应具有相关专业知识背景和丰富处理经验。只有这样，面对伤害事故发生时，才能够准确分析事故形势、正确实施应急措施。也只有这样，相关行为主体的应急行为才能迅速紧急，并适应现场多变的环境从而随时调整应急实施方案。当然，这些应急行为的推进有些是同时进行，有些是无缝对接，它们只有科学整合，才能发挥最大功效，共同达到成功进行应急处置的目标。

最后，从目标上来看。大学生伤害事故应急处置的阶段目标应该以减低危险、拯救生命为最高宗旨。同时，伤害应急处置阶段结束要以伤害暂时停止、事态不再恶化为判断标准。并在此基础上迅速转入下一阶段——伤害事故善后处理阶段。

二、大学生伤害事故应急处置的原则

针对大学生伤害事故，我国的法律制度还不够完善，目前，只有教育部制定的《学生伤害事故处理办法》(2010 年修订)对各级学校学生伤害事故的预防和处理进行统一规范。不可否认，《学生伤害事故处理办法》的颁布和实施引起了社会各界，尤其是教育工作者的普遍关注。在指导各级学校开展校园安全工作、推进学生伤害事故妥善及时处理等方面，发挥了显而易见的积极作用。

《学生伤害事故处理办法》第 3 条规定："学生伤害事故应当遵循依法、客观公正、合理适当的原则，及时、妥当地处理。"这一条款是我国处理学生伤害事故的基本原则。借鉴法规，结合实际，笔者认为，高校在切实有效地开展大学生伤害事故应急处置时应当秉承和遵循以下原则：

(一)遵守法治原则

随着社会法律制度的建立健全，大学生、学生家长和高校的依法维权意识也日益增强。现行法律法规是处理大学生伤害事故的基本依据和实施标准。

大学生伤害事故,使学生的身体权、健康权甚至生命权受到损害[①],因此,为维护受伤害大学生的合法权利所采取的相关应急措施,都应当依据现行法律规范的规定来进行,不得自作主张、悖法行事。如果高校在伤害事故应急处置过程中,忽略了法律法规的条款约束,淡化了各法律主体权利与义务的统一,都极易导致高校或学生的合法权利遭到损害,甚至造成学校与学生的对立冲突。比如,学校并不具有针对大学生伤害事故的裁定权力,校方只有配合公安机关开展调查的义务,不能自己对事故做出定论。如果摆错了自己的位置,高校就会很容易激化矛盾或令自己陷入被动的境地。

目前,在大学生伤害事故应急处置上,高校可以依据的法律文献有《中华人民共和国教育法》、《学生伤害事故处理办法》(2010 年修订)、《中国普通高校德育大纲》及《高校学生行为准则》等。在大学生伤害事故发生以后依据有关法律法规和校规校纪,理顺学生和学校之间的法律关系,才能保护学校及各方当事人的合法权益,维护学校正常的教育教学秩序。

(二)紧急处置原则

大学生伤害事故可能由一些微不足道的小事引起,也可能事先根本没有任何征兆,只是一场突发性的校园突发事故。它具有突发性、紧急性和破坏性等特点。但无论如何,伤害事故都是出乎意料,并且已经对大学生当事人造成了现实伤害。面对伤害事故的发生,大学生当事人和学校管理者都有责任及时应对、紧急处置,都要在尽可能短的时间内,以尽可能快的速度,划定尽可能精确的影响范围,采取尽可能专业的应对措施。这样,才能对伤害事故的态势予以控制,避免扩大伤害的后果。"紧急处置"是对大学生伤害事故在应急阶段的时间、措施上的要求。一旦发生学生伤害事故,学校和相关当事人必须抢占第一时间紧急采取有效措施进行救助。因此,应急处置要求管理主体必须积极作为、迅速行动,主动采取高效、迅速的措施来遏止伤害。[②]

(三)尊重人权原则

大学生伤害事故,其受伤害主体是大学生,事故牵涉人员有当事人的亲属,而事故处置人员又是校方管理人员。在伤害事故情势较为紧急的情况下,

---

① 王树彬、赵大华:《学生伤害事故处理办法实用手册》,吉林出版社 2003 年版,第 4 页。

② 王敬波:《公共危机管理案例——突发事故应急处置的典型分析》,研究出版社 2009 年版,第 5~6 页。

应急处置工作不可避免地涉及人权问题。在大学生伤害事故危机管理中，必须坚持以人为本、生命第一的原则，将大学生生命安全放在首位。在大学生伤害事故发生以后，坚持“先救人，后救物”的方法，实施及时的生命救助，并及时安置受伤学生。要做到以人为本，充分尊重人权，要在整个伤害事故管理全过程中将“以学生为中心”的思想理念变革上升为核心价值观。大学生伤害事故应急处置遵循以人为本原则，这也符合康德提出的“人就是目的”的伦理命题。[①] 高校要把最大限度降低受伤害大学生当事人的生命威胁和身心痛苦当作大学生伤害事故应急处置的首要工作。

（四）共同参与原则

高校一旦发生大学生伤害事故，学校的相关人员就要紧急出动、迅速就位，学校的相关资源配备就要重新调整分配。在高校内部，学校领导和安全保卫部门、教育教学部门、后勤保障部门、学生管理部门要齐抓共管，其中学校领导和安全保卫部门是主要管理主体，其他部门给予密切配合。在伤害事故中，学校的管理者、大学生当事人、学生亲属、其他学生群体和教职员工都将被牵涉其中，有些时候甚至连教育行政主管部门也必须出面，指导事故解决。特别是当大学生伤害事故波及范围广泛，高校由于法律权限的限制和专业技术的缺失，已无法单独解决的时候，就必须在教育行政主管部门的指导下，与公安部门、医疗卫生部门、新闻媒体以及社会相关团体形成联动机制，共同参与到整个大学生伤害事故应急处置过程中。主体间的密切配合才能带来应急行动的科学整合，使整个事故应急处置尽快实现阶段目标。

（五）分层负责原则

当大学生伤害事故发生的时候，人们首先需要共同参与、集权管理，才可以在最短的时间内充分调动一切可以应用的资源，朝着统一的目标前进。但是，闻道有先后，术业有专攻。伤害事故的应急处置需要安全、医疗、心理等多个专业知识的交叉作用，多项应急处置行为也需要同时同地串联进行。为提高大学生伤害事故应急处置阶段的效率和水平，我们需要把不同领域的事故交由不同的部门来负责，并把责任层层落实到相关部门或相关院系的相关人员，实现伤害事故的分层、分级负责制度。这样才可以争取在最短的时间内，

① 简敏：《校园危机管理策略与大学生应急能力培养途径研究》，西南政法大学马克思主义理论与思想政治教育硕士学位论文，2007 年。

人人各司其职，有条不紊地开展应急处置工作，避免工作重复与资源浪费，实现伤害事故应急处置的效用最大化，同时，也是为大学生伤害事故评估总结阶段奠定基础。

（六）程序透明原则

大学生伤害事故的应急处置阶段总是忙碌而繁杂的。工作人员一拥而上，应急处置决策出炉在“黑箱子”里。事实上，在伤害事故被发现那一刻，消息已经迅速传播开。这一伤害事故在应急处置阶段就已被人们所关注。人们关注的焦点除了受伤害当事人的安危以外，还有高校是如何应急处置和善后处理该伤害事故的。社会的褒贬不但会影响高校当前应急措施的实施，更为对日后善后工作的开展产生巨大的作用力。所以，高校在伤害事故的事前预防、应急处置和善后处理过程中，都应按照规范化的程序来进行，确保相关规则为管理人员和学生所知悉。如果出现意外情况，高校也应召集伤害事故指挥中心制定临时规定，并及时进行修改和补充。程序透明，才能使人为主观失误最小化，还原伤害事故的事实本身。

（七）信息公开原则

在我国传统的管理思维中，管理者常常担心危机公开可能会引起巨大的社会恐慌，不利于危机事故的处理和解决。但事实证明，大学生伤害事故发生始末，公开信息并不是社会恐慌的原因，相反是由于没有正规渠道发布的权威信息来稳定人们的心理，大家以讹传讹，造成谣言满天飞。也就是说，信息的不公开是导致社会恐慌的最主要原因。“谣言止于真相”，准确、及时地信息公开和信息反馈可以帮助相关人员和社会人士了解事实真相，进而为高校主动采取应急处置措施营造有利环境，争取更多的时间和社会的支持，避免或者减少无谓的损失。目前，新闻发言人制度和信息反馈制度是信息公开最常用，也是最有效的两项制度。因为它有利于在伤害事故应急处置阶段及时发布权威和真实的信息，告知师生事故发生的时间、地点、原因、现状以及学校目前和未来的应对措施等，消除盲目，减少误会，引导公众舆论朝正确的方向发展。

第二节 大学生伤害事故应急处理的机制

高等学校发生大学生伤害事故后，从该事故被发现开始，高校管理便转变到伤害事故应急处置阶段。这个阶段的目的是尽可能地控制伤害事故恶化、减少损害，并为事故善后处理阶段的状态恢复奠定基础。在大学生伤害事故的处理中，一套完备的应急处置机制能够有效控制伤害事故的发生，降低事故的影响程度，减少或减轻事故给受伤害学生、学生亲属、学校和社会带来的负面影响。大学生伤害事故应急处置机制的建立要坚持"情、理、法"相结合的思路，要坚持"快、准、净"的工作作风，要能够正确处理多方主体之间的关系，如学校和学生之间、学校和学生亲属之间、学校和上级机关之间、学校和新闻媒体之间等。[①] 所以，应急处置阶段的主体分工、处置态度、应急措施等均会直接影响整个伤害事故管理的有效性，也会影响社会各界对高校的信任感。

一般来说，一套完备的大学生伤害事故应急处置机制应该包括以下几个组成部分：

一、启动应急指挥

大学生伤害事故应急指挥应该由应急指挥中心来进行全权负责。应急指挥中心是在伤害事故被发现后，控制事故恶化，减轻伤害程度的"CPU"，是处理伤害事故的中心枢纽，也是伤害能否停止、恶化的关键。在伤害事故管理的任何阶段，应急指挥中心都是唯一的指挥机构，有高度权威性，所有人员分工、所有资源调配都要听从于指挥中心的命令。

（一）发挥集权作用

伤害事故发生时，第一时间的指挥与处置十分重要。在事故发生后，受伤害学生容易紧张、慌乱甚至绝望。这时，学校要鼓励学生勇敢面对，并根据伤害事故的类型、性质和影响范围，迅速成立伤害事故应急指挥中心，负责统一现场指挥，发挥集权化功能，从整体上控制事故发展，有针对性地指挥各工作小组按照应急预案分类分层解决，并需要随时跟踪事态的进展情况。之所以

---

① 杨振彬、冯刚：《高等学校辅导员培训教程》，高等教育出版社 2006 年版，第 211 页。

要在大学生伤害事故被发现时，立即成立统一的事故应急指挥中心并发挥强大的集权作用，是因为如果不能使事故得到及时处置，便会引起多米诺骨牌效应，为伤害事故后续处理工作的艰难进行埋下危机，导致高校常规教育教学活动受到波及和影响，甚至在短时间内摧毁高校多年树立起来的积极形象。所以，在大学生伤害事故发生的危急时刻，必须要发挥绝对领导集权作用。只有集权，才能面对伤害事故临危不乱。缺乏集权，则面对伤害事故群龙无首，一盘散沙。应急指挥中心具有绝对的集权控制力。只有绝对的控制权，才能尽快调动校内外所有可以调动的资源，才能用有效管理让团队中不同角色的人在伤害事故应急处置中表达共同的核心立场并迈向共同的目标，也才能真正有利于大学生伤害事故的积极解决。

（二）履行向上级报告或同级求助

每个行为主体都有自己的行为权限和能力范围，高校也不例外。作为以高等教育教学为主要任务的高等院校，在面对大学生伤害事故的时候，难免缺少专业人员和可用资源。所以，一旦大学生伤害事故应急指挥中心发现大学生伤害事故已经超出自身的法律权限或控制能力，应立即向教育行政主管部门报告，或向所管辖区域的政府或公安机关求助。《学生伤害事故处理办法》(2010 年修订)第 16 条规定，学生伤害事故，情形严重的和重大伤亡事故，实行报告制度。即高校在第一现场处置伤害事故本身，如果事故伤害轻微，情节简单，依靠学校自身能力足以解决的，则不必向上级报告。如果事故情形严重，则必须及时向教育主管行政部门报告。因为情节严重的大学生伤害事故，涉及的法律行为和法律责任比较复杂，单靠教育部门很难将法律关系理顺。这个时候应该移交刑事侦查的专门机关——公安机关来处理。如果属于重大伤亡事故的，教育行政主管部门必须向同级政府和上一级教育行政主管部门报告。这是因为如果属于重大伤亡事故的，其影响往往超出了校园管理的范畴，容易引发社会治安形势的变化，只有由同级人民政府和上级教育行政机关调动各方面的政治资源和社会资源，才有利于及时化解社会矛盾，公正、迅速地处理大学生伤害事故及其衍射效应。[①] 所以，大学生伤害事故应急指挥中心在现场大致评估伤害事故危害程度时，应立即执行报告制度，履行报告义务。

---

① 黄乐平、韩世春、王彬、卢秋：《学生伤害事故处理流程与赔偿标准》，法律出版社 2009 年版，第 120～121 页。

二、信息搜集研判

一切传播消息的源头和雏形来自信息分析工作，它务必要保证信息的正确性和准确性。信息分析组是信息搜集分析工作的承担者，也是大学生伤害事故被发现后最先开展应急处置工作的队伍和最先接触伤害事故真相的队伍。可以说，信息分析组是大学生伤害事故应急指挥中心的智囊团和强大后盾。

（一）启动现场保护工作

大学生伤害事故一旦被发现，在应急处置阶段必须迅速隔离事故现场才有利于伤害事故的进一步解决，也才可以在最大程度上控制或减少对高校常规教育教学活动的负面影响。所以，信息分析工作组要迅速启动现场隔离保护工作。在伤害事故的现场启动现场保护和安全警戒工作是为了探究事故成因，满足法律程序上寻求证据的需要。因为法律讲求事实，注重证据。对于大学生伤害事故各主体责任的确定应以证据为判别依据，而不能凭主观臆断和经验判断。在伤害事故的应急现场会有多个应急工作小组在采取应急措施，难免产生人员冗杂和混乱。如果伤害事故现场被破坏，则可能无法还原事故发生经过，无法确定事故发生的原因，从而无法划清受伤学生本人、学校和第三方之间的责任，责任的承担就更无从谈起，进而将对事故的善后处理造成难以弥补的负面影响。因此，大学生伤害事故发生后，学校保卫部要迅速启动现场保护工作，进行事故相关人员隔离。把大学生伤害事故中涉及的学生、亲属及事故相关人员隔离到不影响学校常规活动的区域中去，将伤害事故的应急处置区域和高校正常的教育教学工作区域相分隔。布置安全警戒线，维持伤害事故现场秩序。保护好事故发生现场的物品状态与位置。实行交通管制，保证事故现场道路畅通。加强保卫，疏散围观人员，禁止无关人员、车辆通行。[①] 如有必要，可以请求公安机关协助调查保全证据。[②]

（二）搜集分析信息工作

搜集、整理、分析信息是该工作的又一重要任务。伤害事故相关信息的及

---

① 庄越、雷培德：《安全事故应急管理》，中国经济出版社2009年版，第144页。

② 黄乐平、韩世春、王彬、卢秋：《学生伤害事故处理流程与赔偿标准》，法律出版社2009年版，第120～121页。

时性和准确性在一定程度上决定了应急处置决策的有效性和应急处置行为的有序性。特别是面对性质严重、波及方位广的大学生伤害事故，现场所显现出来的信息多而繁杂，甚至很多信息具有一定的迷惑作用，让事故处理人员毫无头绪或者众多意见难以统一。信息分析工作组要第一时间搜集、整理各种有关信息，从多个角度分析相关信息，排除错误信息，剖析有效信息，将伤害事故的危险程度、波及范围、人员伤亡等具体准确的情况及时上报指挥中心，以协助解围。信息分析工作组要详细记录事故发生时在场人员的口头描述，初步了解事发原因，估计伤害事故可能波及的范围，从而配合公安机关界定伤害事故发生的范围和性质。当然，公安机关由于客观原因也许无法第一时间赶到现场，那么信息分析组如果有事先的经验可先行处理。应迅速联系相关部门和成员，共同配合控制伤害事故恶化以免事故危害范围进一步扩大，并对伤害事故及处理过程存档备查。待事故稍稳定之后，再协调配合公安机关完成后续工作。

三、应急医疗抢救

抢救受伤学生是大学生伤害事故应急处置的首要任务。《学生伤害事故处理办法》第 15 条规定："发生学生伤害事故，学校应及时救助受伤害学生，并及时告知未成年学生的监护人；有条件的，应当采取紧急救援等方式救助。"这一条款规定强调发生大学生伤害事故时，不管高校有无过错，都负有紧急救助的责任，以防止损失扩大或伤害范围蔓延。大学生伤害事故发生后，医疗救助组（主要是校医院）要第一时间赶赴事故发生地点，快速、高效地对伤员进行现场分类和急救处理，这是降低伤亡率，减少事故损失的关键因素。这个时候不能拘泥于事故责任的认定和医疗费用承担。因为伤害事故发生在学校里，在救助学生的过程中，学校比学生亲属拥有更多的资源优势。如果因为学校没有履行及时救助义务，而导致学生伤害程度加重，那么学校是有过错的，应承担赔偿责任。

医疗救助要具体分析学生受伤害的程度，并采取适当方法救助。如果学生伤势明显轻微，仅仅只是皮外伤，并无严重发炎感染症状的，校医院完全有能力进行处理的，可在校医院进行消毒包扎治疗。如果学校对于学生受伤害程度难以确定的，应及时送往就近的正规医院治疗，不可大意，以免贻误治疗时机。对于受伤害严重的学生，学校应及时求助于急救中心或立即将其送往医疗条件比较好的医院，使学生得到妥善救治。如果学生需要留院观察或住院治疗的，无论亲属是否赶到，学校都应安排专业医疗人员跟踪医院治疗情况，甚至进行陪护。总之，学校在履行救助义务时，应当根据情况，采取多种救助方式进行救助。无论采取何种救助方式，一切都应当以有利于控制伤害的扩大和尽量减轻伤害后果为原则。①

四、对外沟通联络

大学生伤害事故发生时，学校内部和外界都迫切想知道事故的整个发展态势和伤害情况。高校应该通知谁？谁需要知道哪些具体的情况？怎样与他们进行沟通和交流？高校能否做出承诺，又能够做什么承诺？如何保证随时更新信息？这些问题都是在伤害事故应急处置阶段就必须要面对的问题，也是对外联络工作主要解决的问题。前文中说道，信息的不公开是导致社会恐慌的最主要原因。同样，错误的信息也很容易让不明真相的人员，特别是外界随意猜测并做出不负责任的报道，给高校的应急行动造成阻碍。这时，学校管理者首先必须掌握主动权，以学校为第一消息发布源，整合现有信息资源，积极有效地进行对外联络。

（一）重视校内沟通交流

面对受伤害的学生，最重要的是多给予其积极正面的信息，告诉他伤害事故形势已经得到控制，救助工作均已顺利展开，鼓励他要勇敢面对伤害。同时，由于受伤害学生是整个伤害事故的当事人，他拥有对事故的最直观感受和最准确信息。如果受伤害学生自身身体条件允许的话，应该从其开始，展开对伤害事故的调查、取证工作。另外，高校可利用面对面座谈、电话、网络视频等最充分的交流方式，在第一时间里告知学校的教职员工和学生，学校发生了什么事和大家为此应该做些什么事。特别是在学生失踪、性侵、伤亡、自杀问题处理上，要极为注意受伤害者隐私保护、控制消息发布范围和澄清消息真实度。这样才能让谣言和误会先在学校里消失殆尽。因为本校的师生也是强大的信息传播网络，他们掌握了真实的信息，在一定程度上有利于促进消息传播的正面影响。另外，那种能瞒多久就瞒多久的指导思想有时也会让其他师生放松了警惕性以及以后日常教育的针对性。

---

① 教育部政策研究与法制建设司：《学生伤害事故处理办法释义及实用指南》，中国青年出版社2002年版，第74～75页。

(二)及时告知安抚家长

高校在大学生伤害事故应急处置阶段,一定要第一时间告知受伤害学生家长伤害事故情况,履行及时告知家长的义务,并做好其情绪安抚工作。这里必须要指出,告知的前提是学校必须知道发生了学生伤害事故。如学生受到伤害,在学校不可能发现的范围内,而学生又没有主动告诉学校,则学校就不可能履行告知的义务,因此而造成的伤害后果扩大就很难责问高校。另外,如果因通讯困难等客观因素导致学校没有办法第一时间告知家长,那么,学校只要把该做和能做的工作都做了,就不能认为学校没有为履行告知义务。

同时,在告知后,也不能忽略与受伤害学生家长沟通,因为家长的心态和想法会影响受伤害学生的心态和想法。所以,家长是伤害事故应急处置阶段最好的目击者和见证人。同时,尊重家长的感情和意愿,安抚其情绪,与家长建立良好关系,也能在事故应急处置过程中得到家长的支持和理解。并为善后阶段的解释协商工作奠定基础。比如在选择医院和治疗方案等问题上要尽早征求家长的意见,否则就有可能导致双方纠纷。同时,要与受伤害学生或家长签署事故处理备忘录或协议,必要时要对协议内容进行公证。

在现实案例中,高校经常会遇到受伤害学生不愿意告诉家长的情况。根据法律,成年大学生是完全具有民事行为能力的。他们在自我身体伤害问题上,已不再需要代理人代理其进行意思表示和民事行为。如果成年大学生遭受的伤害不严重,并且明确表示不愿意让亲属知道,学校就要尊重学生本人的意愿,不告知其亲属。但如果学生遭受的伤害情况严重,即使学生表示不愿意告诉其亲属,但鉴于学生本人现在没有稳定的经济来源、衣食行需要有专人照顾及家长的法律权利等原因,学校认为必要时,应该通知学生亲属。总之,对成年大学生的伤害是否需告知学生家长,学校可根据成年学生受伤害情况、学生本人意愿和家长的法律权利等因素决定。[①]

(三)重视新闻传媒作用

新闻媒体承担着向社会民众披露事故真相的重要职责。但是,目前国内伤害事故发生后,涉及人员一般不愿意接受记者的采访,最普遍的回答常常是

---

①　教育部政策研究与法制建设司:《学生伤害事故处理办法释义及实用指南》,中国青年出版社2002年版,第74～75页。

“无可奉告”四个字。当他们拒绝接受记者采访或者根本答非所问时,虽然看起来是及时有效堵住信息流,但媒体和社会各界人士却对此持普遍怀疑甚至全面否定的态度。所以,为避免校内相关涉及成员随意对外发言,高校面对媒体必须在应急指挥中心的统一指导下,设立专线电话,开辟专门的媒体采访室,由专业的学校宣传部门及时准备,与新闻媒体积极合作,让社会各界获得最客观的、最及时的信息。绝不隐瞒负面消息,严厉驳斥不实谣言。这样才可将伤害事故的真实情况在一定范围内进行通报,监控舆论导向,以正视听,防止以讹传讹。

五、加强后勤保障

后勤保障工作在事故发生时,要第一时间启动。后勤保障工作组迅速赶往伤害事故现场,协助信息分析工作组做好人员疏散和交通安排工作。特别是,对于发生突然、扩散迅速、涉及范围广、危害大的重大伤害事故,后勤保障工作组应及时指导和组织现场其他学生采取各种措施进行自身防护,必要时撤离危险区或可能受到伤害的区域。在撤离过程中,要积极组织学生开展自救和互救工作。当受伤害学生家长到达学校时,也要做好家长食宿安置等各项工作。同时,应急小组休息时间的安排要保持全天候运作,就必须要让小组成员轮换休息。

六、重视法律咨询

在伤害事故应急处置阶段,法律咨询有两个任务:一是初步评估事故伤害程度,也可以叫做“危机评估”,即对伤害事故的伤害后果进行计算、评价,并在此基础上实施一系列的恢复工作、补救措施、抚慰工作和问责制度。评估事故伤害程度是一切后续工作,特别是善后工作的重要依据,因为只有对事故情况、人员投入、恢复能力等做出评价,才能制定补偿标准和事后恢复计划,并迅速实施。事故伤害程度的核心内容就是评估伤害事故对受伤害学生直接或间接的伤害程度。由于应急处置阶段时间仓促,事故伤害程度评估不可能一蹴而就,所以只能进行初步评估,并随着应急处置工作的推移而不断修正。二是对受伤害学生、学生亲属提供申诉、仲裁、救助、赔偿等方面的法律咨询。但是,此时的法律咨询应该着重于法律条款、法律程序上的解释。不应当在事故原因还未查清、事故过程还不清晰时就该事故给予评价或定性言论。[①]

七、紧急心理干预

在伤害事故应急处置阶段的心理辅导主要是对受伤害学生进行紧急心理干预,努力为他们提供处理愤怒和冲突的方式以及自我保护的措施,并对伤害事故其他相关人员,如受伤害大学生室友、好友及其他在场相关学生进行心理危机干预,以减少伤害事故对他们的冲击和影响。另外,也要关注和摸索受伤害学生亲属的心理规律。虽然现在高校大学生大多数在法律上已是独立承担责任的成年行为人,但在大学生个体利益受到损害的时候,当事人亲属都会有较强的情绪波动,会对高校怀有的疑虑甚至敌意,把高校视为承担责任方。心理辅导组应该感同身受地体谅当事人亲属的心理,在感情上予以理解并在理智上给予引导。

以上七项工作构成了大学生伤害事故应急处理机制。这七个组成部分在大学生伤害事故应急处置阶段各司其职,缺一不可。而所有工作人员都要以高度的责任心、敏感的警觉性围绕在应急指挥中心周围,所有人力、物力、财力听从指挥中心的调配。只有权责明确,相辅相成,互相合作,才能在最短的时间内完成大学生伤害事故应急处置阶段的一致目标。

第三节 大学生伤害事故应急处置的管控

大学生伤害事故应急处置阶段的实施行为必须迅速有效,任何与应急处置行为冲突的不利因素都必须予以排除。这一阶段成功的关键在抓住“重点”和把握“时间”。在资源有限的前提下,什么是重点?哪些是主要矛盾要优先予以处理?哪些是次要矛盾?任务的轻重缓急如何分辨?同样,各方处理主体的行为反应速度如何?节奏会不会紧凑?这一切的目的都是在于防止伤害的扩大和局势失控。要做到这些,我们就必须强调大学生伤害事故应急处置控制管理中的流程控制和信息控制。

---

① 简敏:《校园危机管理策略与大学生应急能力培养途径研究》,西南政法大学硕士学位论文,2007年。

一、大学生伤害事故应急处置流程控制

(一)应急处置流程控制的定义

所谓应急处置流程是指伤害事故处置主体在大学生伤害事故应急处置阶段依循一定的步骤、时限和顺序来实施各种应急行为,并形成一整套特有的程序体系。而控制这一整套的应急处置流程是公正处理大学生伤害事故的保证。对事故应急处置行为规定了统一的处理流程,目的是为高校、受伤害学生及学生亲属、教育主管行政机关在处理大学生伤害事故时,有可以遵循的统一行为模式,从而保证公正、合理地处理该事故。

(二)伤害事故应急处置流程构建

发现大学生伤害事故发生后,当事人或在场者应稳定自己或当事人的情绪,保护好事故周围环境,认定受伤害学生身份,并及时向受伤害学生的学院或学校保卫部报告。如果事故的性质复杂或伤害严重,还应当立即拨打110、120、119等报警电话请求救援。

接报之初,学院或校保卫部应在第一时间赶往事发现场,并保护现场,同时向学校汇报事故初步情况。学院或校保卫部在第一时间赶赴事发现场,这既有利于全面掌握事故信息,及时控制局面,快速部署工作,增加后续决策的准确性,也有利于鼓舞受伤害学生和现场人员的士气。同时,对后期所涉及的与受伤害学生亲属沟通、谈判也有很大的帮助。

学校相关领导和部门管理人员奔赴事发现场后,在事发现场了解具体情况或听取现场见证人或学院、学校保卫部的工作人员的汇报,力求掌握详细、客观、完整的事实经过。并在此基础上,迅速组成伤害事故应急指挥中心并立即启动相应的应急处置预案,科学估量伤害事故已经造成的伤害及可能扩大伤害的范围和程度,配合公安机关确定伤害事故的性质,调配解决伤害事故所需的人力资源和物质资源等,指挥各工作小组投入应急工作。处理任何类型的大学生伤害事故,都需要应急指挥中心机构对各个相关方面进行沟通、协调,以便共同决策、统一行动。

在事发现场,校医院应履行医疗救助的义务,初步估计学生受伤程度,是否需要立即送往大医院救治。同时,校保卫部应做好现场保护工作,疏散现场无关人员,并向所属辖区公安机关备案。做配合公安机关做好现场信息搜证和调查取证工作,积极提供侦破线索。

发现伤害事故
稳定当事人情绪
保护好事故周围环境
认定受伤害学生身份
向学院或校保卫部报告
拨打110、120、119等电话
10分钟内
学院或校保卫部接报之际
第一时间赶往事发现场
向学校主管领导报告事故
迅速组成伤害事故应急指挥中心
15分钟内
指挥中心到达现场
了解具体情况
报告上级、求助同级
向所属辖区公安备案
各工作小组启动
30分钟内
校医院医疗救助
信息分析工作组
现场保护工作
配合公安机关调查取证
实时更新、汇总信息
对外联络组
第一时间联系学生亲属
向其他师生通报事故
与新闻媒体的沟通
法律咨询组
危机评估
法律咨询
90分钟内
心理辅导组
对当事人进行心理干预
对相关人员进行心理干预
稳定当事人亲属情绪
后勤保障组
各方食宿安排
协助其他工作组
24小时内
应急处置报告初稿
72小时内
应急处置阶段结束
上报完整应急处置报告

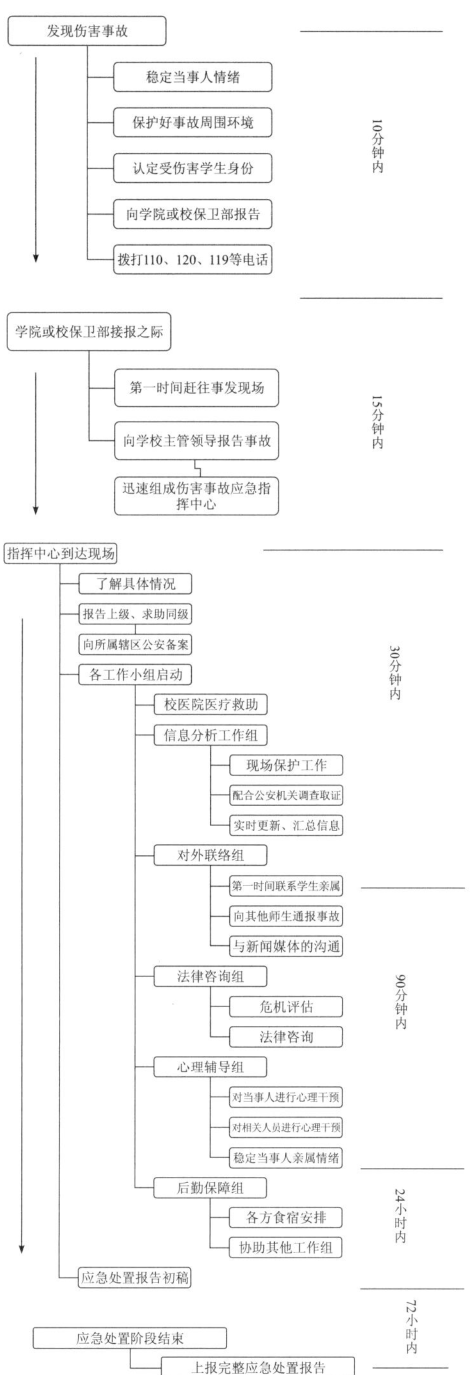

图 8-1 应急处置流程图

学院学生工作组须适时尽快与学生家长联系，通报事故目前情况，并注意安抚家长情绪。对外联络组要做好向校内、新闻媒体发布事故真实消息的准备，并在事故被发现后90分钟内准备好向媒体发布相关消息。

法律、心理咨询工作随之启动。后勤部门也要做好家长和媒体食宿问题的安排。保持全天候运作，就必须要让小组成员轮换休息。同时确保事故发现后24小时之内，应有现场调查报告初稿上报教育主管部门。受伤害学生的伤害暂时停止，事态不再恶化后，应急处置阶段结束。整个应急处置过程不应超过24小时，并且要尽快。

这里必须要特别指出，大学生伤害事故被发现后的最初24小时是最关键的应急处置时机。伤害事故的突发性和极强的蔓延性决定了应急处置一定要迅速、果断。伤害事故发生后，高校能否第一时间控制事态，使事故伤害不扩大、不升级、不蔓延，是应急处置的目的所在。学校要能在24小时之内掌握事故信息、确认现场环境、安抚相关人员，确定处理原则和立场，联系新闻媒体，并制定后续方案。在这24小时之内，学校要与时间赛跑，越早控制事态，越有利于伤害事故的妥善解决和降低各方的利益损失。

综上所述，只有建立了大学生伤害事故应急处置机制，明确事故应急处置流程，才能使学校采取有效的应对措施，尽可能把伤害事故的伤害损失降到最低点。

二、大学生伤害事故信息控制

现实生活中，坏消息的传播总是兼具迅速、扩散和夸张三大特点。在消息传播的同时，如果没有权威可靠的消息发布源来发布真实信息，那么谣言四起是不可避免的，而谣言带来的后果就是公众信任的丧失和善后工作的繁杂。所以为了保证伤害事故应急处置阶段的高效性，以及后续工作的有序性，就必须有效地控制应急局面，更要不遗余力地控制信息传播、澄清信息真伪，及时发布重要信息，加强内外信息沟通。只有一个具备有效信息控制能力的组织，才是有利于保护高校内师生生命财产安全的组织。

(一)伤害事故信息的收集更新

在大学生伤害事故发生后，信息分析工作组要通过受伤害学生，其他在场学生、教师及学生亲属等多渠道收集相关信息，并配合公安机关利用专门仪器进行调查取证，及时更新事故发生、发展的具体信息，争取在第一时间掌握第一手资料，准确把握事故动向。这样才能掌握应急处置大学生伤害事故的主动权。

特别要注意的是伤害事故相关证据的搜集。证据的搜集在探查事故发生原因、评估伤害程度、事后责任划清等工作中都具有举足轻重的地位。但是,由于高校法律权限的限制,证据搜集工作必须在公安机关的指导下,细致、及时地进行。其一,搜集工作的全面、细致是搜集证据可靠有效的保证,细小的证据往往可能成为决定事故责任划清的关键因素。无论是对自己有利的证据,还是对自己不利的证据,都应该细心搜集。因为,关注对自己不利的证据,才能为日后的谈判阶段做好充足的准备。其二,证据搜集要及时。因为当事人只有及时搜集证据,才比较容易找到重要人证、书证、物证等。否则,时过境迁,由于自然条件或人为环境的变化,有些证据可能丢失、消失甚至毁灭。其中不乏许多关系到伤害事故定性的重要证据,这样就会给搜集证据的工作带来困难。所以,当事人在证据搜集的过程中必须了解一些证据保全的知识,如借用拍照、录音、录像等措施和方式进行证据保全。[①] 这样才能避免不必要的证据搜集障碍。

再来谈谈信息更新。在大学生伤害事故调查的过程当中,情况是时时变化的,数据更是时时翻新的。甚至最新的信息会将之前的信息带来的猜测和判断完全推翻。这个时候,信息更新就显得相当重要。因为它直接影响了应急指挥中心做出应急决策的正确性和科学性。同时,伤害事故信息的舆情发布也在一直等待最新的情况进展。所以信息收集和信息更新者的压力是巨大且无形的,但更是所有信息的源头。

(二)伤害事故信息的舆情发布

建立透明、可靠的信息舆情发布机制是控制局势、消解误会、缓解恐慌的一剂良药。当今时代是一个信息大爆炸的时代,也是一个信息高速传播的时代。换句话说,对于伤害事故管理者而言,是一个最好的时代,也是一个最坏的时代。信息传播速度和传播范围可以让人迅速找到所需要的资料,但往往也让人措手不及。一旦大学生伤害事故发生,关于事故的消息会因媒体介入而无限放大,立即引起公众的普遍关注。三人成虎,鉴于媒体消息来源和渠道的复杂性,同一事故所传播出的消息会出现内容上的巨大差异,或夸大,或残缺,或互相矛盾。无论是可靠还是不可靠的消息混杂在一起,并充斥着各种各

---

① 罗海艳、赵晓琳:《学生伤害事故案件认定与处理实务》,中国检察出版社 2006 年版,第 207～233 页。

样的谣言和猜测。处于伤害事故处理中心的学校，特别是伤害事故领导小组，其一举一动，都是外界评判和讨论的主要根据。为了避免不同来源、不同版本、真假混杂的信息混淆公众的视听，信息舆情发布最有效的形式就是新闻发布会。伤害事故发生后，应急指挥中心和对外联络小组必须在90分钟时间内准备好一些核心问题的明确答案。要在校内选取一个地点作为媒体工作人员的工作室，这个地点必须远离现场。另外，要选取一名有经验的学校部门负责人作为发言人，向媒体公布姓名和联络方式，确保发言人准备充分并且掌握着经过应急指挥中心和法律咨询小组审核过的发言提纲。因为大学生伤害事故这个问题牵涉到事故责任问题，所以信息必须要在法律咨询组的审核下才能谨慎发布。发言提纲中必须包括发生了什么伤害事故、是怎么发生的、将采取什么措施这三块内容。而发言人的回答必须简洁、通俗、明了，避免用专业术语，避免做过多的细节解释。最好能一句话解释清楚在什么时候、什么地方、发生了什么事情，并告诉公众高校正在做什么，做到什么程度了，还有哪些重大障碍等等。可以提供一些数据来支撑发言稿的真实性。同时要诚恳地表示事故的紧迫性，并承诺以最快的速度控制形势，但是不要轻易做出承诺。这种尽量客观的陈述更容易得到公众的理解。[①] 另外，工作小组应当专门记录问题和答案。每一个记者的问题都要答复。但是可以指定专门人员筛选过滤媒体提问，再交由发言人公开回答。这样就确保了伤害事故消息来源的统一，消除公众对伤害事故的各种猜测和疑虑，可以安抚一部分人的情绪，为该事故的应急处置争取短暂而宝贵的稳定局面。一份好的发言提纲决定了信息舆情发布工作的质量优劣。同时，也要重视使用多种载体传递，如口头传递、书面传递和非语言载体的传递，尤其是要重视电子媒介的沟通。以互联网和手机为代表的新兴媒体的影响力将持续增强。

（三）伤害事故信息的上报反馈

对伤害事故信息的缓报、漏报和错报，会错失控制事态的有利时机，影响应急指挥中心或其上级教育主管行政部门做出科学决策。伤害事故的应急处置是一个需要整合团队力量来共同完成的任务，所以履行报告义务的时间距发现大学生伤害事故发生的时间不能太久，任何时候都要在第一时间内将更新的信息上报组织，寻求组织帮助，以免耽误调动资源，延误应急处置的进程。

---

① 胡望洋：《突发公共事故应急预案指南》，高等教育出版社2007年版，第82～88页。

一般说来，报告方式应以提交书面报告为主，口头报告为辅。情形严重的大学生伤害事故发生后，在30分钟之内，必须将事故及初步调查情况向指挥中心和上级主管部门口头报告。24小时之内，形成书面材料上报，写明事故发生的原因、时间、地点、涉及学生、伤害情形、处理建议等。书面报告有利于指挥中心和上级主管部门全面掌握情况，也有利于存档备查，防止善后阶段出现纠纷。[①] 另外，根据事故处理情况，每天应该安排一次协调会，以确定下一步工作重点以及具体实施方案。信息分析组要定期更新事故的处理过程进行翔实记录，并汇总成书面材料上报。

同时，要注意收集反馈信息。在现实案例中，我们常常发现，高校在信息发布出去后，就当完成了任务，不去关注受伤害大学生、其亲属以及其他群体对该事故处置行为的反应和想法，也不管不听外界的信息反馈，造成信息单向流动的局面。这样往往会产生决策偏离甚至决策错误的结果。信息的有效反馈对应急指挥中心进行下一步决策也起着积极的修正作用。同时，从宏观角度看，信息的反馈还有利于日后预警机制和应急处置系统的改进和完善，有利于日常校园安全等规章制度的建立和健全。

(四)伤害事故信息的渠道畅通

无论是信息的收集更新、舆情发布，还是上报反馈，都离不开一个完善和畅通的信息渠道。信息渠道的畅通对大学生伤害事故应急处置的顺利进行起到了至关重要的作用。一旦发生了大学生伤害事故后，在完善的信息控制机制下，有关情况应很快就予以公开传播。这时，全校师生和相关工作人员要学会遵从学校的统一部署，服从应急指挥中心的命令，并听从唯　的权威信息发布机构，在适当时间内将重要信息正确迅速地传达给其他人，配合学校控制伤害事故的发展。在大学生伤害事故的信息分析工作中，应该形成一个自下而上的信息收集、自上而下的信息公开和自下而上信息反馈的信息链[②]，即受伤害学生及其亲属—辅导员—学院分管学生工作的党委副书记—学校各应急工作组负责人—学校应急指挥中心—上级教育主管行政部门。同时，信息分析组负责人应持续在岗，并保持信息有效来源和途径的时刻畅通。只有一个构

① 教育部政策研究与法制建设司：《学生伤害事故处理办法释义及实用指南》，中国青年出版社2002年版，第74～75页。

② 赵月琴：《高校学生突发事故预警机制及应急处理》，《中国电力教育》2010年第36期。

成完善、内容真实、渠道通畅的信息系统,才会在大学生伤害事故应急处置阶段发挥巨大的积极作用。

总之,大学生伤害事故应急处置阶段是在大学生伤害事故被发现之后,伤害事故善后处理阶段之前。这一阶段是高校迅速组织相关人员介入伤害事故的最初阶段,也是承上启下的过渡阶段。只有在此阶段以减低危险、拯救生命为最高宗旨,在应急指挥中心的统一领导下,各工作小组互相配合,通过紧凑的控制流程、实施科学的应急行动,才能使伤害减轻,事态稳定,后续工作顺利进行。大学生伤害事故管理也才能真正落到实处。

第九章　大学生伤害事故的善后处理

大学生伤害事故是高校各类突发事件中相对比较难处理的，特别是学生死亡事故的善后处理，家长情绪激动，易发群体性事件，问题复杂难度大，如何处置，处理得好不好，直接影响学校的稳定。在大学生伤害事故发生后，如何及时、依法、妥善处理，遇到问题如何破解，这对高等学校管理者是一个考验。如何使事件在法律框架内平稳解决，总结经验教训，举一反三，对维护高校的安全稳定具有重大意义。本章从大学生伤害事故善后处理的理论分析、善后处理的工作要点、善后处理的法律救济等三方面展开研究分析，以期使大学生伤害事故善后处理更加科学、有效，更加人性化。

第一节　大学生伤害事故善后处理概述

对任何一个问题的探讨和研究，必须首先了解和掌握它的基本概念、基本特征和基本原则。本节着重剖析大学生伤害事故善后处理的概念、特性，以及基本原则，以便对大学生伤害事故善后处理开展深入研究提供帮助。

一、大学生伤害事故善后处理的概念及特征

大学生伤害事故善后处理是指大学生伤害事故发生后，各方责任主体对事件的起因、类型、所发生的法律关系、法律责任的承担进行解决的一系列程序的汇总。大学生伤害事故善后处理还具有如下几个特征：

(一)善后处理是各方主体共同努力的结果

大学生伤害事故发生之后，如果只靠某一方责任主体或某多方责任主体付出努力，或达成协议，都有可能达不到妥善的善后处理结局。也即，不管是行政机关、学校，还是受害者、施害者，如果其中任何一方对处理结果的不服，并提出争议，都称不上事故得到妥善处理，善后处理的结果将有可能宣告失

败。因此，一起事故的善后处理能否达到和谐公平的局面，其实是各方责任主体在一定时间之内共同努力，互相博弈，求同存异的过程。

(二)善后处理可能涉及伤害事故的全过程

显然，善后处理相关负责人要想在事故发生后能够及时妥善解决。首先，事故的善后处理，最迫切的任务无疑是尽可能地平衡各方责任主体的利益。在事故善后处理过程中，利益相关主体的利益和感受必须被考虑到。可见，大学生意外伤害事故的善后处理是一项复杂而艰巨的工程，我们要必须对事故起因、背景、环境、导火线等事故发生前的相关因素进行全面深入的了解，只有对这些前期因素进行分析，才能为事故处理提供更到位的帮助。其次，必须对事故发生后的一系列因素进行分析和解决，如事故处理相关负责人必须清楚事故发生的严重程度，必须感同身受受害者及其家属受伤害的程度，必须体会到各方责任主体对事故的不同理解，必须准确把握与事故相关的政策法律，必须把握谈判的技巧等等，只有这样才能确保事故及时有效地得以处理。最后，在各方责任主体的利益都得到平衡落实之后，事故处理的相关负责人还得对整个事故进行总结归纳，形成反馈报告，甚至有必要的话，还要通过相关媒体机构向社会公众通报，并从中吸取经验教训，从而达到事故善后处理的终结。由此可见，事故的善后处理相关负责人在善后处理过程中必须做到事无巨细、考虑全面、懂得技巧、敢于担当。

(三)善后处理要考虑各方主体的利益和感受

事故的善后处理，最迫切的任务无疑是尽可能地平衡各方责任主体的利益，确保受害者能够尽快地得到弥补和安抚，施害者和有过错主体都能够受到相应的惩罚。当然，还可能涉及第三方无过错主体出于公平理念和道义性质的利益补偿。这些利益之争，是善后处理各方责任主体争议的焦点，也是善后处理的难点所在。当然，各方责任主体的主观感受，特别是受害者及其家属的主观感受和心理慰藉，也是善后处理过程必须顾及的因素。受害主体的主观感受能够被安抚得到位往往对事故的善后处理能够起到事半功倍的效果，利益补偿的问题也就能够迎刃而解。所以，利益补偿和主观感受的安抚是事故善后处理过程中两个相辅相成、相互制约的因素。

在事故善后处理过程中，除了利益相关主体的利益和感受必须被考虑到之外，与利益不相关的社会公众的感受也要考虑到。这种情况主要存在于某些社会影响力比较大的大学生伤害事故中。一旦，碰到此类案件，事故善后处理相关负责人必须及时充分地向社会公众公开反馈事故的处理情况，以平息社会公众的各种不良情绪，确保将事故的社会负面效应降低到最低程度。

可见，大学生意外伤害事故的善后处理是一项复杂而艰巨的工程，我们要从高校这一责任主体来探讨善后处理的注意事项。

二、大学生伤害事故善后处理的原则

大学生伤害事故的善后处理归纳起来，主要有以下几个原则：

（一）及时迅速原则①

首先，这一原则有利于争取做到在大学生伤害事故发生后，迅速查明大学生伤害事故的原因、性质、严重程度，及时对事故进行处理，避免情况的恶化。其次，这一原则有利于有关主管部门迅速介入，以期在最短的时间将危害降到最低点，争取积极意义上的“大事化小，小事化了”。再次，这一原则有利于保证调查的真实性，对事故的定性也更加准确。特别是一些具有牵连性、继续发展性的事故，更需要及时的处理。最后，这也有利于各单位、各部门迅速反应、协同努力，尽快妥善解决，防止事故进一步发展和再次发生。反之，如果学校长时间对事故不予解决，就会促使受害人及其家属滋生对学校以至社会的不满，甚至铤而走险，做出极端的报复行为。

目前，这一原则已被许多高校积极地采纳，如许多大学都建立了校园110巡逻制及五分钟出警制，校医院紧急出诊、120紧急救治机制。

（二）如实报告原则

关于大学生伤害事故报告制度，相关教育规章作了明确规定。《学生伤害事故处理办法》（2010年修订）第16条规定：“发生学生意外伤害事故，情形严重的，学校应当及时向主管教育行政部门及有关部门报告；属于重大伤亡事故的，教育行政部门应当按照有关规定及时向同级人民政府和上一级教育行政部门报告。”在事故发生后，学校有关管理部门往往会出于各种各样的原因而对事故进行瞒报，这无疑会对事故的有效处理带来消极的阻碍。为了杜绝这种情况的发生，必须在发生瞒报、谎报的事件后，严肃追究有关领导和直接责任人的行政责任，对造成严重后果的，要依法追究有关人员的法律责任。同

① 吴红枝：《浅析学生伤害事故的认定和处理》，华中师范大学硕士学位论文，2006年。

时，如实报告原则不仅包括事故发生后的及时报告，还包括事故处理之后的报告。《学生伤害事故处理办法》(2010 年修订)第 22 条规定："事故处理结束，学校应当将事故处理结果书面报告主管的教育行政部门；重大伤亡事故的处理结果，学校主管的教育行政部门应当向同级人民政府和上一级教育行政部门报告。"在事故得到积极处理以后，高校应及时将事故的发生情况、原因、性质、处理情况、整改措施等，通过大学生伤害事故报告书的形式如实上报。这样做有利于教育行政部门对此类事故的备案，也有益于对事故的经验教训的总结，防止类似事故再次发生。

(三)合理合法原则

在大学生伤害事故的处理过程中必须以事实为依据，以法律为准绳。不能为了所谓的"息事宁人"，而不尊重法律和事实，也不能因为校方所处地位，而逃避责任，不履行法律规定的义务。《学生伤害事故处理办法》(2010 年修订)第 26 条明确规定："学校对学生伤害事故负有责任的，根据责任大小，适当予以经济赔偿，但不承担解决户口、住房、就业等与救助受伤害学生、赔偿相应经济损失无直接关系的其他事项。"这就意味着在分析事故性质、责任和赔偿额度的时候，要基于事实，要尊重法律，不得规避法律、违反法律，要在深入分析事故事实的基础上准确适用法律规范。并且，不仅要保证处理结果的合理合法性，还要注重处理过程中的程序的合理合法性。应对事故的协商过程的具体情况进行记录，协商成功后应制作调解协议书，载明当事人基本的情况、各方责任认定，赔偿方式、数额，约束力生效时间以及各方当事人的签字盖章。

(四)协商调解原则

受伤害学生与学校之间因学生伤害事故发生的争议，属于当事人双方法律地位完全平等的民事侵权争议。按照我国法律的规定，解决民事侵权争议的方式有三种，即协商、调解和诉讼。《学生伤害事故处理办法》(2010 年修订)第 18 条规定："发生学生伤害事故，学校与受伤害学生或者学生家长可以通过协商方式解决；双方自愿，可以书面请求主管教育行政部门进行调解。成年学生或者未成年学生的监护人也可以依法直接提起诉讼。"协商是争议当事方在自愿的基础上，按照有关法律、政策规定，直接进行磋商或谈判，互谅互让，达成解决争议的协议。这种解决争议方式的最大特点是没有第三人介入，完全依靠双方当事人自己解决，争议能否解决取决于当事人的意愿。协商是一种双方法律行为，协商成功达成协议实质上是一项合同，具有合同的效力，各方当事人应该遵守。受伤害学生与学校之间因事故赔偿发生的争议，当事人在自愿的基础上可以依法直接进行磋商，达成解决争议的协议。所谓调解是指大学生伤害事故当事人各方在第三人主持下，通过其劝说诱导，促使事故争议的当事人各方在自愿基础上互谅互让，达成协议解决争议的一种方法。调解按照调解主持人的身份不同，可分为民事调解、行政调解、仲裁调解和法院调解。其中行政调解是由行政机关（一般指教育行政机关）做调解人进行的调解，当事人因事故赔偿引起的争议，通过协商不能解决时，可以书面方式请求主管的教育行政部门进行调解。协商和调解都是在互谅互让的氛围中进行的，有利于增进争议双方彼此的了解，是一种解决争议的好办法。这样各当事人能互相谅解，达成和解协议，也有利于缓和各方当事人的矛盾和冲突，有利于节省司法资源，有利于维护学校的正常教学秩序。教育行政部门在双方当事人之间进行的调解对妥善处理事故起到了积极的作用。由于调解人是国家行政组织，具有较高的权威，当事人双方更容易接受其调解，这有利于避免矛盾激化，减少诉讼，消除双方的成见，及时有效地结束对事故的处理。但是，必须强调的是，教育行政调解和协商必须始终坚持自愿、公平、公正、客观的理念。必须保证调解和协商基于事故当事人的自愿，当事人真实意思的表示；调解和协商达成的协议内容必须反映事故各方当事人的真实意见，平等协商、互谅互让，不能显失公平，过分损害一方当事人的正当利益，任何一方都不能欺骗、威逼、强迫对方接受某一方的解决方案和条件；调解和协商的内容应当合法，调解和协商应该以书面形式进行；关于调解和协商的时限和程序法律有规定的，必须严格遵守法律的规定。

（五）责任追究原则

发生大学生伤害事故，应根据事故的原因追究相关责任人的责任。如果是学校负有责任且情节严重的，教育行政部门应当根据有关规定，对学校的直接负责的主管人员和其他直接责任人员，分别给予相应的行政处分；有关责任人的行为触犯刑律的，应当移送司法机关依法追究刑事责任。如果事故的原因是由于学校管理混乱，存在重大安全隐患的，主管的教育行政部门或者其他有关部门应当责令其限期整顿；对情节严重或者拒不改正的，应当依据法律法规的有关规定，给予相应的行政处罚。我国《刑法》第 138 条规定："明知校舍或教育教学设施有危险，而不采取措施或者不及时报告，致使发生重大伤亡事故的，对直接责任人员，处三年以下有期徒刑或者拘役；后果特别严重的，处三年以上七年以下有期徒刑。"我国《教育法》第 73 条规定："明知校舍或教育教学设施有危险，而不采取措施，造成人员伤亡或者重大财产损失的，对直接负责的主管人员和其他直接责任人员，依法追究刑事责任。”如果是教育行政部门未履行相应职责，对大学生伤害事故的发生负有责任的，由有关部门对直接负责的主管人员和其他直接责任人员分别给予相应的行政处分；有关责任人的行为触犯刑律的，应当移送司法机关依法追究刑事责任。对于违反学校纪律，对造成大学生伤害事故负有责任的学生，学校可以给予相应的处分；触犯刑律的，由司法机关依法追究刑事责任。而对于受伤害学生的监护人、亲属或者其他有关人员，在事故处理过程中无理取闹，扰乱学校正常教育教学秩序，或者侵犯学校、教师或者其他工作人员的合法权益的，学校应当报告公安机关依法处理；造成损失的，可以依法要求赔偿。只有在事故处理结束后，对事故的责任进行严格的追究，才是真正意义上的对事故的完整、完善的处理。因为只有这样，才能让有关责任人深刻意识到事故的严重性，责任的重要性，对别的相关责任人也起到提醒、警告的作用。[①] 如江西省推出大学生伤害事故处理的“四不放过”，即事故原因没有查清不放过，事故隐患没有得到有效整改不放过，有关责任人没有处理不放过，单位全体人员没有受到教育不放过。这些做法都值得借鉴。

第二节　大学生伤害事故善后处理要点

在对基本概念和特征了解的基础上，在基本原则的指导下，我们要注重对大学生伤害事故善后处理的关键要点进行梳理，总结经验。我们在对大学生意外伤害事故善后处理进行梳理的过程中，只能提炼出一些大部分大学生伤害事故善后处理过程中普遍涉及程序要点，并进行相应解析，这是我们对大学生伤害事故善后处理总结归纳的基本要求，也为大学生伤害事故善后处理提供的宝贵经验。同时，每一例事故的处理又有其各自的侧重点、难点和盲点，我们对每一例事故的处理又要注意其特殊性。

① 吕柳玲：《学生伤害事故中学校安全保障义务研究》，广西师范大学硕士学位论文，2009 年。

一、安抚受害，遏制矛盾扩大

大学生伤害事故发生后，要想得到妥善处理，并极力避免类似事件的发生，以及维护校园秩序和安抚学生及其家长的心情，必须统筹兼顾各方面信息、各主体的感受，尽可能地做到细致、认真。那么，细致和认真就体现在大学生伤害事故的处理过程中，要尽最大能力安抚受害者及受害者家属。当然，在安抚的过程中，处理人员考虑得越是全面，事故越能够得到较好的处理，也才能称得上妥善处理。大学生伤害事故的发生必然给受害者的家属造成很大的伤害，也会给学校等相关单位造成麻烦。在这种情况下，事故主体之间的矛盾很容易就被激化。矛盾被激化的导火索经常源于受害者情绪的泛化，而矛盾平息的"灭火器"恰是受害者情绪得到安抚。因此，能否全面考虑到各相关主体的利害关系，恰到好处地安抚受害者是大学生伤害事故妥善处理的保障。

二、及时反馈，确保信息畅通

及时反馈是指高校对于已经发生的伤害事故，应当及时进行人员救助、现场维持、及时报告(通知分管领导和家长)，不要提前或者延后。及时反馈是大学生伤害事故能否得到善后处理关键要素。伤害事故如果得不到及时处理，常常会造成更为严重的恶性后果。而及时反馈，则是及时处理的前提。在网络媒体时代的当今，伤害事故善后处理的及时反馈还体现在向社会公众的反馈。如果没有及时的反馈，网络媒体传播对事件结果的猜疑或负面评价，以及传播的速度和强度，经常会让伤害事故的处理处于被动地位，从而造成善后处理的失败。从学生家长的角度考虑，如果不能够及时知悉伤害事故处理的相关信息，在已经受到伤害后的心情上更是难以接受的。所以，及时反馈和处理大学生伤害事故不仅遏制住了伤害事故的延续，更是事故善后处理的重要前提。

三、依法办事，落实处理结果

大学生伤害事故发生后，相关法律主体都受到不同程度的伤害，特别是对学生和学生家长而言，伤害更是无法得到实际性的弥补。善后处理的结果，仅仅是一些补偿性的弥补。如果这些补偿性的弥补还得不到及时性落实，对受害当事人无疑将是进一步的伤害和打击。特别是对那些急需得到补偿的受害当事人而言，更是雪上加霜，社会负面影响性也将无法预估。对整个事故的处理，可能面临着前功尽弃的局面。因此，切实落实处理结果是大学生伤害事故善后处理的终结点。当然，落实过程中要严格依照现行法律规定的程序，依法处理，不能违背法律的规定。如果逾越法律规定的程序，可能会给某一个案件带来良好的效果，但是对其他的案件或者后面出现的大学生伤害事故形成一种负面的模仿效应。严格按照我国现行的法律规定，切实落实处理结果是保证伤害事件得以处理解决的强有力保证。

四、人文关怀，加强心理干预

人类的心理在受到创伤之后，需要一定时间的修复期。在修复期间，如果在善后处理的过程中重在心理受创伤后的疏导，主要是依靠专业的心理伤害事故处理后的沟通交流和总结归纳，使伤害事故善后处理能够得到正面合适的引导，那么对受害者来讲心理创伤将会更快修复。但是，如果得不到疏导干预，受害者的心理也将有可能越来越糟糕。所以，在事故善后处理过程中，相关负责人应该重视心理受创伤后的健康教育疏导，依靠专业的心理创伤沟通交流技巧，善于应用心理疏导和心理危机干预技巧。在当前高校发挥心理健康教育的疏导作用一般是从两方面来进行。一是加强大学生心理健康教育，努力提高大学生的心理素质，通过全面细致的心理健康教育工作，促进大学生身心健康的协调发展，促进其健康人格的塑造。二是建立心理辅导机制，帮助大学生学会疏导心理压力，避免造成心理危机暴发。“心理辅导机制主要包括三方面：一是专业的心理辅导咨询团体、机构面向群体或个体开展的专业辅导；二是党、团组织发挥组织优势开展的宣传、教育、慰问活动；三是动员学生群体（班级、社团）开展丰富多彩的文体娱乐或主题讨论活动，通过团体内成员相互支撑来分散、释放学生的心理压力。”①此外，还必须构建学校四级心理辅导机制，即重视学校心理咨询中心、学院心理咨询部、学生思想政治辅导员心理咨询服务、班级心理保健员的作用和功能发挥。开展心理健康咨询活动，特别是对特殊群体的心理疏导，增强个人的适应能力及提高面对生活压力及突发事故的承受力，使心理功能恢复，并获得新的应对技能，可以预防心理危机的发生。

在善后处理的过程中重在心理受创伤后的疏导，主要是依靠专业的心理辅导咨询团体，更有效率地解决受害者的心理创伤。当然，心理辅导的对象必

① 王民忠、石新明：《高校突发事件应急机制初探》，《思想教育研究》2005年第6期。

须包括受害者、受害者家属和周围受影响的学生。如果在事故善后处理过程中，能够细致考虑到心理辅导干预方面，善后处理的成功率将大大提高。

五、善于沟通，及时总结经验

伤害事故处理后的沟通交流和总结归纳，是伤害事故善后处理相关负责人终结所处理事故的最后一道程序。这道程序是事故善后处理的最关键程序之一，却往往是最容易被忽略或忽视的一道程序。其实，大学生伤害事故在我国高校，算不上稀有的事件。但是，碰到伤害事故，有的高校能够处理得既高效又轻松，而有的高校却处理得一团糟，其主要原因就在于是否对学生伤害事故的处理进行有效的沟通与总结。所谓的沟通就是信息的交流与传播，是信息从发送者到接收方，并为接收方所理解的传递过程，而且这个传递与接收是双向的过程，即双方都同时为信息的传递和接收方。在大学生伤害事故处理过程中的沟通方是多方面的，其中包括受害者、高校、受害者家属、行政机关、社会公众等。为实现有效的沟通，第一，要求明确信息的目的性，使用易懂的代码，拓宽传递渠道，考虑接收方的需要，及时传递和得到接收方的反馈。第二，从信息的传递方式来看，要鼓励多种传递方式的应用，如自上而下，自下而上和横向交叉的沟通。第三，要重视组织内与组织外的沟通。如学校要及时与学生家长、与社会媒体的沟通，与学生家长、社会媒体保持密切良好的联系。第四，重视使用多种载体传递，如口头传递、书面传递和非语言载体的传递，尤其是要重视电子媒介的沟通。在做好沟通交流的基础上，及时地总结归纳伤害事故的处理技巧，从中汲取宝贵的经验和教训，甚至可以形成书面的案例指导或伤害事故处理条例，不仅为伤害事故的发生提供处理的指导意见，也是大学生伤害事故事前预防、宣传教育的宝贵资料。

第三节　学生伤害事故善后的法律救济

大学生伤害事故善后处理的终结点即寻求相应的救济途径，落实相关责任的归责。无规矩不成方圆，尽管伤害事故的发生，可能带来一系列复杂的问题和矛盾，但最终解决这些问题和矛盾都必须是在我国现行的法律规定下进行责任的追究和归责。因此，我们有必要了解大学生伤害事故善后处理的相关法律机制。本节试图通过法律责任分析和解析救济途径两个方面，以便帮助我们更有效地掌握大学生伤害事故的善后处理技巧,从而真正使事故得以妥善处理。

一、大学生伤害事故善后处理的法律责任分析

(一)现行的法律规定

我国《教育法》第30条第3款规定:学校应当维护受教育者、教师及其他职工的合法权益。《学生伤害事故处理办法》(2010年修订)第8条规定:学生意外伤害事件的责任,应当根据相关当事人的行为与损害后果之间的因果关系依法确定。因学校、学生或者其他相关当事人的过错造成的学生意外伤害事件,相关当事人应当根据其行为过错程度的比例及其与损害后果之间的因果关系承担相应的责任。当事人的行为是损害后果发生的主要原因,应当承担主要责任;当事人的行为是损害后果发生的非主要原因,承担相应的责任。由此可见,学校对学生负有教育、管理和保护的职责,并且学校承担责任的归责原则为过错责任原则。

(二)法律责任主体的范围

在明确事故处理归责原则的基础上,根据引发高校学生伤害事故的原因,我们认为高校学生意外伤亡事故的责任承担分四种具体情形:高校承担责任、学生或未成年学生的监护人承担责任、第三人承担责任和混合型责任。

1. 高校承担责任

高校承担责任是指由于高校的过错而造成学生意外伤亡事故,即由学校承担赔偿责任。如学校的校舍、场地、公共设施,以及提供给学生使用的实验、教育教学和生活设施、设备等不符合国家标准,或有明显不安全因素而造成学生人身伤害;学校的安全保卫、消防、设施设备的管理等安全管理制度有明显疏漏或管理混乱,存在重大安全隐患,又未及时采取措施而造成的事故;学校向学生提供的药品、食品、饮用水等不符合国家或行业的有关标准、要求,造成学生人身伤害等。对这类事故,学校应依法承担法律责任。《学生意外伤亡事故处理办法》(2010年修订)第9条详细列举了学校应当承担责任的十余种情形,此不赘述。

2. 学生本人责任

受害学生本人承担责任是指由于学生本人的过错造成学生自己伤害的事

故，由受伤害学生本人或者其家长承担责任。高校已经履行其相应职责的，不承担法律责任；若高校没有履行自己的义务，则承担相应的责任。学生本人承担责任的情形主要有：学生本人违反法律法规的规定；违反社会公共行为准则、学校的规章制度或者纪律，实施按其年龄和认知能力应当知道具有危险的行为；学生本人行为具有危险性，学校、教师已经告诫、纠正，但学生不听劝阻、拒不改正的；学生本人或者其家长知道学生有特异体质，或者患有特定疾病，但未告知学校的；等等。由上述原因导致学生自己受到伤害，高校已经尽到教育管理责任，其受伤害的责任在学生自己，由受伤害学生本人或者其家长承担责任。

3. 第三人责任

第三人（包括在校其他大学生）侵权造成学生人身损害的，该行为人应当承担赔偿责任。高校已经履行其相应职责的，不承担法律责任；若高校没有履行自己的义务，则承担相应的责任。第三人承担责任，一般存在于侵权行为中。强调的是，法律责任的相对性和直接性，即第三人的行为是造成受害者受到伤害的直接原因，而且无其他责任主体存在过错。所以，在落实第三人承担责任时，往往法律纠纷的焦点相对比较单一，容易认定责任的承担者。但也存在困难的是，当第三人无法承担侵权责任时，就会给高校或相关的行政部门带来麻烦。特别是，当前大部分大学生都是独生子女，当他们受到伤害时，他们家属往往会失去理性地追究责任。这些因素都将构成第三人承担责任的阻碍因素。

4. 混合型责任

混合型责任是指由于多个当事人的共同过错而造成学生意外伤亡事故，即在实践中有的学生意外伤亡事故是由多种原因共同造成的。既有高校的原因，也有学生的原因，还有第三人的原因。这类事故应当根据相关当事人的行为过错比例及与损害后果之间的因果关系程度承担相应的责任。当事人的行为是损害后果发生的主要原因的，承担主要责任；当事人的行为是损害后果发生的非主要原因的，承担相应责任。例如，侵害学生的行为是由该校学生或校方以外的第三人造成的情况，则以该直接实施侵权行为的第三人承担赔偿责任为一般原则。但是，如果因为学校没有尽到职责范围内的安全注意义务，履行教育管理的义务不到位，给实施侵权行为的第三人造成可乘之机，或因学校的过错在客观上给侵权的第三人提供了条件和机会，致使第三人的侵权行为发生并产生损害后果，则学校应当承担相应的责任。

(三)若干种学生伤害事故的法律责任认定

高校在各种不同的学生伤害事故应承担的法律责任也不尽相同。[①] 我们对若干常见的意外伤亡事故进行具体分析:

1. 高校学生自杀自残导致的伤害事故

《学生伤害事故处理办法》(2010 年修订)第 12 条规定,因学生自杀、自伤而造成的大学生意外伤害事件,学校已履行了相应职责,行为并无不当的,无法律责任。但在此类纠纷中,学校是否已履行了相应的职责往往成为学校和家长争议的焦点。如何判断学校是否已履行了相应的职责,应从以下几个方面进行分析。

(1)从引发自杀的原因分析

根据自杀的诱因,可分为学生个人原因和与学校有关联的原因,在自杀引起的意外伤亡事故中也存在着与学校教育管理职责无关和与学校教育管理职责有关的意外伤亡事故两大类。与学校教育管理职责无关的事故主要指由于学生个人原因或其家庭原因引起的自杀,例如,有的大学生因失恋或父母离异而诱发其自杀。与学校教育管理有关的事故主要是指因学校教师教育管理的行为而引起的自杀,如学生因受教师的批评或学校的处分而诱发的自杀。对自杀原因的分析是处理此类事故所要考量的第一个因素。

(2)从自杀行为的过程分析

学生自杀从产生意念到实施自杀行为到自杀行为的最终完成存在着一个发展过程,在这个过程中学校有无及时发现并采取有效的制止措施是处理此类事故所要考量的第二个重要因素。自杀按心理因素可分为情绪性自杀和理智性自杀。情绪性自杀是由于爆发性情绪引起的自杀行为,进程比较迅速,甚至呈现出即时的冲动性或突然性,难以防范。理智性自杀是个人经过长期的判断和推理以后,逐渐萌发自杀的意向,并有目的、有计划地采取自杀措施的,往往存在某些预兆。对于那些思想情绪波动比较大甚至怀疑有自杀倾向的学生,学校有没有做好思想工作,是否及时通知其家长,并在必要时安排专人予以看护,是判断学校有无及时发现并采取有效措施的关键。

(3)从自杀行为的结果分析

不论学生在校内还是在校外自杀,学校知情后均负有及时救治义务。对

---

① 杨敏:《浅谈校园伤害事故中学校的责任承担》,《科教园地》2009 年第 8 期。

于发生在校内的该类事件，学校除应及时救治、保护现场外，还应报请公安机关认定。学生在自杀行为完成后，学校有无及时发现并进行紧急救治是处理此类事故所要考量的第三个重要因素。

因学生的自杀行为而引起的意外伤亡事故，应从以上三个方面加以综合分析后认定学校是否应承担民事责任。对于那些纯属学生个人或其家庭原因而引起的，事前并无明显的自杀预兆，事后学校也采取了及时、有效的措施的事故，学校因无过错而无须承担法律责任。对于那些因学校的教育管理行为所引起的学生自杀行为，则要区别对待：因学校教师或工作人员的错误行为或违法行为引起学生自杀的，要根据其过错程度承担相应的法律责任；因学生不能正确对待学校教师或工作人员正当的教育管理行为而意外地导致其自杀的，学校已履行了相应的谨慎注意义务，行为并无不当，不承担法律责任；因学校教师或工作人员正当的教育管理行为引起的学生自杀，但学生此前已有明显的自杀意念的表现，而学校未尽到谨慎注意义务导致自杀事件发生的，学校因其过错而承担相应法律责任。

2. 高校学生突发性疾病引发的伤害事故

此类案件的发生是学生的自身健康原因造成的，往往是学生有特异体质、特定疾病或者异常心理状态，学校不知道或者难以知道，一般情况下学校不承担法律责任。但在以下两种情况下学校应当承担相应的责任：一是学生有特异体质、特定疾病，不宜参加某种教育教学活动，学校知道或者应当知道，但未予以必要注意；二是学生在校期间突发疾病，学校发现，但未根据实际情况及时采取相应措施，导致不良后果加重的。现在很多大一新生在军训中出现意外，一般高校在入学时会进行学生身体情况的排查，如果没有发现问题，就已经尽到了注意义务。但很多情况下是家长有意隐瞒学生身体疾病，如果这种入学前的身体疾病与伤害事故有因果关系的话，那么过错就在家长一方，学校对此并无责任。

3. 因第三人的犯罪行为而造成的伤害事故

2015 年 6 月 25 日凌晨，北京某大学大二学生崔某，在实习医院宿舍内被同学安某杀害。小崔的父母以校方管理不当及防范措施不力为由，将北京某大学告上法院。要求该大学道歉并赔偿各项损失 43 万余元。2004 年 2 月，云南大学学生马加爵为琐事与同学积怨，即产生报复杀人的恶念，并经周密策划和准备，先后将 4 名同学残忍地杀害，将尸体藏在学生公寓的柜子里。马加爵“2·23 特大杀人案”被害者龚博的父亲表示，他们将起诉云南大学承担疏于管理的责任。

马加爵、安某杀人案均是由于第三人的犯罪行为而造成在校学生的意外伤亡，这属于个人的行为所造成的事故。对于该类事故，学校是否要承担法律责任，关键不在于事故发生的地点是否在学校，而在于按照“客观标准说”来判断学校对该事故的发生是否存在着过错，学校对犯罪分子和受害人的行为有无尽到谨慎注意的义务。如果学校已履行了法定的教育管理义务且无其他过错的情节，该事故的发生不属于学校应预见、应防范的范围，则学校不承担法律责任。如果学校以消极不作为的方式未履行其应尽的教育管理义务，则学校因其过错须承担相应的法律责任。

4. 高校学生在校外发生的伤害事故

这里的“校外”，根据《学生伤害事故处理办法》(2010 年修订)第 13 条的规定，可理解为以下四种情形：(1)在学生自行上学、放学、返校、离校途中；(2)在学生自行外出或者擅自离校期间；(3)在放学后、节假日或者假期等学校工作时间以外，学生自行滞留学校或者自行到校的；(4)其他在学校管理职责范围外的。在这四种情形下发生的造成学生意外伤亡后果的事故，学校行为并无不当的，不承担事故责任。

某高校曾发生过这样的案例，一名学生在失踪了一个月之后死亡，尸体被派出所发现后无人认领，最终确认是某校在校大学生。这起案例的焦点在于该名学生失踪将近一个月，学院辅导员却并不知情。该名学生失踪多日，而辅导员因为学生干部蒙蔽无法得知该生并不在校。这意味着辅导员在学生管理上存在着过失，得知学生在校情况的渠道并非单一的，在将近一个月的时间里面，该名辅导员是否通过走访宿舍、检查夜归制度、上课抽点等手段管理学生，如果确实做到，就能够及早发现问题。因此，该名辅导员存在着一定的职务过失，而此种职务过失行为应由所属的学校承担相应的法律责任。在本案中，校方和学生都存在一定的过错，相关当事人应当根据其行为过错程度的比例及其与损害后果之间的因果关系承担相应的责任。而因学校教师或者其他工作人员在履行职务中的故意或者重大过失造成的学生意外伤亡事故，学校予以赔偿后，可以向有关责任人员追偿。

(四)大学生伤害事故的责任追偿

按照《民法典》和《行政法》中的一般规定，单位在承担了由于工作人员故意或重大过失产生的赔偿义务之后，有向该责任人追偿的权利。要明确学生伤害事故的法律责任，就应当明确规定学校有行使追偿权的权利。因为，学生伤害事故的发生，有的是由于学校的教师及其他工作人员在执行学校职务的过程中因故意或者是重大过失的行为引起的，学校作为事业单位的法人，必须作为被告首先承担赔偿的法律责任。在承担了赔偿责任后，学校也应有权利向有故意或者过失的教师以及其他工作人员行使追偿权。[①]

首先，法律对于一切主体都是公平的。在保护学生利益的同时，高校的利益也应受到法律的保护。高校作为事业法人是一个独立的民事主体，它的民事责任是与高校的内部工作人员相分离的。当出现由于高校内部工作人员故意或者重大过失形成赔偿责任时，如果由高校来承担全部的责任显然是违背法律公平的原则的。此外，由高校承担全部责任还侵害了国家以及高校其他组成人员的利益，作为高校的出资者和其他组成人员，他们必然因为高校承担超额责任而损失合法利益。

其次，明确追偿权有利于提高和加强教师的责任心，使教师更好地进行依法教学。教师的责任不仅是按照教学的质量完成教学任务，更重要的是如何对学生加强管理，使学生的人身安全得到保障，身心健康得到健康发展。教师因自己的故意或者过失造成学生意外伤亡事故受到校方的追偿，必然会增强教师的社会责任感。

最后，保障了高校的合法利益以及增强了教师的社会责任感，必将进一步促进我国教育事业的发展，以压力促提高，从各方面完善我国的高校管理制度，提高高校中领导干部、教师、行政管理人员的工作水平。

对于高校学生伤害事故法律责任的探讨，目的是制度的完善和探索，规避各方风险，让这种谁都不愿意发生的事故少发生、不发生，或者一旦发生后，各方责任清晰明确，善后处理迅速妥善。这样不断地将各高校的制度统一化、规范化，最大限度地减少损害，最快速度地恢复秩序，进而促进我国教育事业蓬勃发展。

二、大学生伤害事故善后处理的救济途径

(一)大学生伤害事故善后处理的法律救济

所谓大学生伤害事故善后处理的法律救济途径，是指针对事故发生的处理通过我国现行法律规定范围内的法律救济途径解决事故相关法律主体间的

---

① 鲁峥:《试论学校事故处理的归责原则》,《湖北教育学院学报》2009 年第 3 期。

纠纷。

1. 调解

调解是一种和谐的、双赢的纠纷解决机制，相对于完全的法律程序更易于让当事人接受并且成本较低。自古以来，绝大多数的法律纠纷都是通过调解来解决的。学生伤害事故调解制度的法律依据是《学生伤害事故处理办法》中确定的教育行政部门对于事故纠纷的调解职能。但更进一步的规定如关于事故调解的负责机构、人员配备、工作原则、工作程序、调解结果的执行等都有待于相关工作制度予以明确。

在调解过程中，高校应当发扬人道主义精神。在有些学生伤害事故中，尽管从法律上来讲高校并无任何责任，但为了事情得到更和谐的解决，为了减少意外伤害事故给学生家庭带来的伤害，高校可以出于人道主义的考虑，承担超过法律规定的责任，更好地处理善后事宜。

2. 诉讼

诉讼是指在司法机关主持下，由伤害事故当事人及其他诉讼参与人参加下，依照法定的方式和程序，解决事故责任和损害赔偿分担的司法活动。

大学生伤害事故善后处理的过程中，可能触及行政诉讼和民事诉讼两大诉讼方式。不管是行政诉讼，还是民事诉讼，对事故善后处理的法律主体而言，都是需要付出相当成本的。比如时间成本、经济成本、法律资源成本等。而且，就算是经过诉讼之后，可能也达不到事故善后处理的预期本意。所以，在我国，诉讼制度往往是事情发生到不可遏制程度时的解决途径，所以对学生伤害事故的善后处理还是不希望诉讼的发生。

3. 仲裁

仲裁制度是指民事争议的双方当事人达成协议，自愿将争议提交选定的第三者根据一定程序规则和公正原则作出裁决，并有义务履行裁决的一种法律制度。仲裁通常为行业性的民间活动，是一种私行为，即私人裁判行为，而非国家裁判行为，它与和解、调解、诉讼并列为解决民事争议的方式。但仲裁依法受国家监督，国家通过法院对仲裁协议的效力、仲裁程序的制定以及仲裁裁决的执行和遇有当事人不自愿执行的情况时可按照审判地法律所规定的范围进行干预。因此，仲裁活动具有司法性，是中国司法制度的一个重要组成部分。

仲裁制度相对于诉讼制度来说，程序更简洁，所以高校学生伤害事故的处理过程中，如果没办法通过调解或协商处理的话，仲裁制度也经常采用。

(二)大学生伤害事故善后处理的补充性救济

所谓大学生伤害事故善后处理的补充性救济途径，是指针对事故善后处理过程中，为尽快解决事故纠纷，消除社会影响，平衡各方主体的利益，而依靠相关的社会制度、社会机构或法律规定来全面妥善处理大学生伤害事故的方法。主要包括以下几种：

1. 社会保险

目前在高校中普遍推广的学生平安保险(简称学平险)和学生医疗保险基本上覆盖了所有的学生，较好地起到了分散风险、救济受伤害学生的作用。但这些保险的项目还不够全面，保险理赔的范围也应该进一步扩大。可以考虑推出类似于海商领域的“一切险”制度的“学生综合保险”制度，在投保人数、理赔范围上进一步完善。当然这需要国家大量的财政支持以及分配给保险公司政策性的任务，我们认为，针对学生普遍开展的综合保险本身就不应该以营利为目的。鉴于在财政支持上的高要求，这种“学生综合保险”制度可以在经济较为发达的地区率先启动。目前，上海市的高校已经推广了“学生综合保险”制度，效果很好。

另外，除了针对自然人的险种之外，还应推广“学校责任保险”。“学校责任保险”是指以学校对在校学生将来可能发生的人身伤害依法应当承担的赔偿责任为保险标的的一种责任保险。《学生伤害事故处理办法》(2010 年修订)第 31 条规定：“学校有条件的，应当依据保险法的有关规定，参加学校责任保险。”从法律性质来看，高校责任保险既不属于传统的财产保险，也不属于人身保险，而是一种责任保险，依据我国《保险法》第 65 条第 4 款：“责任保险是指以被保险人对第三者依法应负的赔偿责任为保险标的的保险。”也就是说，是以高校在学生人身伤害事故中对学生或其家长等相关主体的民事赔偿责任作为保险标的，高校是投保人和被保险人。高校责任保险体现了一种替代责任，它与学生的意外伤害保险、医疗保险结合起来可以很好地起到转移风险、分散风险的作用。

2. 学校资助

《学生伤害事故处理办法》(2010 年修订)第 26 条规定在学生伤害事故中“学校无责任的，如果有条件，可以根据实际情况，本着自愿和可能的原则，对受伤害学生给予适当的帮助”。由此，在高校学生伤害事故中，学校若没有责任，高校可以根据公平责任原则，给予受伤害学生一定的经济资助。根据《高等学校财务制度》的规定，高校筹措资助资金的主要来源是学校的预算外收入和结余,但是国家将这些收入、支出和结余全部纳入预算,实行统一管理,不允许高校自行支配,因此,高校也就不能用其来支付受伤害学生的经济资助了。笔者认为,国家可以根据现实需要,适当修改高校财务制度,在高校教育事业支出项下的学生事务中增设"学生伤害补偿费用"条目,这样高校就可提取一定的资金用于受伤害学生的经济资助了。

3. 社会捐助

针对高校大多面临资金不足的情况,学校可以考虑通过吸纳社会捐助来对受伤害大学生进行补偿。国外对于高校通过吸纳社会捐助筹集资金,已经有了一套比较成熟的经验,我国可以借鉴国外经验,具体做好以下几个方面:首先,细化募捐目标。一所大学的募捐目标从总体上看很庞大,学校可以将大目标分解为各个中小目标,将各个中小目标分解到各个院系,做到各类目标层次分明,各院系任务一目了然,便于操作执行。其次,建立专门的募捐机构。高校设立专门的募捐机构负责捐款的筹集与管理,定期公布捐款的来源金额及支出明细,有助于规范社会捐助的管理。

4. 政府基金

《学生伤害事故处理办法》(2010 年修订)第 30 条规定:"县级以上人民政府教育行政部门或者学校举办者有条件的,可以通过设立学生伤害赔偿准备金等多种形式,依法筹措伤害赔偿金。"《高等教育法》第 60 条规定:"高等教育实行以举办者投入为主、受教育者合理分担培养成本、高等学校多种渠道筹措经费的机制。"由此,政府可以设立专项基金用于学生伤害事故的赔偿与补助。教育行政部门可以根据本地的经济发展情况和高校的经济状况,由同级人民政府为高校分别按年度和一定比例划拨专项资金,专门用于高校学生伤害事故中的赔偿与补助。

第十章　大学生伤害事故的传播管理

随着科技的进步和网络的普及，信息传播速度快速，在新媒体和网络信息时代，危机事件传播管理成为高等学校应对危机事件和突发事件的重要组成部分。研究危机传播管理策略，建立应对大学生伤害事故信息传播管理策略，形成预案，及时向社会发布大学生伤害事故处理信息，是大学生伤害事故管控的重要环节。本章研究危机信息传播管理理论、大学生伤害事故信息传播管理主要问题、大学生伤害事故信息传播管控有效对策。

第一节　大学生伤害事故传播管理的理论探索

大学生伤害事故的传播管理作为危机传播管理的一部分，实践也必须遵循传播管理的理论和要求。

一、传播、传播管理与大学生伤害事故的传播管理

现代汉语意义上的传播更多是从英文“communication”翻译过来的，在英语中这是个名词，原意中包含着“通讯、通知、信息、书信；传达、传授、传播、传染；交通、联络；共同、共享”等意思，但传播一词在汉语中古已有之，早在《北史·突厥传》中就有着“宜传播天下，咸使知闻”的表述，明代冯梦龙在其《东周列国志》第四十六回中出现“宫人颇闻其语，传播于外”之类的表述。相比起英文，“传播”一词在汉语中是一个联合结构的词，其中“播”多半是指“传播”，而“传”是具有“递、送、交、运、给、表达”等多种动态的意义。这就指明了“传播”是一种动态的行为，所以在汉语中常作为动词使用。本书中探讨的大学生伤害事故的“传播”与“传播管理”更多是从传播学角度出发，其构成要素也从传播学意义层面来进行分析。

传播管理是指在现有的传播环境以及条件下，如何通过合理的组织和配

置，提高传播效率，以达到所期望的传播效果。传播表现为传播者、传播渠道、受者之间的一系列传播关系。随着信息化时代的到来，网络技术的日益发展，传播管理越来越受到人们的重视。

大学生伤害事故的传播管理是指高校针对潜在或当前的伤害事故，整合各类媒体资源，对危机潜伏期、突发期、延续期、恢复期不同阶段的事故危机传播，采取相应的媒体策略积极应对伤害事故，保障校内外真实信息的通畅，实现对高校危机管理小组、校方成员、社会大众、校园媒体、大众媒体之间的校内、外信息传播的有效管理，达到校内组织传播管理和校外大众传播管理的双赢局面。有效的大学生伤害事故传播管理，是一项有计划、连续性的动态管理过程，事故的传播管理不仅包括事故出现后的传播管理，还应包括对潜在事故事前传播管理的内容。

二、大学生伤害事故传播的要素

大学生伤害事故传播的要素主要包括信源、信息、媒介、信宿、噪音、反馈六个元素。

一是信源。信源是事故信息的发出者，也可称为传者或传播者。信源可以是个人也可以是多个人的集成团体。大学生伤害事故传播中的信源最初往往来自校方成员，事故处置小组的高校新闻发言人是校方主要的信息发布者，随着传播范围的进一步扩大，社会大众也会加入信源的队伍。

二是信息。信息是指大学生伤害事故的所有相关内容，在大学生伤害事故传播管理中，校方通过媒体发布的一切内容都是信息。

三是媒介。媒介即信息传播的载体，它是信息的搬运者，也是将传播过程中的各种因素相互连接起来的纽带。在大学生伤害事故传播中，它包括大众传媒、人际传播系统、校园媒体。随着信息技术的发展，互联网、P2P等新的信息传播方式逐渐占据重要份额，使信息的传播具有高度的及时性和信息的海量性。

四是信宿。信宿是信息的接收者，也可称为受众或受传者。信宿不是绝对的被动接收信息，媒介与受众关系经历了“被动—主动—积极”的演变，信宿会把接收的信息迅速地传播给其他人，这时又扮演着信源的角色，大学生伤害事故传播过程中，校方成员和校外社会大众都是信宿，危机传播应该切合受众对危机信息的心理需求。

五是噪音。噪音不利于事故处置的信息、行为或人，大学生伤害事故传播过程中如果信息没有得到有效地管理而受到扭曲，则会转变成谣言，这是最常见的噪音。

六是反馈。反馈是受传者对信息的回应，在大学生伤害事故传播的过程中，反馈是一个重要的环节。在危机状态下，受传者往往通过反馈而主动参与事故传播，从而使得传播过程复杂并呈现动态循环，大学生伤害事故传播中反馈来自校方成员、校内外媒体信息、校外社会大众。

三、大学生伤害事故传播的阶段

美国学者斯蒂文·芬克(Stephen Fink)在1986年提出的危机传播阶段理论奠定了危机传播管理研究领域的基础。[①] 其基本理念主要包括：危机在不同的阶段具有不同的特征，因此，传播者要在了解这些特征的基础上，选择相应的传播手段，才能达到传播效果的最大化。斯蒂文·芬克提出了四阶段"生命周期"模型，该模型最早出现在其论文集《危机管理：为不可避免的灾难做筹划》，他借用医学上的术语把危机分为潜伏期、爆发期、延续期、痊愈期和评估期。

借鉴斯蒂文·芬克的四阶段模式，我们也可以将大学生伤害事故划分为潜伏期、突发期、延续期、恢复期四个阶段，与之相对应，事故传播自然也划分为四个阶段。

1. 事故潜伏期：大学生伤害事故诱因长期积累，一旦累积到一定的程度就容易将危机引爆，在这一时期，事故最容易得到处理和防范，但是因为危机具有潜在性，没有明显的特征而不容易为人识别。

2. 事故突发期：潜在危机没有得到有效控制，影响范围迅速地扩大、影响程度和影响后果进一步加重，伤害事故真正爆发，并会引发师生员工、大众媒体、社会大众的广泛关注，甚至可能形成不良的社会影响和负面的高校形象。

3. 事故延续期：突发的伤害事故得到基本控制，但是师生员工、大众媒体、社会大众还在持续关注，所引发的负面效应还在延续，事故没有得到彻底解决。

4. 事故恢复期：突发的伤害事故基本得到解决，对所造成的各方面的不良影响进行弥补和修复，这一阶段的工作仍然不能怠慢，一旦轻视则可能引发

---

① 薛澜、张强、钟开斌：《危机管理：转型期中国面临的挑战》，清华大学出版社2003年版，第56页。

第二轮的危机。

四、大学生伤害事故传播的模式

传播模式是一种既直观又简化地再现人类传播活动的理论描述方式，用模式化的形式来体现传播过程，将传播过程中各要素及其相关文字和图像抽象为一种模式。大学生伤害事故的传播模式描述有助于更形象地表现大学生伤害事故的传播过程，为建构大学生伤害事故传播管理的媒体策略提供参考。

传播模式在历史的发展中经历了直线模式、循环互动模式、系统模式的演变。直线模式以拉斯韦尔的“5w”模式、香农 & 韦弗的“数学模式”、R. 布雷多克的“7w 模式”为代表。在这一模式中，信息从传者经由传播载体向受者线性、单向传播，受者被动接受信息而不具备主观能动性，传播效果取决于信息的传递量，该模式忽视了反馈和社会对传播过程的制约。

与之不同，德弗勒的“双向环形模式”变单向直线为双向循环，引入“反馈”机制，受者并非完全被动地接收信息，而是具有一定的能动性，更客观、准确地反映了现实的传播过程，但忽视了个体差异，将传者和受者视为等同的个体。

此外，系统模式以赖利夫妇的“系统模式”(社会学角度)、马莱兹克的“系统模式”(社会心理学角度)为代表。该模式勾画了各个要素之间的复杂互动关系，将传播过程放入社会系统大背景中进行研究，是对传播活动的宏观社会效果加以分析。

在大学生伤害事故传播模式中，受众与媒介关系突破了直线模式的局限，作为受众的校方成员和社会大众不是被动接受信息而是表现出主观能动性，并积极提供反馈信息。在这一点上，大学生伤害事故传播模式具备了循环互动模式的特点。同时，大学生伤害事故传播不仅需要对内传播信息，还需要面向校外传递信息，因而必须考虑社会大环境对高校危机传播的影响，需要融入和借鉴系统模式的观点。基于上述分析，大学生伤害事故传播的模式同时具有德弗勒的“双向环行模式”特征。此外，突发事件信息传播的渠道可以分为正式渠道和非正式渠道，两者有着不同的传播主体和传播媒介。①

---

① 景琦、李尧远：《突发事件信息传播的渠道、过程与舆情管理》，《西安电子科技大学学报》(社会科学版)2015 年第 6 期。

第二节　大学生伤害事故传播管理存在的问题

从近些年来发生的大学生伤害事故的类型来看，以嬉闹伤亡（包括酗酒、斗殴）、活动伤亡（主要是体育运动）、交通伤亡等为主，从相关高校大学生伤害事故的传播的现状来看，公众对于事故的参与意识以及关注意识十分强烈，因此，在事件发生后，正确引导舆论对事件的处理至关重要，如果高校没有转变思维，一味地掩盖和隐瞒真相并且拒绝和媒体沟通，反而会使媒体对事故进行炒作，不实报道将会把高校推到舆论的风口浪尖上。在此情况下，查找当前高校在大学生伤害事故传播管理中所存在的问题是寻求对策的重要前提。

一、大学生伤害事故潜伏期传播管理的主要问题

（一）高校尚未形成正确传播观念

媒体对大学生伤害事故的报道，尤其是一些负面消息报道，会引起社会多方面的反应，甚至影响社会稳定。因此，相关高校往往要慎重对待伤害事故的报道，能捂就捂，能压就压，能不报道就不报道。这种观念根深蒂固，种种严控措施相沿成习。但事物具有两面性。学生伤害事故虽然会有一定程度的消极影响，同时也会提高人们对事故的警戒性。由此看来，关键问题不是告知与不告知，而是如何向公众告知的方法问题。对于大学生伤害事故，只有及时、客观、真实向公众公开才能开发其对社会发展的积极作用。因此，高校应当追求一种积极的稳定观，而不是以稳定的名义，封锁对学生伤害事故信息的报道。

（二）高校还没建立舆情管理机构

从我国高校现有的危机管理体系来看，还普遍缺乏舆情信息管理的专门机构和人员，现有的舆情信息管理基本依托于校办、宣传部、学生处、保卫处、医院、网络办等各相关职能部门，高校整体舆情信息管理缺少有效资源整合，信息管理各自为政，条块分割明显，信息管理、协调和规划等职能不明确，管理体系不健全。此外，信息机构人员数量不足，缺少专业的舆情信息管理人才，信息搜集能力和信息处理能力相对较弱。这些情况使高校在舆情信息的搜集、预测、预警、传递、反馈等管理过程中，存在着组织人员不到位，控制行为不

规范，责任分工不清楚，设备手段不健全，资金落实不到位等大量问题。

(三)高校传播管理能力有待提升

高校传播管理的执行能力不强，主要表现在：一是内部综合协调不够，缺乏大学生伤害事故管理统一协调、指挥的组织或工作委员会，难以通过特定平台快速、准确地与全体师生或事件当事人进行直接沟通、反馈和联动；二是主体参与力量不够，缺乏与外部的联系、合作，尚未形成地方政府、教育部门、新闻媒体、邻近社区、学生家长等相关方的联动机制；三是应对方式方法不够，事件来临时容易贻误时机，不能有效遏制危机事件的发生。

二、大学生伤害事故突发期和延续期传播管理的主要问题

(一)高校信息披露滞后导致权威信源出现真空

由于高校管理人员主观上对危机认识不够，错误的认识必然导致错误的行动并酿成严重的后果。一是盲目乐观，认为单纯的伤害事故不会爆发大危机，即使爆发了也能够在不影响大局的情况下得以解决；二是鸵鸟政策，明知危机随时有爆发的可能，却自欺欺人地宣传天下太平，在危机爆发时刻意隐瞒情况，推卸责任；三是侥幸心理，知道危机有可能爆发，但认为由伤害事故引发危机的概率较低，对危机视而不见。

1. 隐情不报“失语”

面对大学生意外伤害事故，高校的首要职责是尽快披露真实信息。但鉴于以往的观念，高校为维护稳定，担心因危机的牵连性引发连锁反应，导致事故处置成本大幅提升，往往认为在真相没有调查清楚之前，不应该随便发布与此相关的任何信息；或担心社会公众心理承受能力弱，怕媒体报道后添乱，不利于事故的处置；或担心说了真话就表示承认自己工作中有过失，会引起公众的质询而不敢说真话，不敢公布事件真相，认为与其发布消息引起恐慌，不如先封锁消息，等到事故妥善处理后再告知公众相关信息。因此，片面理解下的“稳定压倒一切”目标，导致许多高校不愿意及时公布有关学生伤害事故的信息。但是，随着信息渠道与传播方式日益多样化、迅捷化，这种传统处理方式已捉襟见肘，不能适应现实情况变化。隐瞒尽管在短期内可能取得一点好处，可从长远来看是得不偿失的，往往会使高校失去社会诚信和危机处置战机。

由于担心事故信息公开会影响高校形象和社会稳定而隐瞒消息，自身不仅没及时做好“说”的工作，不愿主动向媒体和公众发布消息、传播信息，告诉

发生了什么和学校正在做什么，不能满足公众愿望，高校的权威信源出现“真空”，给不良信息扩散和混淆视听遗留了空间，公众就会通过其他渠道来获取感兴趣且急需知道的信息，甚至宁愿相信各种流言，结果在危机信息被披露后引起轩然大波和公众不满。对危机事故隐瞒不报，不仅违背信息传播规律，也意味着高校主动放弃公众、放弃舆论引导权，导致“贩灾效应”。公众迫切想知道事故信息，学校也有信息发布的权威性。对于公共危机越是怕影响不好、越是想隐瞒，越会适得其反、欲盖弥彰，越是不公开，反而越会惹人怀疑，招来炒作，引得“多龙嬉水”，舆论哗然。如果高校不在第一时间发布信息，就是给公众以无限想象空间，给谣言以无限扩散空间，给媒体以无限炒作空间，等到非主流媒体和网络率先发布、竞相炒作生事时，高校再花费高昂代价去解释、澄清、辟谣，去“后发制人”，当然是亡羊补牢。

2. 沟通不畅“失声”

学生伤害事故发生后，媒体的关注当然无可非议，因为媒体对于这种具有反常性、偶然性事件的热衷是符合新闻规律和报道诉求的。可以肯定地说，倘若没有媒体积极关注和参与，公共危机就难以有和谐圆满的多赢结局。在强大舆论压力面前，高校深知媒体影响力不容忽视。但是在具体事务处理中，由于传统思维的长期影响，很多高校管理人员没把应对媒体作为必不可少的工作环节，这种不与媒体合作、对采访设置重重障碍、进行消息封锁的不明智之举，让不实信息获得了流传空间。一些高校由于在危机刚发生时没有及时通报信息、信息发布的口径不一致甚至与了解到的事实有出入，事故处理中又不畅通采访渠道，不支持、不配合媒体采访，最后导致虽然公布的是真实信息仍然引起媒体和社会的怀疑，失去舆论引导的主动权，在公众和媒体的批评声中陷入被动、掣肘的局面。

3. 披露迟缓“失信”

高校对大学生伤害事故信息披露处置过于谨慎，进行信息控制的片面“托词”和堂皇“理由”无非三条：一是事故的来龙去脉还不清楚，待事件由来脉络清晰后再发布信息；二是担心公众获取信息后不能正确认识理解会产生不必要的惊慌，引起社会秩序混乱；三是有关信息披露会引起人们普遍关注管理的缺陷和漏洞，会对高校的形象产生负面影响。由此造成的后果是直接导致信息的“不可信”。

(二)网络缺乏把关机制导致信息管理危机加剧

1. 信息放大误导

突飞猛进的互联网技术,博客、微博、网络社区等虚拟空间对社会的影响日益扩大。"互联网已成为思想文化信息的集散地和社会舆论的放大器",网络以多媒体并存、海量信息、传播迅捷、即时交互、搜索方便等无可比拟的独特优势对社会生活进行全面渗透,正深刻影响和改变着人们工作生活方式。网络又是把双刃剑,既以"重媒体"形式带来发展机遇,又无法回避因"自媒体"形式缺乏把关放大负面冲击而提出严峻挑战。

危机传播"混沌理论"指出,随着时间的推移,危机信息通过"递增回馈效应"会被媒介不断放大,甚至产生杂音和扭曲,以至于谣言四起、小道消息乱飞。公共危机虽有某些共性和规律可循,但具体到每次危机事件,实际情况会变得复杂且瞬息多变,这给处置工作造成诸多困难,也难以保证处置过程中不出现任何失误。对大学生伤害事故处置过程中的困难和偏差,网络媒体往往趋之若鹜,不是抱着善意的、促进问题解决的态度开展舆论监督,而是带着"放大镜"看问题,大肆渲染失误与过错,津津乐道地肆意制造、放大或歪曲消极信息并妄加评论,势必误导公众,扩大事件负面影响,危害高校形象,造成恶劣的社会影响,使危机传播应对雪上加霜。

2. 恶意炒作生非

大学生伤害事故发生后,高校考虑到事件的复杂性,往往迟迟不愿向社会正式发布消息,并向各媒体打招呼不作报道,各类消息首先从网络发布,进而引发各个媒体对事故的热衷报道和跟风炒作,使事件成为大众关注的焦点,不少媒体认为发生学生伤害事故都应由高校承担责任,给高校形象带来严重的负面影响。此外,误导不知内情的公众,极大地影响公众对事故的认知和评价,给高校的处置工作带来了巨大的压力,不利于事故的妥善处置。

(三)媒体沟通不畅影响信息正面传播

媒体作为一种重要的社会力量,在大学生伤害事故信息的传播中发挥着不可替代的作用。媒体及时、准确、客观地公布信息,对于满足公众的信息需求和引导公众正确的行动具有重要作用。但有的媒体履行社会责任的同时,也在获取利润,不断地走向商业化甚至低俗化。有的媒体为了追求轰动效应,在事故中缺乏客观冷静和全局考虑,严重夸大和失实报道,反而进一步激化矛盾,给大学生伤害事故的处理带来阻力。因此,伤害事件发生后,学校不愿面对媒体，甚至害怕面对媒体，导致高校在大学生伤害事故传播管理中不能充分发挥媒体的正面信息传播功能。

三、大学生伤害事故恢复期传播管理的主要问题

在大学生伤害事故恢复期，很多危机传播管理者通常会认为，事故已经基本得到平息，恢复期的善后往往被忽视，不注重这一时期的传播管理。然而，恢复期的事故善后还是有相当多的工作需要做的，比如总结事故处置中的经验、有组织地对师生进行局部或全面的心理辅导、加强与媒体的沟通、改善学生形象等，通过不断地加强传播管理，防止次生性危机的发生。此外，进一步根据事件发生过程中反馈回来的信息，及时建立和完善相应的制度，着力做好各项准备工作，确保再次发生事故时能高效合理应对。

第三节　大学生伤害事故传播管理的对策措施

在全面依法治国的背景下，有必要理性反思高校学生伤害事故处置过程中存在的问题，进一步厘清高校管理过程中的权责关系，完善高校管理制度体系建设和权责保障机制的法律路径，以形成制度化的依法治校法规体系，化解高校可能存在的冲突矛盾。[①] 在通信高度发达的今天，信息传播的渠道和方式发生了根本变革，网络给人们提供广阔的言论空间，受众会主动借助媒体发布新闻甚至谣言。为避免此类被动局面，高校应进一步重视信息传播的力量，加强对大学生伤害事故的传播管理。

一、事故潜伏期的传播管理策略

大学生伤害事故潜伏期的传播管理是危机管理的重要环节，能够在事故发生前洞悉危机的前兆，营造良好的舆论氛围。所谓磨刀不误砍柴工，做好事故潜伏期的传播工作不仅能够减轻危机，促进事件的稳妥解决，还能提升事件的可信度、师生的信心和高校的信誉。

---

①　杨茜茜、金荣婧：《依法治校视域下高校学生伤害事故的理性反思》，《高教探索》2019 年第 6 期。

(一)加强安全传播管理意识教育

高校的安全与传播管理意识教育要围绕普及危机知识、强化安全意识、提高防控能力开展宣传教育工作。在内容上注重大学生伤害事故的法律法规、基础知识、常见问题、热点难点、发展趋势等教育,做到针对性强;在形式上注重校报、广播、网络、手机短信、宣传手册等多种宣传媒介并举,课堂教育与课外教育、文字与图形、视频与实物等有机结合,做到时效性强;在方式上注重讲解、展示、演示与互动相结合,创新危机事件处理制度与方法,鼓励、启发受众积极配合,做到参与性强;在手段上注重心理疏导与强制措施相结合,教育师生积极学习和掌握危机处理的技巧,做到实用性强,让师生逐渐养成良好的安全意识与传播管理意识,使其在大学生伤害事故发生时能主动发挥传播的正面功能。

(二)健全事故传播管理组织体系

高校应组建职能明确、组织健全、运行灵活的传播管理团队。由校领导、相关传播部门负责人、有关专家共同组成,负责大学生伤害事故的监测、预警、处置工作及启动应急系统程序等。传播管理团队应在自身建设的基础上,查找高校传播管理内部薄弱环节,从根本上减少甚至消除危机发生后的负面信息传播,建立健全信息搜集的网络管理系统,对潜在的危机形态进行研究、分析、归类和风险评估,针对不同的危机类型制订相应的预防对策和工作方案;在危机发生时做好组织与协调工作,合理配置相关资源,及时上报、发布权威的危机发生、危害、重建等信息,发挥传播管理处理、协调、指挥的重要作用。

(三)做好事故信息的监测与识别

高校对伤害事故爆发前出现的各种征兆应当高度重视和谨慎,一旦出现征兆,应迅速做出反应,通过各种渠道获得信息、整合信息、分析信息,以便根据现有信息进行识别或判断。可以直接从学生那里获得,可以通过与学生家长的联系,彼此交流所掌握的信息,及时把握学生的心理动态,也可以通过社会上新近出现的事物和问题,结合高校的环境、对学生的影响以及学生的反应来获得宝贵资料,还可以从政府官方资料、从已有的研究成果、相关决策者的回忆录了解必要的信息。获得比较全面的信息后,就要对这些信息进行识别,如对征兆的风险、可能的发展趋势等结合周围环境的因素进行认真分析,并及时在高校内部进行必要的沟通。在大学生伤害事故传播团队内部,要进行信息和口径的协调工作,确保危机期间用一个声音说话。总之,在事故危机的潜伏期，既不要对事故可能带来的风险轻描淡写，也不能过分夸大，引发不必要的恐慌情绪。

二、事故突发期与延续期的传播管理策略

事故突发期与延续期，校园内外对事件发生高度关注，是信息传播最为活跃的时期，也是传播管理的关键环节。校园主流媒体应及时准确地向公众传递事件的信息，新闻发言人要用事实说话，建立高校与公众良好的互动与信任关系，同时高校应根据反馈信息制定相应策略，牢牢掌握信息传播的主动权。

（一）及时全面收集信息，尽快弄清事故真相

在大学生伤害事故爆发前的预防阶段，危机还只是一个虚拟的概念，而一旦学生伤害事故爆发，就成为现实事件。此时，关于事故的舆情信息有不确定性、不稳定性、泛滥性等特点，因此，还需要对伤害事故经过和动态进行全方位的信息收集，掌握具体的地点、危害程度、扩散状况、所需资源等，尽快掌握整个事故处理的舆情动态。及时充分的信息采集，有助于快速弄清事故真相，同时，更要随时收集事故处理进程中的各类新信息，可帮助高校对学生伤害事故做出有效的决策和制订行动计划。①

（二）发挥校园媒体作用，凝聚人心共渡难关

妥善处理学生伤害事故，必须正确理解其中的情、理、法，尽量使三者协调一致。② 当大学生伤害事故发生后，高校应发挥校园媒体在校内主渠道的喉舌作用，运用校园网、闭路电视、校园广播、校报、校园宣传栏和板报等校内媒体手段，在第一时间完整、适时、准确地公布师生欲知、应知、须知的信息，要准确地宣传学校处理危机的主张和措施，及时地报道伤害事故的进程，以及师生们应当采取的正确行动等信息，争取广大师生的理解和支持，增强广大师生应对突发事件的信心，引导师生的思想和认识，以疏导民意，引导舆论。

（三）把握信息传播的特点，确保做到有的放矢

在大学生伤害事故处置的过程中，事故信息的传播往往有以下特点：一方面，当高校对学生伤害事故不负有法律责任之时，受伤害学生家长一般不会传播有关事故信息。另一方面，当高校对学生伤害事故负有法律责任之时，一些

---

① 唐钧：《建构全面整合的政府公共危机信息管理系统》，《信息化建设》2004 年第 10 期。

② 孟俊红：《学生伤害事故处理中的情、理、法》，《教学与管理》2019 年第 13 期。

受伤害学生家长往往恶意炒作有关事故情况，故意歪曲夸大事实，利用媒体、网络等传播学校负面信息，妄图给学校施加压力，以求在与学校谈判过程中占据优势。实际上，学校在90%的学生伤害案件中都承担责任，且承担主要责任和全部责任的情形居多。[①] 一般大学生伤害事故发生后，受伤害学生家长会给学校施加压力，会理性考虑自身的切身利益。从立法的角度可见一斑，形式上的立法多元参与和实质上的利益平衡，成为学生伤害事故立法的两个基本特点。[②] 高校要把握事故信息传播的特点，针对不同的特点采取有效的应对措施，加强事故信息传播的管理，妥善处理学生伤害事故。

（四）做好事故处置中的沟通，努力维护学校正面形象

大学生伤害事故处置中的沟通包括校内的沟通和校外的沟通。校内沟通是危机信息管理的基础，通过加强内部的沟通，充分尊重师生的知情权，使师生员工尽快和全面了解事故状况，激发师生员工对学校处境的认同并增强责任感，有效避免谣言从内部向外传播，保障师生员工以积极的态度安心本职工作。可以采取员工大会与部门会议、简报和公告牌、内部刊物、电视电话会议、网络等形式。校外沟通包括与政府部门的信息沟通、与家长的沟通、与媒体的信息沟通等。一是与政府部门的信息沟通。大学生伤害事故发生后，学校应及时将相关信息报送上级主管部门和地方政府相关主管部门，加强多方信息沟通，积极争取地方政府的支持，运用政府部门的多方资源优势，协同处理危机事件。二是与家长的沟通。学校应向学生家长提供准确透明的事故信息，要让他们知道学校能够做到公平的处理事故，使他们在关键时刻继续给予支持。三是与媒体的沟通。学校应当诚实地、积极地、有计划地跟媒体进行信息沟通，通过公众媒体的正面信息传播功能，有针对性地发布信息，澄清事实，制止不良传闻以正视听，维护学校形象和稳定。[③]

（五）加强网络舆情监测管理，做好网络舆情引导

总体而言，高校在应对事故引发的舆情危机时，务必要正视问题、顺势而

---

① 方芳、陈涛：《学生伤害事故责任认定及风险防范——基于2017年510例司法诉讼案件的实证研究》，《复旦教育论坛》2018年第6期。

② 申素平、周航：《我国学生伤害事故处理立法的回顾与展望》，《全球教育展望》2018年第12期。

③ 汪传雷、鲁成松、李丽明：《企业危机信息管理探讨》，《冶金信息导刊》2006年第1期。

为、因势利导，牢牢把握正确舆论导向，健全校园舆情疏导机制，重视舆情对话的内容设计，做到动之以情、晓之以理、明之以法、帮之以需。[①] 高校应及时公布学生伤害事故的事实真相，并及时给出权威性解释，防止各种流言、谣言或妄言占领网络舆论阵地，甚至向网络审判、网络暴力演变。高校应把从各个方面获取的零散、孤立的网络信息分门别类，提取有用信息进行加工处理，将原始信息变成便于观察、分析、传输的形式。在对网络舆情进行科学处理的基础上，分类别、分对象、分轻重缓急进行有组织、有系统的反馈，防止个体不良情绪发展为群体不良情绪甚至演变为不可控事件。同时，在微博、微信等新媒体主导互联网舆论生成的背景下，高校突发事件网络舆情呈现新变化。而对网络舆情及时反馈，可以防止网络自由被一些人滥用，甚至不负责任地发布"网络通缉令"，有效推动网络表达远离暴力，进一步净化网络环境。因此，高校还要根据传播模式注重"声誉管理"、构建监控体系、及时干预处置，从而最大程度上预防或减少突发事件网络舆情对高校及社会带来的影响。[②]

三、事故恢复期的传播管理策略

随着时间的推移，伤害事故不再是公众关注的焦点，也不是新闻媒体报道的热点，危机进入了恢复期。但是并非所有的人都能够清醒、系统地认识危机本身并从中吸取经验教训，高校要运用媒体帮助公众反思危机，展开教育、普及报道，完善人们对危机的认识结构，以避免伤害事故发生或在事故发生时能够采取有效措施，防止悲剧的再次重演。

（一）发布伤害事故总结信息，消除事故影响

在大学生伤害事故结束后的一段时期内，运用校园媒体及时通报本阶段学校恢复工作的进展情况，不定期向公众报告事件遗留问题的处理情况，包括受害者接受治疗后的康复状况、学校对赔偿问题的落实情况、涉及法律责任的诉讼问题、学校师生对事件造成影响的反应情况等。运用校园媒体发布危机的总结教育等信息，如校报、校园网可以刊登对已发生的伤害事故所折射出的问题进行反思和深度剖析的文章，校园网发布事故产生原因、特点、如何防范

---

① 王磊、李进付：《高校学生伤害事故引发的舆情危机研判及疏导研究》，《思想教育研究》2016 年第 5 期。

② 毛宇锋：《新媒体背景下高校突发事件网络舆情传播模式及应对》，《江苏高教》2020 年第 6 期。

和应对伤害事故的信息，以提高学生应对事故的能力。就伤害事故处理过程中出现的各种问题，向师生做出诚恳的解释，或作出相应的承诺、表达诚挚的歉意和希望，以此次事件为契机改进和完善整个学校危机传播体系，以重建学校的形象和声誉。

(二)发挥"舆论领袖"作用，引导公众理性反思

舆论领袖(Opinion Leader)，也被称为意见领袖，是人群中首先或较多接触信息的人，他在社交场合较为活跃，通晓特定问题并乐于接受和传播这方面信息。舆论领袖往往是社会中有影响的人士，代表着群体价值观念，因而作为大众传播的补充，多级传播的人际影响可以稳定、强化受众的态度。传播者自身的某些属性对扩散的有效程度产生影响，有较高信誉度的传播者在舆论扩散过程中更容易达到目标。

在大学生伤害事故处理过程中，有这样一些能起主导作用和关键作用的核心人物。舆论领袖以其影响力传达的信息、意见和判断可以令受众接受、信服，并能够对比较具体和专业的问题给予科学、准确、权威的解答。因此，高校在危机传播过程中应充分发挥舆论领袖的作用，引导高校传播管理者和公众对事故本身进行梳理和理性反思，这其中包括对师生员工和伤害事故的受害者进行的心理疏导。通过舆论领袖的分析、引导达到化解、舒缓矛盾的目的，随后大众传媒进一步跟进报道，引导公众回归视听，最终使危机影响逐渐消失。

(三)着力开展媒体公关活动，努力重塑高校形象

传媒是社会发展和变革的重要力量，能够对国家生活、社会舆论和受众情绪产生重要影响。在我国社会发展的常态下，大众传媒既是党的宣传工具，又是政府、社会组织(包括高校)等与公众双向沟通的渠道，还担负着对政府、社会组织进行舆论监督的社会职能。与常态相比，危机时期的大众传媒更应成为及时向公众传递高校危机相关信息的主渠道，帮助公众对正在发生的危机事件形成全面而深刻的了解。危机传播的基本要求是及时、客观、公正地向内外公众通报有关情况，满足公众的知情权。高校的媒体公关是危机公关的一种，与指高校主动、积极地与大众传媒建立良好合作关系，长期的、有意识、有组织、有计划地通过传播、沟通等手段影响社会公众，赢得公众对高校的理解、支持、鼓励与合作，塑造高校良好形象。因此，高校进行危机公关要争取大众传媒的配合与支持，通过媒体对事故信息的有效传播，化解和消除诱发伤害事

故的各种潜在的矛盾与冲突，共同维护高校及社会的稳定。

（四）加强传播管理评估，不断完善工作机制

在事故的恢复总结阶段，学校还应进行传播管理工作的评估和完善，总结学生伤害事故处置过程中的经验教训，存入信息资源库，为以后的传播管理做好准备，提高管理效率。重点涉及传播管理的三个方面：一是事故信息预警系统的评估。包括信息搜集的准确性和全面性，信息处理方法的正确程度，信息资源库存储信息的全面性及其存在的问题和对策，信息传递准确性和及时性及其出现的问题和解决途径，信息技术的更新周期等。二是事故信息管理实务的评估。包括内部沟通和外部沟通的顺畅程度及其对事故处置的影响，信息沟通过程中的噪音及其减轻或消除的方法和途径，信息沟通设备运行情况及需要增加和维修的设备，人员工作状态对沟通工作的影响。三是事故信息沟通的评估。包括满足媒体需要的程度，与媒体传播信息的效果及其改进策略，发言人的适合程度、缺陷及其需要加强的地方。此外，学生伤害事故处理机制的完善，需要学校积极履行义务、加强程序和证据意识，各部门联合，依法治理“校闹”，健全学校安全事故赔偿机制，加快校园安全立法等方面的努力。①

① 刘璞、陈丽竹：《〈民法典〉与学生伤害事故责任认定规则及其展望》，《教育发展研究》2020年第18期。

第十一章　大学生伤害事故的心理危机干预

当前大学生心理危机干预在实践探索中取得一些成效和进展的同时，也出现一些新问题亟待加以解决。① 有的大学生出现严重心理失衡，如果不及时进行心理危机干预，其身心健康将受到极大影响，并可能酿成心理问题甚至精神疾病。近年来，因心理疾病而发生的出走、自残、自杀、杀人等事件在我国高校呈上升趋势。② 随着人们对心理危机严重性的认识程度逐渐提高，心理危机干预的意识也在不断增强，尤其是大学生伤害事故中的心理危机干预逐渐被重视。总体而言，大学生伤害事故的心理危机干预，是大学生伤害事故管控的重要内容，是预防伤害事故二次发生的重要措施，是确保大学生伤害事故妥善处理的关键工作，也是维护校园安全稳定的至关重要的工作。本章研究心理危机干预基本理论、大学生伤害事故心理危机干预的技术及其心理危机干预措施。

第一节　大学生伤害事故的心理危机干预概述

在大学生伤害事故处置过程中，除了必要的法律救济，对受伤害学生进行及时、有效的心理危机干预，防止因心理危机而导致恶性伤亡事故及心理疾病也非常重要。特别要清醒地认识到，心理危机的出现不但会干扰大学生的日常学习和生活，还会使其产生生理、认知、情绪和行为等方面的不良反应。长期的不良反应可能会造成心理障碍，严重的甚至可能导致精神疾病。有效的心理危机干预能够为当事人提供强有力的心理支持和精神安慰，从而使其获

① 骆莎：《论大学生心理危机干预的现代转型》，《思想理论教育》2020 年第 1 期。

② 侯双霞：《高校突发事件与心理危机干预研究》，《牡丹江大学学报》2010 年第 8 期。

得生理和心理上的安全感，缓解各种消极反应，重新恢复心理平衡状态。

一、心理危机

心理危机是指由于突然遭受严重灾难、重大事件或精神压力，使生活状况发生明显的变化，尤其是出现了以原有的生活经验和现有的生活条件难以克服的困难或危机，使当事者陷于痛苦、不安、压抑状态，常伴有绝望、焦虑以及行为障碍。[①] 心理危机是一个不断发展的过程，处于心理危机中的个体通常会经历：失衡、焦虑、求助、无助这四个发展阶段。

二、大学生心理危机

大学生心理危机一般发生在学习、生活过程中，主要是指大学生遇到个人重大伤害事故时，无法调节和控制自己的情绪与行为，并可能出现危害自己、他人或社会的严重失衡状态。包括面临自然和社会重大事件、个人患严重心理问题、精神病性障碍、家庭变故、同学或朋友出现重大事故等引起的个人严重失衡状态。[②] 此外，由地震、SARS、H1N1 流感、新冠肺炎疫情等突发性公共事件带来的心理危机也不容忽视。

(一)大学生心理危机的特征

大学生心理危机由于群体和所处环境的特殊性而具有以下几个特征：

1. 心理危机的发生具有突发性。危机常常是出人意料，突如其来的。加上大学生心理变化的隐蔽性和不稳定性，这就决定了大学生心理危机的发生不容易控制和预测。

2. 心理危机的发生具有潜在性。大学生心理危机往往不是以直接爆发的方式表现出来，而是潜藏在个体的内心，当遭遇特定的应激事件时，容易引发心理危机。例如，某校一学生由于长期的不良情绪没有及时得到宣泄，最终恋爱失败成为导火线，导致自杀行为。

3. 心理危机的影响具有危险性。危机的降临，常常使当事人觉得无所适从。由于他们先前的应对方式无法应对危机，社会支持系统不完善，常常使他们感到无助、绝望。原有的心理平衡状态受到破坏，这时处在危机状态，出现

---

① 梁军：《危机干预与创伤治疗方案》，中国轻工业出版社 2004 年版，第 1 页。

② 张本钰、林丽华：《大学生心理危机干预体系和运行机制的研究与实践》，《福建师范大学福清分校学报》2008 年第 1 期。

思维不清、意志失控、情感紊乱等情况。这种危险性可能影响到大学生的日常学习与人际交往等,严重的还可能危及生命。

4. 心理危机的波及具有群体性。大学生心理危机的发生不仅对当事人产生巨大的影响,同时因为大学生群体性的生活环境,不可避免地使个体的危机波及局部的群体,对其身边的其他人、所在的群体都会产生强烈的心理冲击,带来明显的负面效应。

5. 心理危机的结果具有难测性。危机发生后朝什么方向发展、演变,受到当事人内在深层的剧烈变化的心理状态影响,这是最难以把握的。因而心理危机的结果具有难测性。

(二)大学生心理危机的结果

由于大学生应对危机的方式不同、个体的人格特质不同、所获得的支持不同,其心理危机发展的结果也不相同。一般来说,心理危机可能会导致三种结果(如图 11-1 所示)。

1. 第一种结果是大学生的心理危机未能得到有效的应对与干预,而进一步发展。当事人陷入绝望之中,或沉溺于借酒浇愁与药物滥用的消极应付方式之中,变得孤独、多疑、抑郁、自责、焦虑、适应不良,或成为精神疾病患者,甚至可能采取自杀行为。

2. 第二种结果是当事人虽然看似渡过了危机,但只是暂时将不良的情绪压抑到潜意识当中,并没有真正解决问题,却在心理上留下一块"伤痕",形成偏见,留下后遗症。在以后的生活中,心理危机的不良后果还会不时地表现出来,下次遇到同样的危机事件时,可能出现新的不适应状况。

3. 第三种结果是大学生顺利渡过心理危机。此种结果中,有两种情形。第一种情形是,大学生通过自身努力并结合外界帮助,问题得以解决而防止了危机的进一步发展,逐渐恢复到危机前的心理平衡状态。这是较理想和出现较多的结果。第二种情形是最理想的状态,大学生在危机过后产生积极的变化,学会了新的应付技巧,心理适应能力同时也得到提高,心理状态变得比以前更成熟、坚强,抵抗危机的能力提高,总体的心理素质超出危机前的水平。① 对大学生在重大突发伤害事故中实施心理危机干预是必要的,效果是明显的。有效的心理危机干预能够提供强有力的心理支持,从而使

---

① 周日波:《大学生心理危机干预研究》,南昌大学硕士学位论文,2007 年。

大学生获得生理和心理上的安全感，缓解负面反应，恢复心理的平衡状态。

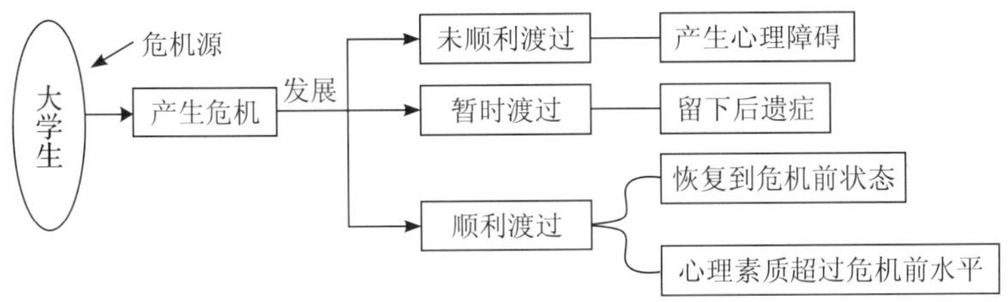

图 11-1　大学生心理危机发展的三种结果

资料来源：周日波：《大学生心理危机干预研究》，南昌大学硕士学位论文，2007 年。

三、大学生心理危机干预

心理危机干预，起源于美国精神疾病学家 Erich Lindemann 对 1944 年的一场大火后受难者家属的追踪研究。此后，相继有许多心理学家、精神病学家开始关注重大突发事件的心理干预。危机干预已经成为一个既包括应急性反应又包括长期预防在内的综合性概念。①

（一）心理危机干预的概念

心理危机干预（crisis intervention）指运用心理学、心理咨询学、心理健康教育学等方面的理论与技术对处于心理危机状态的个人或人群进行有目的、有计划、全方位的心理指导、心理辅导或心理咨询，以帮助这些人平衡已严重失衡的心理状态，调节其冲突性的行为，降低、减轻或消除可能出现的对人和社会的危害。② 心理危机干预不同于一般的心理咨询和治疗，是一种特殊的心理咨询服务，一种在紧急情况下的短程心理治疗，它不求根治，只是在短时间内帮助对方渡过难关，以解决问题为目的，不涉及当事人的人格矫治。

大学生心理危机干预是指对面临心理危机的大学生采取迅速而有效的应对措施，给予支持与帮助，使之逐渐恢复心理平衡。③ 目前高校心理学专业工作者和医务人员是进行大学生心理危机干预的专业人员，各学院学生辅导员是进行大学生心理危机干预的主力军。

---

① 周日波：《大学生心理危机干预研究》，南昌大学硕士学位论文，2007 年。

② 周红五：《心理援助：应对校园心理危机》，重庆出版社 2006 年版，第 178 页。

③ 刘宁、徐其涛：《论高校辅导员在大学生心理危机干预中的作用》，《当代教育论坛・校长教育研究》2008 年第 9 期。

心理危机干预的目标不是单一的，一般来说，心理危机干预的目标有三个层次。初始目标的重点是“劝阻”，帮助危机当事人缓解心理压力，避免其自伤或伤及他人；中层目标的重点是“恢复”，帮助当事人恢复心理平衡与动力，恢复以往的社会适应能力，使其重新面对自己的困境，采取积极而有建设性的对策；终极目标的重点是“发展”，帮助当事人把危机转化为一次成长的体验并提高当事人解决问题和危机应对能力，学会更好应对危机事件的策略与手段，使其更加成熟。

(二)心理危机干预的原则

1. 生命第一原则

在进行心理危机干预的过程中，应以保证人身生命安全为主要目的。这是“以人为本”的理念和人文关怀的要求在心理危机干预工作中的体现，也是世界各国处理学生危机事件的基本原则。这一原则要求高校把保证学生的生命安全放在首要位置，树立“生命高于一切”的思想。

2. 及时性原则

心理危机发生后，当事人无法用常规的方式来面对困难，往往会陷入惊慌失措的情绪状态，心理严重失衡，个人判断力和控制力下降，如果不及时进行干预，后果十分严重。心理危机干预要及时，通常在事件后的 24 小时到 72 小时之间干预效果最佳。

3. 发展性原则

心理危机干预应充分调动当事人的内外部资源，引导他重新看待危机，从危机中看到生机。帮助其采取合适的行为来应对危机，尽力恢复其心理平衡状态，全面提高心理素质和能力。

(三)大学生心理危机干预的理论模式

大学生心理危机干预的研究尚处于起步状态，理论模式尚未成体系，各类观点比较杂乱，主要有以下几种①。

1. 认知模式

认知模式认为，危机导致心理伤害的主要原因是当事人对危机事件和围绕事件的相关境遇进行了错误思维，而不在于事件本身或与事件有关的事实。

---

① 王建国:《大学生心理危机干预的理论探源和策略研究》,《西南大学学报》(社会科学版)2007 年第 3 期。

该模式要求危机干预工作者帮助当事人认识到自己认知中的非理性和自我否定成分，重新获得思维中的理性和自我肯定的成分，从而使当事人能够实现对危机的控制。认知模式较为适合于那些心理危机状态基本稳定下来、逐步接近危机前心理平衡状态的当事人。

2. 哀伤辅导模式

1944 年由 Lindemann 提出的“哀伤辅导”(grief work)概念是当前危机干预理论最为重要的基础之一。Lindemann 强调在强烈的悲痛面前，人们不能沉溺于内心的痛苦中，而应该让自己感受和经历痛苦，通过哭号等方式发泄情感，否则容易产生不良后果。哀伤辅导包括对丧亲的哀痛，体验哀痛，并接受丧亲的现实，在失去亲人的情景下重新调整生活。目前，哀伤辅导在世界很多国家都得到蓬勃的发展，其在危机干预工作中所取得的成效是显而易见的。对面临重要丧失的当事人进行相关辅导和开导，可以使其恢复信心，重新树立生活的目标。

3. 平衡模式

平衡模式认为，心理危机状态下的当事人常常处于一种心理情绪失衡状态，他们原有的应对机制和解决问题的方法不能满足他们当前的需要。因此，危机干预的工作重点应该放在稳定当事人的情绪、使他们重新获得危机前的平衡状态。这种模式主要适合于危机的早期干预。在危机早期，个体处于极度茫然、混乱和自我失控状态，这一时期的干预目标应主要集中在稳定个体的心理和情绪方面，在其达到某种程度的稳定之前，不宜采取其他干预措施。

4. 支持和干预技术模式

支持和干预技术用于危机的不同阶段，侧重点各有不同。危机初期，当事人的情绪很不稳定，焦虑程度较高，这一阶段支持技术的应用旨在使当事人的情绪状态恢复到危机前水平。可以应用暗示、保证、发泄、环境改变、药物镇静等方法，如有必要，可以考虑短期的住院治疗。在危机后期，干预技术占据主导地位。危机干预的主要目标之一是让当事人学会对付困难和挫折的一般性方法，这不但有助于渡过当前的危机，而且也有利于以后的适应。危机干预工作者在干预过程中的职能主要为：帮助当事人正视危机、正视可能的应对方式、帮助当事人获得新的信息或知识、尽可能地在日常生活中给其提供帮助、回避一些应激性境遇、避免给予不恰当的保证、敦促其接受帮助……

5. 心理社会转变模式

心理社会转变模式认为,人同时具有自然属性和社会属性,是遗传天赋和社会环境共同作用的结果。因此,对于危机的考察也应从个体内部和外部因素着手,除了考虑当事人的心理资源和应对能力外,还要了解当事人的伙伴、家庭、职业和社区的影响。危机干预的目的在于将个体内部适当的应对方式与社会支持和环境资源充分地结合起来,从而使当事人有更多问题解决方式的选择机会。同认知模式一样,心理社会转变模式也适合于达到较为稳定状态的当事人。以此为指导,要进一步强化学生、家庭、学校、社会"四方联动"教育,增强大学生心理危机干预工作的生机与活力。

6. 教育、支持与训练的社会资源模式

这一模式是在给一些面临危机时的社会团体提供支持的基础上发展起来的。其目的在于当人力资源有限时,通过训练团体领导,提供及时的危机干预和减轻情感痛苦的服务,从而使团体内的心理健康资源得到最大的利用。这一模式也包括对其他人员如牧师和警察的培训,是开发环境支持资源的成功尝试。

7. 整合的危机干预模式

整合的危机干预理论是指从所有危机干预的方法中,有意识、系统地选择和整合各种有效的方式和策略来帮助当事人。正因如此,整合危机干预模式很少有理论概念,而是各种方法的混合物。整合干预理论是以任务为指向,它主要包括:确定所有系统中有效的成分,并将其整合为内部一致的整体,使之适合于需要阐释的行为资料;根据对时间和地点的最大限度的了解,考虑所有相关的理论、方法和标准,以评价与操作临床资料;不确定任何特别的理论,保持一种开放的心态,对得到成功结果的方法和策略进行不断实验。整合理论始终遵循两种观点:其一,所有的人和所有的危机都是独特的;其二,所有的人和所有的危机都是类似的。这是可以将不同理论和模式进行整合的认识基础,不局限于任何一种教条式的理论和模式,而是将各种理论和模式根据实际需要结合起来,综合运用。

(四)大学生心理危机干预的现状

心理危机干预在国外发达和较发达国家和地区较为完善、全面,对于已经发生或可能发生的心理危机具有一系列相关的干预机制。从最初的突发事件的应急处置、救助、救治形成联动机制,通过国家、社会、多部门、多机构的共同协调,将突发事件引起的后果降到最小,并使人类可能出现的心理危机得到近期和远期的干预，使心理危机对人身的伤害降到最低，从而获得更大的社会效应，降低社会资源消耗和支出，尽快使当事人及人群恢复正常生活状态。[①] 我国的重大突发事件心理干预开始于20世纪90年代初，1994年，新疆克拉玛依大火后，我国第一次正式开始重大突发事件心理干预工作。此后，在1998年长江流域大洪水、2003年SARS等重大突发事件中都开展了心理干预工作。大学生心理危机干预工作源自扬州大学(2004年2月)、武汉大学(2004年10月)等校相继建立大学生心理危机干预机制，之后沿海及内地的一些重点高校开始尝试开展大学生心理危机干预体系建构工作，大学生伤害事故的心理危机干预开始受到关注。近年来，各高校大学生心理健康教育工作大都已经起步，也成立了大学生心理咨询专门机构，开展了心理健康教育、心理健康状况调查、心理咨询等一系列活动，取得了一定的成效。

(五)大学生心理危机干预存在的问题

从目前各高校开展的大学生伤害事故心理危机干预来看，仍存在不少问题，心理危机干预的专业性和实效性尚有待于进一步提升。大学生心理危机干预是一项系统工程，其危机源的复杂性与干预主体的多元化导致了干预难度较大。

1. 缺乏高素质队伍

正规的心理危机干预不同于一般的热心帮助，干预者应受过严格的咨询心理学和临床心理学的专业训练，取得相应资格证之后，方可独自上岗。而国内高校心理咨询师的培训制度、认证制度和督导制度仍不十分健全，不少心理危机干预者的从业素质不高，对心理咨询的专业知识和技能掌握不够，在心理危机干预意识、能力和干预时机、手段的选择等方面存在不足。这必然影响到心理危机干预者的专业化水平，从而影响了心理危机干预的效果。

2. 缺少本土化研究

国内目前的心理危机干预往往借用、照搬国外的理论和方法，缺乏本土化的系统研究，因而无法对心理危机干预实践进行有效的指导。尽管国外对心理危机干预的研究相对较成熟，但中西文化存在差异，我国高校有着自己的特点，大学生数量庞大，生源来源多样化，贫困生占据不小的比例。面对竞争加剧的象牙塔外的社会，大学生们学业压力和就业压力普遍较大。加上大学之

---

① 蒋湘玲、郭敏、高允锁、王小丹、蔡俊宏、郭骏成：《海南热带岛屿非常规突发事件心理危机干预体系脆弱性评价模型初探》，《现代预防医学》2011年第18期。

前的应试教育，很多学生带着中学时代未处理好的心理情结和压抑情绪开始了大学生活，使得大学生们受到的影响和冲击特别大。因此，国外的心理危机干预经验不宜直接运用于我国高校的实际工作。必须在借鉴的基础上，加强对心理危机干预的本土化研究，建立起适合我国现状和大学生伤害事故特点的心理危机干预体系。

3. 忽视长期效应

有效的心理危机干预不仅要致力于帮助当事人解决当前伤害事故带来的问题，更要关注危机与未来生活的关系。因为许多危机都会对个体的长远生活产生影响，学生对问题的处理方式也会对未来的生活适应产生至关重要的影响。现有的心理危机干预往往只是关注当前的问题而忽略它们可能带给当事人的长期效应。

4. 干预机制不健全

目前的大学生心理危机干预机制不够完善，不能对预警信息及时做出决策。心理危机干预的整体体系应由预防体系、干预体系和善后体系三个环节组成。预防体系是加强心理健康教育，防止出现问题。及时收集信息，识别危机，了解问题，及时发布预警信息；干预体系是按照预警信息，及时制订方案，解决问题。善后体系是危机解决之后的经验总结和后期跟踪。大多数高校只重视危机发生后的处理，被动应对，缺乏系统性研究，没有及时从根源上做到风险规避。伤害事故心理危机干预的整个体系尚未完全建立。

5. 心理中心定位不明确

目前我国高校心理中心是一个相对年轻的融教学、辅导、培训、服务、研究等多种职能为一体的机构，任务的多样性，也带来了角色的混乱，加之心理咨询的专业化程度不高，使得高校心理中心在面对危机时有些尴尬，不能有效处理。

6. 心理危机评估不客观

心理危机干预的前提条件是对心理危机进行评估，即对当事人是否处于心理危机、危机的严重程度、当事人的反应模式、有无可以利用的社会支持资源等进行评价。在实际操作过程中往往会出现以干预者个人的好恶进行判断的情况，从而导致评估失误而收不到良好的干预效果，甚至将问题扩大化。

7. 学生自身调节能力被忽视

目前对伤害事故心理危机干预大都集中于客观的、外在的影响因素介入，而忽视了学生自己的调节能力，忽视了应该以学生为主体，充分调动学生自身的力量，在干预者的协助和指导下克服危机。因为从根本上来说，个体自身的作用要大过外界的干预作用，学生心理平衡失调之后，归根到底还得靠大学生自己的调节能力重建平衡。

8. 心理干预效果不深入

目前大学生伤害事故的心理危机干预较弱，干预效果不深入、不及时，主要是事后干预，充当的是“灭火员”的角色。一般是先对消息进行控制和封锁，以稳定大局为由，控制对相关消息的传播，控制现场局面和相关当事人，试图尽快在可控的范围内使事件消弭于无形。然后强调功利，关注危机后的处理与善后工作，关心对学校声誉的影响以及经济补偿、财务分担、法律纠纷、社会安全等问题，而对学生真正进行心理危机干预还不够深入，效果也一般。同时，当前大学生心理危机干预在实践发展中出现人文关怀失落现象。

第二节　大学生伤害事故的心理危机干预技术

在大学生伤害事故心理危机干预的过程中根据当事人的不同情况和危机干预者的擅长领域，可以采取不同的心理危机干预技术。一般来说，心理危机干预的技术有以下几类。

一、沟通交流技术

建立和保持与学生的良好沟通和相互信任关系，有利于伤害事故的当事人恢复自信，减少对生活的绝望感，保持心理稳定，恢复正常生活，改善人际关系。在与伤害事故当事人沟通过程中，危机干预工作人员应该避免应用专业性或技术性难懂的语言，多运用通俗易懂的言语和他们交谈；应该避免给予过多的保证，多利用可能的机会改善当事人自我内省和自我感知，提升其自信。常用的沟通交流技术有倾听、共情、积极关注、接纳等。此外，心理疏导能够帮助大学生消除病理观念，建立新的认知思维评价体系，对预防和干预大学生心理危机事件发生具有重要作用。①

① 刘红霞：《心理疏导疗法在大学生心理危机干预中的应用》，《湖北民族学院学报》（哲学社会科学版）2014 年第 1 期。

二、心理支持技术

由于当事人在心理危机开始阶段的焦虑水平比较高，应该尽可能帮助他们减轻焦虑。通过疏泄、暗示、保证、改变环境等方法，一方面降低当事人的情感张力，另一方面建立良好的沟通和合作关系，为后续进一步的危机干预工作做好准备。在此过程中，主要给予情感支持，而不是支持当事人错误的观点或行为。[①]

支持技术包括解释、鼓励、保证、指导、促进环境改善等。具体而言，适当给当事人精神支持与鼓励，帮助当事人振作精神、鼓起勇气，提高应付危机的信心；对于某些缺乏知识和观念不正确而带来苦恼的当事人，应提供所需的知识，帮助减少烦恼的程度。心理危机干预人员还应指出当事人的优点、资源、问题的可解决性，让他们有信心和动机去处理自己面对的困难。

三、心理干预技术

心理危机干预是一种特殊形式的心理咨询和治疗，心理咨询的基本技术如倾听、提问、表达、观察、重复等是完全需要的。简单地说，心理危机干预的基本策略：主动倾听并热情关注，给予心理上的支持；提供疏泄机会，鼓励当事人把自己的内心情感表达出来；解释危机的发展过程，使当事人理解目前的处境，理解他人的情感，建立自信；给予当事人希望，使其保持乐观的态度和心情；培养当事人的兴趣，鼓励其积极参与社会活动；注意发挥社会支持系统的作用，使当事人多与家人、亲友、同学接触和联系，减少孤独和隔离。[②] 心理危机干预技术一般可以通过会谈法疏泄当事人被压抑的情感，让当事人认识和理解危机发展的原因和过程，学会面对危机、解决问题的技巧和应对方式，帮助当事人建立新的人际关系网络，鼓励他们积极面对现实，并认识到社会支持系统的作用。

（一）认知行为治疗

个体对事件的认知评价是决定应激反应的主要中介和直接动因，创伤性事件发生后，受害者是否发展成创伤后应激障碍以及是否会成为慢性创伤后应激障碍与个体的认知模式有关。恐惧、焦虑和抑郁情绪反应可以严重地损

---

① 赵国秋：《心理危机干预技术》，《中国全科医学》2008 年第 11 期。

② 季建林、徐俊冕：《危机干预的理论与实践》，《临床精神医学杂志》1994 年第 4 期。

害人的认知功能，甚至造成认知功能障碍，从而使人陷于难以自拔的困境，失去了目标，觉得活着没有价值或意义，丧失了活动的能力和兴趣，甚至自恨、自责、自杀，这些都是应激条件下认知功能受到损害的结果。因此，应提高个体对应激反应的认知水平，纠正其不合理思维，以提高应对生理、心理的应激能力。

认知行为治疗是灾难心理危机干预和灾后应激障碍防治中重要的心理治疗技术，也可以用于大学生伤害事故的心理危机干预实践。认知行为治疗包括了认知重建技术、暴露治疗和焦虑管理程序等内容，具体应用时往往更多是整合了多种技术。许多国家已经把认知行为治疗列为一线的心理危机干预技术。1998 年，Marks 等对经历不同创伤事件的应激障碍患者分别实施了延长暴露、认知重建、延长暴露＋认知重建、放松治疗，结果显示延长暴露治疗和认知重建治疗均有效。暴露治疗为患者提供了对创伤情景再加工的机会，从而降低了对创伤情景的情绪反应水平。认知重建则主要通过改变灾难中个体的自动负性认知，让个体重新获得安全感与成就感。①

（二）眼动脱敏与信息再处理

眼动脱敏与信息再处理（Eye Movement Desensitization and Reprocessing，EMDR）治疗是美国心理学家弗朗辛·珊皮诺（Francine Shapiro）创立的一种心理治疗新方法。在短短数次晤谈之后，便可在不用药物的情形下，有效减轻心理创伤程度及重建希望和信心。因其可操作性强、治疗效果显著，近年在国际上被作为对创伤后应激障碍患者及其他有心理创伤患者的首选心理治疗方法。在眼动脱敏与信息再处理治疗的疗程中，当当事人专注于外在的刺激时，也同时专注于过去和现在经验，接着治疗师教导当事人学习新的内容使其变成下一组双重注意的焦点，而这双重注意和个人的联结必须在疗程中重复多次。眼动脱敏与信息再处理治疗的步骤一般包括八个阶段，分别为：

（1）诊断阶段

在治疗之初，治疗师要彻底了解当事人的完整案史，包括烦恼事件、情绪困扰、相关的历史事件，评估个案的准备度，制订一个治疗计划，评估疗效，通过具体的行动计划以解决目前所关心的问题，发展特殊技巧和未来所需行为。

① 赵国秋等：《灾难中的心理危机干预——精神病学的视角》，《心理科学进展》2009 年第 17 期。

治疗师在选择目标时要能找出相同的类型，找出一个最具代表事件提出来处理，不需要将每一个去功能性记忆都设为目标。

(2)准备阶段

治疗师向当事人介绍治疗原理及治疗目标，使当事人树立信心，与当事人建立治疗的合作关系，并向其解释眼动脱敏与信息再处理治疗的进行过程及其疗效，并就当事人所关心的部分加以说明。协助当事人准备好进入重温创伤记忆与不愉快的情绪情境之中，并教导放松技巧，使其在疗程之间可以获得足够的休息与处理情绪的方法。

(3)创伤评估

治疗师需要确认治疗目标并建立参照标准。也就是治疗师首先需协助当事人选择其最想要处理的影像、记忆、消极认知。咨询师使用认知效度量表(VOC)和主观困扰感量表(SUDS)这两个量表分别评估其对该事件、影像的消极认知与困扰程度，以建立参照标准。接着，治疗师协助当事人确认该事件、影像的消极认知与困扰程度。

(4)脱敏阶段

此阶段涵盖所有反应，包括引起洞察、与创伤有关的感觉经验的改变、联想和增加自我功能。此阶段疗程主要目的是帮助当事人最快速地处理信息，并保证当事人在处理过程中和结果上能觉得安全及可控。一旦认知、情绪和身体上有明显的改变，就要重新评估，此时不使用主观困扰感量表来评估，而是由当事人所报告的种种影像、思考、声音和感觉的改变类型来评估，直到当事人表示在存取记忆内容中没有困扰，才做主观困扰评估，评估时当事人在量表上会以0或1来说明自己的状况，就是此阶段的结束。

(5)巩固植入

强调增加正向的认知，取代个体消极的自我信念，将正向的自我认知和原来的创伤影像及未来的光明希望配对出现，取代负面、悲观的想法。这阶段的效果可由VOC量表的测量得知，认知效度量表的分数增加到6或7就可停止，或由生态学的效果来证实它的作用。通过指导语对患者植入正向自我陈述和光明希望，取代负面、悲观的想法以扩展疗效。

(6)身体扫视

请当事人从头到尾扫描其全身，并将该认知与身体部位联结处的感觉描述出来，例如，当事人可能会说这种感觉出现在他的胃，他感觉到胃痛。把原有的灾难情况画面，和后来植入的正向自我陈述和光明想法，在脑海中联结起来，虚拟练习“以新的力量面对旧有的创伤”。

(7)准备结束阶段

若有未完全处理的情形，可再以放松技巧、催眠等方式来弥补，并说明预后及如何后续调适。在此阶段可告知当事人在之后如果有与该事件、影像有关的任何领悟、想法、记忆或梦境，都可以将这些材料记录下来，作为与治疗师讨论的材料。

(8)评估反馈

总体评估整个疗程的治疗效果与治疗目标是否达成，总结治疗过程的得失，治疗师和当事人双方都得到及时的反馈，并修订下次的治疗目标。①

(三)突发事件应激晤谈

Mitchell 于 20 世纪 70 年代提出了突发事件应激晤谈(critical incident stress debriefing，CISD)。CISD 最初是为了维护应激事件救护者的身心健康，后被多次修改完善并推广使用，现在已经开始用来干预遭受各种创伤的个人，成为心理危机干预的一个基本工具。目前，国内伤害事故心理危机干预实际工作中 CISD 被运用得较为广泛。CISD 至少在一定程度上能够缓解个体的负性情绪反应已成共识。之前的研究结果提示，严格掌握 CISD 的使用时间、CISD 干预人员的培训以及是否有一个整体的紧急事件管理计划(CISM)至关重要。②

CISD 通常在心理危机发生后的 24～48 小时内进行，一般需要进行 2～3 小时。具体包括 7 个步骤：(1)介绍期：指导者和小组成员的自我介绍，指导者说明 CISD 的规则程序，回答可能的相关问题，强调保密性，强调晤谈不是心理治疗，而是一种减少创伤事件的正常应激反应的方法。(2)事实期：鼓励所有当事人从自己观察到的角度出发，依次描述伤害事故发生时他们自己及事故本身的一些实际情况；询问参加者在这些伤害事故过程中的所在、所闻、所见、所嗅和所为，重现整个伤害事故的真相。(3)感受期：鼓励当事人依次描述自己有关伤害事故最初的和最痛苦的想法，从事实转到思想，开始将事件人格化，让情绪表露出来。(4)反应期：当事人依次谈及其对伤害事故的感受，进行情感的宣泄和加工。这是当事人情绪反应最强烈的阶段，指导者在这个阶段

① 刘将、葛鲁嘉：《眼动脱敏与再建治疗的回顾与展望》，《心理研究》2009 年第 2 期。

② 赵国秋等：《灾难中的心理危机干预——精神病学的视角》，《心理科学进展》2009 年第 17 期。

要给予更多关心和理解。(5)症状期:指导者询问当事人是否有躯体或心理症状,如果有,识别是否为创伤事件导致,目的是识别当事人者希望分享的应激反应,开始将情感领域转向认知领域。(6)干预期:指导者介绍异常和正常应激反应,让当事人认识到其躯体和心理行为反应在严重压力之下是正常的,是可以理解的;引导当事人讨论积极的适应和应对方式;提醒可能的并存问题(如过度饮酒、吸烟、其他物质成瘾等)。(7)再进入期(资源动员期):指导者对前面的讨论进行概括,回答问题并考虑需要补充的事项,评估需要随访或转介的人员,提供进一步服务的信息。

CISD 有助于减轻各类伤害事故造成的心理危机和心灵创伤,保持心理稳定,促进个体身心恢复。

(四)教室危机干预

教室危机干预(classroom crisis intervention,CCI)作为一种典型的危机干预模式,得到许多学者的调整和完善,并在其基础上发展出许多不同的危机干预模式。CCI 是 CISD 在学该模式主要是为了帮助大量因经历共同危机而受创伤的学生,对其进行心理急救。CCI 的步骤和使用方法与 CISD 非常相似,包括介绍领导者以及 CCI 的规则;提供事实并驱散谣言,保证学生了解创伤的事实;分享事件始末,让学生自愿分享共同的经历,感受彼此的联结;分享危机反应,让这些反应正常化;赋能(empowerment),让学生重新获得控制感;结束时需要让学生有一种"危机已经结束"的感觉。该模式一般在课堂上进行,比较强调教师在干预过程中的作用,需要教师积极主动地参与干预计划的制订与实施,起到"促进者"的作用。但是特别需要注意的是,危机中受到创伤的教师除外,因为他们自身也是受害者,需要接受心理干预后才能进入"促进者"的团队。CCI 是为数不多的专门针对学校系统的危机干预技术,该技术秉承了 CISD 的优势:时间短,容纳人数多,效果也相对较好。师生相互分享自己的经历,有助于加强团结,驱除孤独感,共同找出可能的应对策略,而且也可以给彼此灌注乐观和希望;同时借助这种形式,告知参与者身边可得的资源,如有必要,他们可以进一步寻求一对一的帮助。①

(五)美国红十字会危机干预技术

美国在危机干预方面积累了大量经验,具有比较完备的心理危机干预模

① 伍新春、林崇德等:《试论学校心理危机干预体系的构建》,《北京师范大学学报》(社会科学版)2010 年第 1 期。

式。美国红十字会危机干预模式(American Red Cross, ARC)是早期在灾难背景下产生的干预模式,也是后期许多干预模式的雏形。ARC提出了心理危机干预的三种常用方法:减压(defusing)、个体危机干预和分享报告(debriefing)。其中,减压通常由1～2名接受过专门训练的心理卫生专业人员开展,以个体或小组形式,鼓励被干预对象在相互支持的良好氛围中讨论其情感及有关事件。值得注意的是,这种方法仅局限于缓解个体痛苦的情绪,而不是一种个体治疗,不宜用来对个体进行过于强烈或过深的探索。个体危机干预是一种为减轻灾难给受害者或救援工作者带来极度痛苦的情绪而采用的一对一的干预方法。它关注"此时此地"、问题解决及建设性的应对方式,而不涉及深层次的心理分析以及人格探究。分享报告是一个系统的教育、情绪表达和认知重构的过程,较前两种干预方法更为正式和结构化,并能在灾难发生现场使用。它是一种预先设置的、以讨论为主要形式的干预方法。在这一过程中,领导者让小组成员们分享共同的经历,从而达到彼此的心理支持。该方式多用于灾难救援工作者,以帮助他们将灾难有关的经历从"感受""经验"上升到更深一层的"理解""认知",从而给这种经历画上句号。分享报告也能起到教育的作用,告知灾难救援工作者正常和异常的应激反应以及可运用的应对策略。[①] 危机干预的技术很多,而创伤事件及其后果的异质性使得人们难以评定哪种技术更为有效。而在具体实施干预时,可以借鉴比较成熟的危机干预模式,同时也要把握好危机干预的原则,灵活运用各种危机干预技术。

第三节　大学生伤害事故的心理危机干预措施

与高校日常心理咨询不同,心理危机干预的工作中心是补救性的心理辅导,帮助伤害事故中涉及的大学生缓解和稳定情绪,正确分析危机,恢复心理平衡状态,以积极的态度面对危机,转化危机,向健康的方向积极成长。《中华人民共和国精神卫生法》颁布实施后,对大学生心理健康教育与心理危机干预工作提出更高要求,当前大学生心理危机干预工作在心理问题"诊断、治疗"的界定、心理健康辅导的场所和环境、学校管理与学生权益平衡、高校咨询师的

---

① 伍新春、林崇德等:《试论学校心理危机干预体系的构建》,《北京师范大学学报》(社会科学版)2010年第1期。

咨询资质等方面都面临困境和挑战。①

一、大学生伤害事故的心理危机干预步骤

(一)心理危机评估

伤害事故发生后,不能马上实施具体的心理危机干预程序,而是要先进行心理危机评估,做好干预前的准备工作。心理危机评估是遵循心理学和医学理论,通过各种评估手段对大学生的情绪、能力、人格、心理障碍、心身的相互影响等方面所作出的概括性的诊断。心理危机评估在整个心理危机干预过程中起十分重要的作用,短时间内通过评估迅速准确把握了解大需完善的危机情境及其心理反应,是进行心理危机干预的前提,有利于心理危机干预计划和方案的制订,也有利于检验后续的心理危机干预是否达到预期效果。

1. 心理危机评估的内容

心理危机评估是贯穿在整个心理危机干预过程的一项重要内容。快速、有效、人性化的心理危机评估在一定程度上决定了心理危机干预整体的成败。在有限的时间内,干预者必须迅速准确掌握当事人所处的情境与反应。首先,可以从危机的性质、大学生的功能水平、应付机制和支持系统、自伤或伤人的危险性方面来进行评估,从而确定干预策略。特别应注意大学生出现自杀、自伤、攻击等危险行为的可能性。评估方法以访谈法为主,也可结合使用简单的评估工具,但不应使用耗时的、过于详细的评估工具。其次,要对危机的性质进行评估。了解危机是一次性的还是复发性的。对于一次性境遇性危机,往往通过直接的干预,大学生就能较快恢复到危机前的平衡状态,通常能够应用正常的应对机制和现有的资源,而复发性慢性的危机,则往往需要较长时间来建立新的应对策略,最好转介到专业的心理卫生机构,进行长期的专业治疗。再次,还要评估大学生的认知、情感和行为方面的功能。认知评估包括侵犯、威胁和丧失三项内容;情感评估包括愤怒/敌意、恐惧/焦虑、沮丧/忧愁三项内容;行为评估则包括接近、回避、失去能动性三项内容。对大学生现有功能水

---

① 李永慧:《大学生心理危机干预困境与应对策略》,《中国学校卫生》2019 年第 4 期。

平的评估将决定危机干预者在以后的咨询中选择何种策略和干预的程度。[①]危机干预者还应该尽可能地把大学生当前的功能水平与危机前的功能水平进行比较，以便确定危机发生后大学生情感、认知、行为功能水平的损害程度。最后，还要进行危险性评估，包括对大学生自伤和攻击他人可能性的评估。

2. 心理危机评估的方法

(1)观察法

观察法是临床心理学常用的方法之一。观察是获得信息的重要手段。观察法是一种有目的、有计划地观察求助者的心理、行为表现以做出评定和判断的方法。观察内容有：仪表（穿着、举止、表情）、身体观察（肥瘦、高矮、畸形等）、人际沟通情况（大方或尴尬、主动或被动、可否接触）、言语和动作（表达能力、流畅性、简捷、动作情况）、交往表现（兴趣、爱好、对人对己态度）、在困难情境中的应付方式等。

(2)会谈法

会谈法指在干预者与干预对象之间进行有目的的会话，是双方采用词语或非词语来进行沟通的。沟通时要彼此理解，避免沟通障碍。尽量采用开放性、非封闭的提问，鼓励大学生表达、解释。此外对会话中的手势、身体姿势、表情、眼神、语调、语速等非言语信息也要有一定的关注，解读它们背后的含义。

(3)个案法

个案法指收集有关个案的资料以利综合分析，进一步查清大学生的心理、生理变化，做出诊断。个案资料包括身份、文化程度、经济状况、社会地位、求助原因、人格特征、既往史、婚姻及家庭情况、人际关系情况、学业情况等。在掌握这些基本资料后仔细分析，提出简要的诊断意见。

(4)心理测验法

心理测验作为最常见的科学检查方法，常用人格测验的方法，来测量一个人的经常表现的典型行为与情感反应。目前，人格测验方法种类繁多，有上百种，内容广泛，主要涉及需要、动机、兴趣、爱好、情感、性格、气质、价值观念、人际关系等。但要认识到心理测验只是一种手段，而不是真正的目的，是辅助对大学生进行心理诊断治疗的工具。

---

① 史占彪、张建新：《心理咨询师在危机干预中的作用》，《心理科学进展》2003 年第 11 期。

(二)制订心理危机干预方案

在评估的基础上制订符合大学生个体实际情况的干预方案,设计可以解决目前的心理危机或防止心理危机进一步恶化的方法,确定应提供的支持。一般来说制订心理危机干预方案需要经过以下步骤。

1. 选择问题

尽管大学生当前的表现是由于经历了一次明确的心理危机,但干预者必须确定是否还有其他问题使大学生的表现复杂化了。通常,除了最近经历的创伤,危机事件之前出现过的创伤,甚至童年期的经历可能也会对此次的心理危机造成影响。有效的干预方案仅能解决几个选定的问题,否则,干预就会失去方向。

2. 界定问题

对每一个特定的大学生来说,选定的作为干预焦点的问题需要一个具体的定义和诊断,以说明它如何在特定个体的身上产生影响。可以参考《精神疾病诊断与统计手册》(DSM-V)和国际疾病分类(ICD)中的心理疾病症状和诊断标准对问题进行界定。

3. 制定长期目标

制订心理危机干预方案的下一步是为解决焦点问题而设置的全面的长期目标。这些目标是总体的、长期的、全面的,显示期望通过心理危机干预达到什么积极结果。

4. 制定短期目标

和长期目标相比,短期目标更加具体清晰,是可测量的,客观有效的。每一个短期目标都是为了实现干预的长期目标而具体分解的阶段性目标,应逐步完成,并且有截止时间限制。当然,随着心理危机干预的实际进程,可能有新的短期目标补充进来。

5. 制定干预措施

干预措施是帮助完成长期、短期目标的行动。每个目标都应至少有一项干预措施。干预之初,如果大学生达不到目标,新的干预措施就应加入计划中。干预措施的选择应该根据当事人的需要和干预者所有的知识技能,包括认知、动力学、行为、药物、家庭治疗和集中解决问题的简短治疗。

(三)实施心理危机干预

采取适当的干预技术,实施干预方案。在这个步骤,获得求助学生的承诺很重要，干预者应该帮助学生一起回顾一下干预的计划和方案，并得到其承诺，旨在确保他能够坚持执行为其打造的危机干预方案。在干预完全结束之前，应提前告知学生，以避免因突然分离而造成再次受到伤害，应鼓励学生今后面临类似危机时，能运用在危机干预中学到的解决问题的方式来处理。

（四）检验回馈

不仅在制订和实施心理危机干预方案前要对心理危机进行评估，在结束心理危机干预之后，也要通过观察、交谈以及使用量表等方法对学生进行预后评估，以了解干预效果如何。

二、大学生伤害事故的心理危机干预形式

国外的学者们已经提出较成熟的心理危机干预原则、步骤、方法、任务，这些步骤和方法已经在我国的大学生心理危机干预实践中被广泛应用，发挥了有效的指导作用。但由于中外文化背景的不同，我们只能在借鉴国外经验的基础上，根据高校实际情况加以调整和运用。

根据干预对象的规模数量，可以将当前的大学生心理危机干预分为三种类型：团体心理干预、小组心理干预和个别心理干预。每一种类型在进行心理危机干预的时候，由于干预对象的特点，在干预的重点和步骤上有一定的区别。

（一）团体心理危机干预

团体心理危机干预涉及面广，人数众多。一般以讲座的形式进行，可以同时对数百人进行心理危机干预。对于大部分大学生来说，团体心理危机干预就能达到帮助他们应对危机的目的。

进行团体心理危机干预之前要制订完善的计划，进行充分的准备。在危机事件发生的当天就应该尽快地召开由学校负责人、管理人员、心理咨询中心老师、有关教师参加的会议，通报危机事件的有关情况，做好心理危机干预的准备和分工。团体心理干预讲座的主讲人应该由两三名经过专业训练的、有丰富的危机干预经验的咨询师担任。确定一部分老师、心理咨询师、学校管理人员担任团体心理干预的助理，按每20～40个学生1个助理的比例安排助理的工作和数量。助理的职责是在团体讲座期间，在现场仔细观察学生，如果有学生情绪失控或打算过早离开，要了解学生的具体情况，及时提供安慰和帮助。在讲座之后助理们要深入描述和判断学生的风险状态，讨论干预的效果

以及是否需要再次进行团体干预。

团体心理危机干预的步骤有以下几个：

1. 鼓励情绪表达

咨询师首先要做自我介绍，向大学生们解释团体干预的目的，对危机事件做简要的回顾。接下来引导大学生对悲伤进行讨论。向大学生描述经受危机事件后人们的普遍的、正常的反应。许多大学生对死亡和重要丧失的体验很少，他们对所感觉到的悲伤特征非常不安并陷入混乱之中，因此，咨询师必须强调指出这种痛苦的感情体验是正常的反应。那些不认识受害者也没有被涉及事件中的大学生，不会体验到任何不适的反应也是正常的。[①] 大学生通常会压抑自己的负面情绪反应。咨询师可以通过"清理创伤"来描述比喻。咨询师可以询问大家当我们身体上有了伤口应该怎么处理。听众中有人会指出要先清理伤口。咨询师给以肯定，进一步提出如果伤口没有被清理，很有可能会感染，使伤口进一步恶化。同样的，一个心理创伤，例如，熟人或朋友的死亡带来的创伤，也需要被清理。咨询师提出清理心理创伤的过程就是对内心的伤痛援助，会部分减轻持续不断的悲伤情绪。鼓励感到悲伤的大学生表达他们的悲伤。宣泄可以使情绪恢复，也会防止长期心理障碍的形成。引导大学生进行情绪管理。例如，恐惧也是危机中常见的情绪反映。一些大学生目击恐怖场面，会产生强烈的恐惧感。咨询师会解释说，害怕是一种很自然的反应，他人悲惨的遭遇体验会给人们带来恐惧，但是不应该让这种恐惧的体验控制我们的生活。咨询师对人们生活中害怕的症状表现进行解释，例如，记忆的闪回，或回避相关的人和情境，鼓励大学生和别人讨论自己的恐惧反应，逐渐淡化恐惧。[②]

2. 识别高危学生

团体心理干预的另一个目的是识别出具有高风险性的大学生。这部分人需要更多的个人关注或详细评估。咨询师在对悲伤进行讨论时，可以通过适度渲染使学生流泪，宣泄压抑的情绪。在此过程中，一部分人的情绪会不能自控，出现流泪、颤抖、喘气、声音微弱等。这时，站在听众旁边的助手们要不断

---

① 李涛、张兰君：《高校危机事件后的心理危机干预模式》，《心理研究》2008 年第 5 期。

② 李涛、张兰君：《高校危机事件后的心理危机干预模式》，《心理研究》2008 年第 5 期。

观察学生们的行为，根据学生们的表现进行判定。对于特别激动的学生，可以走近他们，口头鼓励他们，轻轻地拍拍他们的肩膀或胳膊，温和地请他们离开听众席，建议他们和咨询师进行单独交谈。

部分大学生会中途离开会场。这部分大学生可能是认为这种讲座没有必要，也可能是为了回避讲座所引起的强烈心理反应。心理危机干预的助手们要询问每一个打算离开的大学生，要问清楚他们是否认识事件中相关人士。如果不认识，可以让他们离开。如果认识受害人员的学生要劝他们留下来听完报告，对于不愿意继续留下来并且看起来很悲伤的学生，要登记姓名，由学校的心理咨询师进行追踪，邀请他们参加小组心理干预或个别心理干预。

3. 选取应对方式

健康的应对方式是防止大学生自杀行为的重要缓冲器。因此，咨询师要鼓励学生思考对待灾难事件的应对方式。在对悲剧事件进行介绍，鼓励情绪表达之后，咨询师就要引导大家展开健康应对方式的讨论，可以询问学生有没有经历过悲伤的事件，他们是用什么方法渡过难关的。大学生会给出一些他们会采用的应对方式，咨询师要着重强调和详细说明大学生提及的健康应对方式，并解释为什么这些应对方式是有效可行的。对于大学生们提出的一些不太健康的应对方式，如酗酒、吸毒、打架或报复等，咨询师先不要急于劝告学生不要这样做，而要询问其他的学生对这种解决方式的看法。通常会有学生表示不赞成这种方法，咨询师会询问那些采用消极方法的学生有没有尝试过其他的应对方法，一些健康的应对方式会被学生们热心地提出来。一些危机事件后，少数大学生会有自杀的倾向，因此，团体干预要对自杀进行讨论。咨询师要强调指出，无论伤害多么大，一切看起来多么无望，总是有健康的解决办法。建议大学生和家人或朋友一起商讨后寻找到解决办法，也可以和心理咨询师一起探讨解决。提醒大学生，如果他们感到无法控制自己的情况，一定要寻求他人的帮助。帮助大学生恢复希望和乐观。咨询师要向学生们介绍对于这样的悲伤事件未来一段时间里可能会发生的反应，告诉学生们悲伤的感觉会由盛到衰，随着时间的推移，其强度和频率会渐渐减退。可以教给学生呼吸放松技巧，建议学生们依靠自己的力量或者相互支持，积极面对，有效解决。

4. 鼓励社会支持

鼓励大学生使用社会支持力量，如家人、朋友、同学、老师、宿舍成员、班集体、学生社团、院系组织、学校心理咨询机构、社会组织、志愿者团体等等。咨询师可以告诉大学生，危机事件当事人要从灾难影响中尽快恢复，与他人建立联系，利用一切可以利用的力量来渡过危机是非常必要的。积极的社会支持，对大学生恢复良好的心理起着关键性作用。大学生可以列出自己的人际圈子名单，可以和自己的朋友、同学一起面对危机。如果还需要更多的帮助，可以寻找学校管理组织或心理咨询机构的支持。

（二）小组心理危机干预

团体心理干预后，将在危机事件中涉及的当事人、在团体心理干预中表现异常的高危学生、和当事人关系比较密切的学生、有心理障碍史的同学组织起来进行小组心理干预。小组心理干预一般由4～20名大学生组成。由1名受过心理干预训练的心理咨询师担任领导者。每次干预的时间在1～2小时。小组心理干预可以对部分当事的大学生作进一步的深入详细的了解，对他们表现出来的较严重的症状进行辅导和咨询，引导他们以正确的反应方式来应对危机。小组心理干预可以通过小组营造出来的团体氛围，在小组咨询专家的引导下，暴露他们在危机事件中所受到的伤害，有着共同体验的成员之间相互理解、相互支持，加深对应对危机事件的信心，战胜危机带来的伤害，顺利渡过危机。

总体而言，小组心理干预的步骤包括以下几个方面：

1. 暴露

担任小组领导的心理咨询师首先要介绍自己和小组心理干预的目的，然后每个大学生轮流介绍自己，描述他们在危机事件中的经历，他们的所见所闻及其情绪反应，所以咨询师要管理组员们的情绪，不鼓励他们过多地宣泄自己的情绪对自造成的影响与伤害等，大学生在描述过程中会引起相互影响的情绪。先要确保每个成员都有机会介绍自己，让每个成员都建立小组的归属感，成为小组的一分子。这种暂时压抑小组成员的消极情绪反应有利于后面引导全体成员学会积极的情绪应对方式。咨询师可以说“流泪是正常的情绪反应，也是可以理解的，但是请给小组其他成员一点时间，让我们每个人都有机会介绍自己。过一会儿我们有足够的时间让大家释放自己的感情”。

2. 宣泄和利用群体支持

支持大学生相互之间表达自己的害怕、悲伤等情绪反应。强调宣泄的重要性，鼓励他们的情绪表达，可以在小组成员面前痛哭、大喊大叫。宣泄之后，咨询师要着手引导小组中的大学生认识到成员间的支持和相互帮助的重要性。可以告诉大家，咨询师只是暂时在这里，而同学们在小组干预结束后还会生活在一起，他们的相互联系和沟通会帮助他们渡过危机事件后的艰难时光，有利于他们的身心健康。

3. 罪恶感

对于大学生来说，产生罪恶感是非常痛苦、艰难的。他们通常也不愿意和咨询师讨论这样的情感。咨询师要仔细倾听他们对自己情感的评价，可以这样引导："在发生了这样的悲剧之后，人们经常会后悔，他们希望自己能重新做过或没有那样说就好了，你们之间有人后悔吗？"如果小组成员中有人有强烈的自责表现，咨询师要请这位同学详细描述导致这些感觉的具体因素。然后小组进行讨论，通过讨论，咨询师和其他大学生会提出更理性的看法，可以使该同学的内疚感和自责感减轻，或者至少可以让他认识到自己的行为某种程度上是可以接受的。如果该同学仍然不能减轻罪恶感，就需要做进一步的个别心理干预。

4. 鼓励健康的应对行为

在暴露了悲伤、害怕、罪恶感之后，小组讨论进入健康应对阶段。像在团体心理干预中一样，咨询师会询问小组成员他们对此类事件的应对方式，有没有自杀的企图。尽管大学生会提及一些不健康的应对方式，咨询师要引导大家接受健康的应对方式，拒绝自我伤害的行为。在小组心理危机干预中，因为人数较少，可以有充裕的时间来关注成员们关心的问题。学生会认为自己所处的环境不利于自己健康地应对事件，比如受到周围的同学的排挤和歧视等。学生们可能会面临形形色色的问题，咨询师虽然无法针对每一个人的具体情况提出解决方案，但是要让他们明确可以采用哪些健康的应对方式。

5. 总结

咨询师会总结强调诸如体育锻炼、创造性地表达（如绘画、舞蹈、诗歌）、寻求社会支持系统的帮助等危机应对的方法，也可以教给小组成员深呼吸和肌肉放松的方法。这些具体的方法和前面进行的讨论可以有效减轻小组成员的负面情绪和压力。咨询师还要提醒大家，在小组干预中，同学们的心理负担得到减轻，但是在小组干预结束后，随着时间的推移，痛苦的情绪会时而加大，时而减少，这时他们可以尝试刚才教会给他们的方法，寻求小组其他成员的帮助，也可以进行个别的心理咨询。

6. 评估和转诊

小组心理干预同样需要甄别出那些心理高危的大学生，他们可能是危机事件的当事人或接近危机事件，有个性缺陷或心理障碍，或者存在一些不利的环境因素等。在小组讨论的过程中，咨询师要注意观察哪些学生具有较高的风险性，并对其进行单独的评估。

可以从以下六点来判断：

(1)与受害人关系密切或目击了事件但是却没有任何的情绪反应；

(2)无法控制自己的感情；

(3)过度自责和过度愤怒；

(4)暗示或者提及自杀的想法；

(5)明显的放纵或极端的行为；

(6)在个人、家庭或人际关系方面存在问题。

当然，大学生的表现并不仅仅局限在上述的方面，咨询师需要凭借自己丰富的经验甚至是直觉来评估学生是否面临较严重的心理危机。对那些心理高危的大学生，要转诊或进行个别干预。

(三)个体心理危机干预

个体心理危机干预是一对一进行的，对咨询师的危机干预技巧和心理咨询技术经验要求较高，咨询师要具备这方面的专业知识和技能。步骤有以下几个①：

1. 接触

接触的目的是主动回应危机事件大学生提出的接触要求，以非指示性的、热情的和有帮助的方式进行接触和交流。与危机事件中当事的大学生的第一次接触非常重要。心理咨询师如果能以尊重的、热情的方式来进行接触，将有益于建立一种积极有效的帮助关系，并能促使当事人接受进一步的帮助。有时候，来自他人的关注目光或热情问候，往往会使处于心理危机状态中的大学生感到踏实和受助。

在接触中首先要使大学生平静下来。受危机事件的影响，大学生会处于紧张焦虑的状态之中，咨询师要用温和、坚定的态度使大学生感受到一定程度的安全、自信和信任。咨询师要主动向大学生介绍自己，一般可以说："您好！我叫某某。我是本校的心理咨询教师。我的任务是看看在目前情况下能为您做些什么。我们可以谈谈吗？"

咨询师要询问大学生是否愿意和其交谈，要向对方解释清楚自己的任务

---

① 李涛、张兰君：《高校危机事件后的心理危机干预模式》，《心理研究》2008 年第 5 期。

就是帮助他们更容易处理一些事情，帮助他们对有些事情感到更好受一些，在得到对方允许的情况下，才可以开始进一步的交谈。咨询师在与处于心理危机中的大学生交谈之前，最好详细了解该学生的资料，这样可以减少交谈中收集资料的时间，也可以更好地缩短与学生的心理距离。在交谈中，一定要使用该学生的姓名，以表示尊重。要邀请对方坐下，并向对方保证谈话的保密性，要全神贯注地和对方交谈。注意说话的速度，始终保持冷静。

2. 确保安全

在危机干预过程中，心理咨询师要将保证前来求助的大学生的安全作为首要目标。要将对自我和对他人的生理和心理危险性降到最大限度。通过加强即时的和延续的安全保障，提供生理和情绪的安慰。可以采用以下的方法帮助大学生尽快恢复和建立安全感。

鼓励大学生不断做一些积极的、实用的、熟悉的事情。帮助他们不断获取最新的准确的消息，避免他们被一些不实的消息误导。帮助他们尽快找到对自己有帮助的人际资源。帮助他们了解危机事件的救助情况。帮助他们与其他同样受到危机事件伤害的人建立联系。

3. 交流和沟通

咨询师和大学生之间不可避免地会谈论危机事件。咨询师的积极情感和坚定的信念会感染和激励大学生，有助于消除危机的不良影响。咨询师不要去评价大学生的经历和感受是否值得赞扬，或是否是心甘情愿的，而是要让大学生相信“这里有一个人确实很关心你”。

在危机干预过程中，可以使用“核心倾听技术”——共情、理解、真诚、接纳和尊重。在交流沟通的初期，大学生由于危机造成的应激，情绪会失控。紧张、焦虑、害羞、自责、愤怒和悲伤等都会是危机之后的常见情绪反应。这些情感有时会直接表现出来，有时会被精心掩饰起来，有时会以愤怒、气势汹汹的方式表现出来。咨询师要关注大学生的面部表情和身体姿势的变化，通过点头、保持眼神接触、微笑、适当语言反馈、宽松、开放等言语和非言语的沟通方式，向对方传达出关心、参与和信任的态度。通过交流沟通，分担大学生的担忧和恐惧，赢得对方的信任和合作。

4. 心理评估

首先要确认伤害事故导致的心理危机事件中学生当前的心理需要和关注焦点。从当事人的角度，确定和理解危机事件当事人所认识的问题。如果咨询师所认识的危机境遇并非大学生所认同的，那么所采用的各种干预和付出的努力可能会失去重点，没有任何价值。其次是进行心理测量。在心理危机干预过程中进行正式的心理测量是不合适的，但是咨询师仍然可以询问一些与心理测量相关的问题来获取信息，以便准确地对大学生的心理状况进行确认。最后，收集必要的信息。信息收集和整理工作贯穿整个干预过程的始终，要收集各个方面的信息，概括来说，有以下13个方面：危机事件中的大学生所经历的事件性质和严重程度；亲人和朋友的去世；对危机后目前的处境和可能持续存在的威胁的担忧；与所爱的人的分离或担心爱人的安危；生理疾病和药物需求；丧失（财产、学校、学习等）；过度的罪恶感和羞耻感；伤害自己或他人的念头；失去有效的支持性社会网络；酗酒或药物滥用史；曾遭遇过危机事件或重大损失；曾有过严重的心理问题；对继续发展机遇的关注。①

5. 应对方法

多数情况下，大学生会因为所遭受伤害事故的突如其来的打击，思维处于不灵活的状态下，不能恰当地判断什么是最佳的选择，有些人会悲观地认为自己无路可走。这时候，咨询师要提供给大学生一些适当的方法和途径供其选择。帮助大学生认识到有许多可变通的应对方式，应该从不同途径思考如何面对目前的处境：

（1）环境支持，这是提供帮助的最佳资源，大学生可以去寻求那些现在或过去能关心自己的人的帮助。在大学里，同学、老师、学生社团、管理服务机构等都可以为学生提供支持和帮助。

（2）应对机制，大学生可以用来战胜目前危机的行为和环境资源。

（3）积极的、建设性的思维方式，可以用来改变自己对问题的看法并减轻应激与焦虑水平。

6. 制订计划

在大学生选择了有关应对危机的方法之后，必须有一个切实可行的计划来确保该应对方法的实施。计划的制订是咨询师和大学生合作的结果，要让大学生感觉到这是自己的计划，尤其是要让大学生感到没有剥夺他们的权利、独立性和自尊。根据大学生的状况，计划应帮助解决具体问题。计划一般包括：

---

① Brymer M., Jacobs A., et al. *Psychology First Aid: Field Operations Guide*, National Center for PTSD, USA, 2006, http://www.ptsd.va.gov/professional/manuals/psych-first-aid.asp，访问日期：2012年2月16日。

(1)确定有另外的个人、组织团体和有关机构能够提供即时的支持；

(2)提供应对机制——大学生能够采用的、积极的应对机制，确定大学生能够理解和把握行动的步骤。在计划制订之后，咨询师要让大学生重复一下计划，要得到大学生诚实、直接和适当的承诺，并明确大学生是否同意合作并实施计划。

第十二章 国外大学生伤害事故处置的经验与启示

加强教育管理，维护高等学校正常的教学、工作和生活秩序，保障学生身心健康，促进学生德、智、体、美、劳全面发展，是高等教育的根本宗旨。近年来，由于思想道德、心理健康、安全意识、防护措施等诸多因素，大学生伤害事故屡屡发生。据调查统计，意外伤害已成为中国大学生死亡的首要原因。这些意外事件的发生，给家庭、学校和社会都造成了不良的影响和巨大的损失。痛心之余，带给我们的是更深的思考。

时至今日，如何对大学生进行有效的安全教育，预防大学生伤害事故的发生，以及发生大学生伤害事故后，如何及时进行处理和救济，是理论界和实际工作中广泛关注的问题。本章将从国际视角，对其他国家在此问题上的相关经验进行介绍和分析，希望能够对我国大学生伤害事故的预防以及处理提供参考借鉴。

第一节 美国应对大学生伤害事故的管理

美国十分重视高校校园危机管理以及大学生伤害事故的处理，将其列为危机管理范畴。美国高校办学历史较长，在这方面的理论探索已经进行多年，并制定出一系列有关高校学生伤害事故预防与处理的政策措施。美国高校学生伤害事故的预防与处理，既有较为成熟的理论，也有相对完备的应对机制和具体管理措施。在一定程度上，其管理模式和系统能够比较有效地预防和处置学生伤害事故。当事故发生时也可迅速有效地应对，在事故结束后，会及时采取善后处理措施。

一、美国先进的学生伤害事故管理理念

科学、先进的管理理念是预防学生伤害事故发生的重要基础，对预防和减

少学生伤害事故发生发挥积极的作用。

(一)预防为主

危机管理专家迈克尔·里杰斯特曾说过:“预防是解决危机的最好办法。”①高校学生伤害事故的发生具有不确定性、突发性、复杂性等特点,但是,从某种程度上讲,学生伤害事故也是可以预防和控制的。美国高校十分重视学生伤害事故的预防,及时总结事故处理经验及相关研究成果,制定各种预防措施,以有效减少事故的发生。

(二)坚持信息公开

美国高校重视学生伤害事故发生后的信息披露,坚持信息公开,发布校园犯罪信息可提高学生伤害事故的可预见性。宾夕法尼亚州率先通过了强制报告立法,要求高校对校园内的犯罪信息予以公告。新生入学后,高校有义务向学生提供有关校园犯罪趋势的信息,告诉他们需要采取何种防范措施以免受到犯罪的伤害。发布校园犯罪信息可以提高学生伤害事故的可预见性。佛罗里达州高校创造了一些钱包大小的紧急情况卡片并将其分发给学生和学生家长。卡片上为学生及家长提供了学校免费的危机热线,主要的网站地址,同时还包括播放学校紧急情况通知的地方广播台和电视台。

(三)坚持人防技防

美国高校重视人防与技防相结合,引进先进技术设施,防范学生伤害事故的发生。美国校园广泛依靠高科技手段建立了多功能的防盗、防火、交通安全、报警等校园安全防范体系,促进校园安全防范不断形成点面结合、纵横交错的严密网络。如多功能电子监控系统、防盗、防侵入系统、交通安全管理系统等,有助于提升高校应对学生伤害事故的防范能力。目前美国学校已普遍安装了电子门禁系统,一些学校的门禁系统掌握在建筑管理员手中,还有一些直接由监控中心控制,重要通道安装电子锁,凭电子钥匙开启,系统自动记载开启时间和使用者身份,确保万无一失。

二、美国应对大学生伤害事故的法律保障

美国坚持法律至上原则,从联邦、州到各地方政府建立了完备的应对学生伤害事故的完备法律体系,为学生伤害事故的处理提供了有效的法律保障。

---

① 罗伯特·希斯:《危机管理》,中信出版社 2001 年版,第 30～31 页。

(一)美国联邦宪法

1. 第一条修正案

1791年通过的美国联邦宪法第一修正案规定“国会不得制定关于下列事项的法律:确立国教或禁止信教自由;剥夺人民的言论或出版自由;剥夺人民的和平集会及向政府请求的权利”。因此,各州制定的法律,不得侵害教师、学生宪法保障的实体权利,如言论自由、宗教自由、隐私权等。

2. 第四条修正案

1791年通过的美国联邦宪法第四条修正案规定“人民有保护其身体、住所、文件与财产,不受无理拘捕、搜查与扣押的权利”。因此,学校基于校园安全而搜查学生储物柜、车辆与身体的行为,以及测试毒品计划,常引起“是否违反第四修正案?”的质疑。

3. 第十四条修正案

1868年通过的美国宪法第十四条修正案规定“任何州,如未经正当法律程序,均不得剥夺任何人的生命、自由或财产”。本条成为学校诉讼中最常引用的宪法规定,也被称作“正当法律程序条款”,在保障教师与学生宪法权利方面极有影响力。①

(二)联邦和各州的法律

1. 1900年的《校园安全法》

该法律要求全美所有的高校校园警察机构要公布校内以及校园周边的有关犯罪信息。及时发布可能或正在构成威胁的犯罪警报。每个拥有安全部门和警察的机构必须有公开的犯罪日志。还要求出版年度报告,公布高校的安全政策以及近两年来有价值的犯罪统计。同时,对于不遵守该法律的高校可以进行处罚。

2. 1994年的《校园禁枪法》

该法律要求所有接受联邦教育基金的州通过《改善校园环境法案》(IASA法案)。IASA法中规定各高校一旦发现有学生带枪入校有权至少将其开除1年。任何州到1995年时若仍没有类似IASA法的法规出台,将被取消领取联邦教育基金的资格。截至1995年10月,美国50个州全部颁布了相关立法以满足IASA法的要求。据此方式,联邦政府得以在处理学生伤害事故方面对

① 秦梦群:《美国教育法与判例》,北京大学出版社2006年版,第22~26页。

各州的立法权施以一定程度的影响和控制。

3.1994年的《校园、社会禁毒及安全法》

此法律为《美国校园法》修正案的一部分，它陈述了学生伤害事故不断增长造成的不良后果和校园秩序的不断衰退，扩充了1986年制定之初的相关内容，并且为各类防止学生伤害事故的活动提供专项资金。该法律为各州教育机构、高等教育组织、地方教育机构及非营利性组织提供联邦基金支持，用来预防学生伤害事故，提供相关技术和培训，提供资金给学生安全教育活动。该法律允许举办校园安全宣传活动，强调校纪校规。此外，还为学生往返学校开辟安全通道，并且为购买和安装电子监测仪、雇用额外安全保障人员提供资金。

4.1994年的《美国2000年教育目标》

美国高度重视学校安全，在立法上把建设安全的校园作为国家的教育目标。1994年，国会通过了《美国2000年教育目标》，将国家教育目标增加为8项，其中第7项目标是学校安全。

该项目的主要内容：美国的每一所学校都将没有毒品和暴力，不能出现未经授权的枪支和酒精；为学生提供一种秩序井然、有益的学习环境等。1994年，国会通过的《学校安全法》是专门为实现这项目标而制定的法律。这是联邦第一次拨专款用于地方学区以帮助学区实现更为安全的联邦计划。

此外，美国还制定了《危机计划的实用资料：学校与社区指南》《联邦应急计划》《全国紧急状态法》《灾难救济和突发事件救助法》等法律法规，规范了高校和学生的安全行为，有助于保障校园安全。[①]

三、美国应对大学生伤害事故的组织体系

美国高校学生伤害事故的应对采取“联邦—州—县/地方政府—高校”的纵向管理组织体系，确认了各个管理系统在事故处理中的责任。根据这一管理机制，高校及所在社区是学生伤害事故应对的基层单位，经过一系列程序达到州政府，最后达到联邦政府。

（一）联邦公共安全管理机构——联邦应急管理局(FEMA)

联邦应急管理局是美国联邦公共安全管理核心机构，直接向总统负责，其使命是“领导美国针对灾难进行预防、反应和恢复”。FEMA成立于1979年，

① American University Annual Security Report 2005.

卡特总统颁布行政命令,将分散于各个部门与赈灾有关的机构集中起来成立了该联邦机构。多年来,该机构已经建立起一套“综合应急管理系统”,应付各种类型和各种规模的天灾人祸,从火警、地震、飓风、爆炸直到危机的最高形态——战争,无所不管。FEMA 主要向高校安全管理部门提供培训、技术支持及经费资助。具体表现为:FEMA 与各州教育部门合作制定了一系列处理学生伤害事故的行动指南,为学生伤害事故预防计划的制订提供参考。向高校提供各种危机管理课程,如“突发事件管理系统的学校应用”等。还向各个高校提供各种拨款,尤其是遭遇重大自然灾害的高校。

(二)各州和地方政府的紧急事态管理部门

美国在处理学生伤害事故中坚持“地方为主”原则,各州都设有直接隶属于州政府的紧急事态管理部门。当高校出现学生伤害事故时,州和地方政府的优先处理权要优于联邦。美国 50 个州和 6 个领地的紧急事态管理部门名称各不相同,如新泽西州称为“紧急事态管理办公室”,隶属于法律和公共安全部。而加利福尼亚州成为“州长紧急事态服务办公室”,直接受州长管辖,级别高于新泽西的紧急事态管理办公室。佛罗里达称为“紧急事态管理处”,北卡罗来纳称为“紧急事态管理部”,田纳西称为“紧急事态管理局”。州政府为高校学生伤害事故应对提供技术支持和支援服务,如加州设立专科培训学院面对州、地方、联邦等进行紧急事态管理培训项目。①

(三)校内安全管理组织

1. 美国高校校长的安全管理职责

高校校长应当是负责校园安全管理的总指挥,拥有校内安全措施的发布权。由于大学校长的职责是通过对学校组织、运作、资源的有效管理,为全体师生创造一种安全、高效的学习环境,进而为学生通向成功奠定基础。因而,对大学的安全管理就成为大学校长一项尤为重要的职责。

美国大学校长的安全管理职权有点类似于美国总统的安全管理职权,即全校的安全管理系统应以校长为总指挥。全校校内的安全管理部门应当在校长的领导之下进行所有的管理措施。总之,校长享有校园安全管理方面对内的最高权以及对外的代表权。②

---

① 夏保成:《美国公共安全管理导论》,当代中国出版社 2006 年版,第 27 页。

② 张谦:《国外大学的管理模式与启示》,《民主》2003 年第 3 期。

校长有权负责宣传全校进入紧急状态、向全体师生发布危机状况报告、向州政府及联邦政府报告危机处理状况、向媒体发布紧急状态信息等。通过电台和电视台来接受联邦或地方政府的指导，启动危机管理计划，限制学校去接近危险的来源，取消外出活动和野外旅行，对有需要的学生和教职工提供心理健康服务等。

2. 美国高校校园警察的安全管理职责

早在20世纪60年代中期，美国各州就相继立法，推动建立了校园警察制度来保证校园安全。校园警察机构的建立由校长和校董事会依法决定，人员聘任、升迁、淘汰由校长决定，经费开支也有学校负担。美国校园警察机构中，校园警察组织分为三类：一类是高级警校，他们是经过培训考核取得资格的正式警察，在校内行使执法权。二类是校园保卫组织，根据本地法规和学校规章制度执行保卫校园安全的任务，他们是辅助人员，没有执法权。第三类是勤工俭学的学生或学校从地方保安公司雇用的私人保安。他们承担巡逻护送、医疗救助、维护秩序等任务。

美国校园警察部门在整个校园日常危机管理中居于核心地位，其主要有三个方面任务：首先是校园防盗。美国学生经常自行车乱停乱放，不锁寝室门，校园警察既要提醒学生，又要看管好这些物品，防止被盗。其次是校园安全防护。在美国，校园枪支的泛滥已成为各种抢劫、枪击和性暴力等案件频发的首要原因。校园警察时常对学生宿舍进行检查，以防止学生携带枪支入校，并且负责监看监视装置发回的图像信息和接听学生的求救电话。再次，是反恐活动。“9·11”事件发生后，美国校园也被列为有可能遭受恐怖袭击的重点目标之一，校园警察与政府反恐部门的合作逐渐增多，有时还组织参加反恐演习。

3. 美国校园保安的职能

美国公立高校的安全管理体制以校园警察为主。但是，在公立高校中，校园保安也是校园安全管理组织机构中重要性仅次于校园警察的组成部分。只是，公立高校的保安没有法定执法权、警察权而已。对于私立高校而言，保安就是首要的安全管理力量了。全美的名校中，私立大学多于公立大学，如耶鲁大学、哈佛大学、麻省理工学院等。美国的保安体制是许多州的私立高校安全管理工作实行的体制，类似于我国高校目前的保卫机构。但是，多数大学安全管理机构都与地方警察局局长或地方县级以上行政司法长官签订授权协议而获得了警察权。高校安全管理机构只有一部分经过严格考核和专门培训合格的人员才能履行警察的权力，其他人员则履行保卫、保安职责。

(四)校外安全管理民间组织

1. 学校安全服务署

该组织是服务于美国学校安全的民间组织，是美国国内著名的提供学校安全咨询、相关培训、学校安全评估以及其他有关青少年安全服务的专门组织。其主要职能有以下几个方面：一是向学校提供安全管理相关教育和培训。发布最新的学校安全动态、防暴措施、战略要闻、培训事宜等信息。二是向学校提供安全评估。安全评估主要是为申请这项服务的学校提供一对一的考察、评估，并给出一套经济、可行的建议。三是为学校组织防暴模拟。防暴模拟由服务署的校园安全专家负责设计、安排，通过一连串的环节来训练学员解决各种问题的实战能力。四是向学校提供安全咨询服务。在进行学校安全规划、设计安全设施、安保部门评估、推动安全工作、事后咨询、政策支持、资金投入等方面，服务署向校方提供技术支持和咨询服务。①

2. 校外监督委员会

由相关人士组成校园安全监督委员会，为校园安全献计献策，促进校园安全水平。也对学校安全管理加以监督，防止学校安全意识衰退。在美国沃雷县，成立了由校外人员包括法律部门和其他职业的人所组成的委员会。这个委员会负有监督地方教育部门并指出其不足之处的责任。因为内部人员可能会犯当局者迷的毛病，局外人却有可能看得更清楚。这个校外委员会所起的作用是显著的，在委员会的最终报告出来以前，它所提出的32个建设性意见中已有28个被采用。

四、美国高校校园危机管理程序

美国制定的《危机计划的实用资料：学校与社区指南》认为，危机的发展包括三个阶段——潜伏期、爆发期和恢复重建期，危机管理过程有四个环节——缓解与预防、危机准备、危机反应和危机恢复。教育部门建议各个学校根据自身实际按照这四个环节制订学校安全计划。

(一)危机的缓解与预防

虽然高校学生伤害事故的突发性致使其具有难以预测的特点，但进行相应的危机预防是可以改变或者减轻事故发生的可能性。目前，美国高校在危

① 赵雪霞：《美国学校安全措施》，《教学与管理》2001年第8期。

机缓解和预防方面主要采取的措施包括校园环境安全审查、开设危机管理课程、对学生的心理健康监控和心理危机干预等。

(二)危机的准备

对危机的准备主要包括对应对危机的人员准备、危机预案和演练及后勤保障。美国组织危机管理经验丰富的人员成立危机管理小组,负责启动危机管理计划,提供咨询建议,以及具体的危机处理工作。危机预案主要由以下几个方面构成:确定危机的范围;解决危机事件的清晰程序;指令连锁,以保证危机来临前时,迅速找到处理者;校园沟通计划;媒体发言人;支持性服务的安排;学校详细的平面图和各个疏散要道;危机计划的评价等。危机预案制订后应定时演练,使学生和教职员工熟悉相关程序。同时,应对危机的物资、资金等相关后勤保障也是必不可少的。

(三)危机反应

对危机的反应开始在危机迫近或者发生的瞬间,是将所制订的危机预案付诸实施的过程。美国高校的危机反应措施包括建立危机管理指挥中心,上报危机,决定是否封锁或撤离关键建筑物内的人员,指定控制区域,开展紧急自救直至其他更权威的救援机构到达,以及随时向媒体、公众公布与危机相关的信息等。

(四)危机恢复

危机的恢复是遭受危机后的高校向危机发生前正常的运行状态的回归,其不仅是对物质层面的恢复,也是对心理状态的恢复。美国高校危机恢复的主要目标是使高校恢复正常的运行秩序,并借助已经发生的危机,改进学校的危机管理计划,不断提升学校的危机应对能力。

第二节 英国应对大学生伤害事故的管理

英国是最早关注并致力于校园安全问题的国家之一。首届国际校园安全大会就是在英国的南安普敦大学举行的。此次会议对后来的英国校园安全策略在各个方面产生了影响。在那次会议以后,不少英国学校改进了校园安全管理机构的职责功能,并通过多种手段有效宣传校园安全的概念。另外,英国还成立了一些校园安全组织,向社会各界宣传校园安全的概念,呼吁社会关注校园安全问题。英国在高校公共安全管理方面积累了很多成功的经验和机制值得我国研究学习。

一、英国校园安全管理组织体系

英国政府于2001年7月在内阁办公室设立了非军事意外事件秘书处。宗旨是通过协调政府内外各方,在危机预见、预防、准备和解决方面提高应对突发事件的能力。其主要目标包括:领导辨别和评估突发事件,协助制定整体反应;与各有关组织建立伙伴关系,开发和共享英国重要网络和基础设施资源;确保预防和控制灾难的规划和机制发挥效应,并确保政府在处理危机期间能够继续发挥正常的社会职能。同时,秘书处还负责确定灾害处理过程中的轻重缓急,致力于改善各级政府、各公共和私营部门,以及志愿者的防灾御险能力。

秘书处下设三个职能部门,即评估部、行动部和政策部,负责全面评估潜在和已发生的灾害的程度、规模及影响范围,并发布信息;制订和审议部门应急计划,确保中央政府为有效应对意外事件做好准备,参与制定后果管理政策;通过与政府各部门磋商,起草应急计划和全国性标准。此外,该处还建立了意外事件规划学院,从事应急理论、应急措施和应急行动协调等方面的研究。

英国政府还设立了一个非军事意外事件委员会,由内阁大臣担任主席,与意外事件秘书处保持着密切的工作关系。英国的许多部门都有紧急应变机制,各自根据不同的部门特点制定其应急措施。一旦发生危机事件,各有关部门可立即启动自己的应急机制,同时由其他相关部门予以配合和支持。①

英国高校没有专门的学生伤害事故应对处理机构,多数是挂靠在安全部门或者是心理咨询部门,但英国高校所有的辅导员都经过专门的应急管理训练,具有较强的应对学生伤害事故的能力。英国高校的安全部门由受过训练的专业保安人员负责,在校区进行24小时巡逻,并负责提供预防犯罪的信息以及监测校园内的不法活动。英国除了高校校内的心理咨询机构之外,还有一些民间组织设有专门负责加强青少年精神健康教育并预防青少年、大学生自杀的慈善机构。

---

① 乐蓉蓉:《国外危机管理的举措》,《计算机世界报》2006年第12期。

二、英国对高校学生伤害事故的国家干预措施

对于高校学生伤害事故，英国采取了较为全面、有效的一系列干预行动和管理措施。

(一)建立青少年危机干预组织

为了治理青少年犯罪现象，英国首先成立了青少年危机干预组织。其成员主要包括青少年犯罪研究机构的工作人员及政府部门的代表，其中大多数成员具有良好的、全面的青少年身心发展及家庭教养艺术等方面的专业知识和技能。该组织的任务就是及时识别“危机青少年”，发挥信息共享优势，开展志愿者挽救活动。实践表明，该组织自2000年成立以来，取得了极大的社会成效，使得英国一些地区的青少年犯罪率降低了32%。

(二)开展警察驻校活动

英国委派百余名警察入驻犯罪高发区的学校工作，并加强与学校相连的各公交运输线路的巡逻。该措施极大地加强了学校及其周边大学城的安全防卫工作，降低了青少年的犯罪率及因同伴的引诱或出于模仿而实施的犯罪行为的可能性。

(三)向青少年发出底线警告

底线警告即指有关人员专门向青少年发出的提醒其行为已经接近底线的警告。接到底线警告的青少年，其行为如果无明显改变，便要接受行为干预，并被要求强制报告自己的日常行为。底线警告改变了传统的由警官反复做出警告但却不见任何效果的做法，有助于遏制青少年行为的恶化。底线警告的前置程序是保障底线警告成功有效的关键，其主要包括：

1. 在向青少年发出底线警告之前，由其父母先行提供保证。

2. 反省行为。即有实施侵害行为的青少年反省侵害行为所造成的后果，并约见受害人，向对方道歉，求得受害人的谅解和宽恕。

3. 实施干预措施。针对评估中所发现的犯罪诱发因素对青少年进行教育和矫治。有关部门目前正在进一步拓宽底线警告的适用范围，并就受害人的介入、干预措施及保证的使用提出了一些合理有效的可行性方案。

(四)实施转移令及社区参与方案

该方案的特征就是充分发挥受害人和社区在青少年审判活动中的重要作用，让受害人和当地社区成员在青少年审判系统中担任重要角色。2002年4

月起，所有的青少年初犯，只要认罪并且所犯之罪尚不足以处以监禁，都会接到"转移令"。即这类青少年初犯将不再接受正规的法庭审判程序，而由法院移转至由社区成员、家长、青少年犯罪研究机构的工作人员及受害人组成的青少年犯罪处置小组进行处置。由该组织成员共同决定抚慰受害人及惩罚和遏制青少年犯罪行为的最佳方式，并确保青少年能够从中吸取深刻的教训。

(五)加强保证期间内青少年的行为管理

目前，保证期间及案件审结时间已有原来的142天减至68天。为了解决保证期间内青少年行为的管理问题，青少年审判委员会出资建立了129个监督管理机构，专门负责保证期间内青少年行为的监督工作，具体工作内容包括依照新出台的《强化监督和管理方案》的各项规定，严格监控青少年的行为，仔细分析其犯罪根源，减少保证期间内青少年的重新犯罪行为。此外，《强化监督和管理方案》也已作为拘留、监督和社区改造令及训管令(即对未满18岁的青少年所判刑期的一半在监狱内执行，另一半在社区内执行的规定)中的一个组成部分适用于青少年。

(六)强化监护人责任

就青少年而言，监护人对其违法行为的明察秋毫及严厉的管教措施，是制约青少年犯罪行为的一个最重要的、带有威慑性的因素。英国专门出台了《教养法》，帮助监护人学会处理青少年行为问题。根据《教养法》规定，监护人应当参与并接受有关咨询，用专业化的教养知识抚育青少年健康成长。另外，对于青少年的反社会行为问题，地方主管部门及警察机构成立专门组织，与监护人及青少年共同开展了"良好行为签约"，作为干预青少年反社会行为的重要措施。一旦青少年出现了反社会行为问题，可以根据"良好行为签约"的有关规定，在家长的配合下，对青少年进行相应的惩罚，并责令他们向受到骚扰的当地居民道歉，深刻反省行为后果。①

三、英国高校的公共安全管理职权

英国学校老师有"体罚"学生的权力，并有权对学校内存在的危害因素评价出的风险采取有效的控制措施。

① 梁栋:《英国青少年犯罪的国家干预措施简介》,《青少年研究》2003年第3期。

(一)《教育和检查法》赋予学校校园暴力管理权

以往的英国法律允许老师和父母管束孩子，英国《教育和检查法》历史上第一次从法律上给予老师"体罚"学生的权力。该项法律明确规定，老师有权通过身体接触管束学生。当其他学生或老师有可能遭遇伤害时，不管是在校内还是在校外，老师可以用"合理的力量"制止争斗，或让不守秩序的学生离开教室。此外，该法律还规定，老师有权没收学生的物品，如手机和音乐播放器等。人们普遍认为，这个权力有助于压制"网络校园暴力"，例如，当老师怀疑学生用手机发短信恐吓其他人，或是拍摄其他学生遭袭击的画面时，有权没收手机。此外，学校通过与父母签订养育合同，可以要求父母对孩子的错误行为负责，罚金最高达1000英镑。

(二)英国学校风险评价体系

英国劳动安全卫生方面的法律规定，校方应对学校内存在的危害因素及其潜在风险进行辨识、评价，并对评价出的风险采取有效的控制措施。评价范围包括学校的教师、员工、学生，以及其他外来人员。学校应指定专职人员负责安全卫生的管理工作，专职人员必须受过专门培训，能够进行危害辨识、风险评价工作，能够制订风险控制计划，以消除、较少或控制学校的安全卫生风险。学校里的风险评价主要从以下四个方面进行：火灾、有害物质、显示屏设备工作站、受伤后的救助。英国校园安全管理机制要求，各个学校要定期进行风险评价，并且制订紧急应急计划。①

第三节　日本应对大学生伤害事故的管理

日本地处欧亚板块、菲律宾板块、太平洋板块交接处，处于太平洋环火山带，台风、地震、海啸、暴雨等各种灾害极为常见，是世界上易于遭受自然灾害的国家之一。在长期与灾难的斗争中，日本在应急管理方面，法规健全、体制完善、机制顺畅、宣传到位、保障有力，预防和处置各类突发事件的成效显著，日本在应对大学生伤害事故方面已形成了一套较为完善的综合性突发事件应对机制，值得我国学习借鉴。

① 苏宏杰编译:《英国中小学校的风险评价》,《劳动保护》2003年第2期。

一、日本应对大学生伤害事故的相关法律制度

日本素以重视教育立法而著称于世。现行的教育法规体系无论从纵向还是从横向上看,都是完善而严谨的。在纵向上,国家颁布的教育法规形式就有母法、子法、施行令、府令和省令、人事院和委员会等颁布的规则,以及由文部大臣、各种委员会和各厅长官所发布的告示、训令、通知、通达等六个层次。地方又有议会制定的条例、地方行政长官制定的规则、地方教育委员会制定的规则等三个层次。因此,日本的教育法规从上至下形成了一种金字塔形的教育法规体系。在横向上,有从基础教育法到一般教育法,从学校教育法到社会、家庭教育方面的法规,从教育行政法到教育财政方面的法规,从国立、公立学校法到私立学校方面的法规,从教科书法到课程、课时标准、课外活动和修学旅行等方面的法规,可谓应有尽有,面面俱到。

据统计,日本现行的各种直接和间接的教育法规约 2000 项。若再加上重要的教育判例和习惯法等,就数不胜数了。正是在这样一张纵横交错、完善而严谨的教育法规网络下,日本的教育事业有法可依,从而形成一种高效运作的规范化管理体系。

日本仅有关处理学生人身伤害事故的法律法规就达 30 余部之多,形成了以《学校教育法》《国家赔偿法》《传染病预防法》《日本体育及学校保健中心法》《日本体育及学校保健中心法施行令》等为主的一套完备的处理学生人身伤害事故的法律体系。

此外,各地区还因地制宜地制定了地方性法规,如东京地区制定了《报告处理伤害事故纲要》《学校防灾指南》等。日本各学校也制定出一套处理和防范学生人身伤害事故的规章制度。

日本依法将学校事故归纳为 10 大类,即课堂中的事故、学校教育活动中的事故、校外活动中的事故、供应伙食和学校环境卫生中的事故、休息时间和自修时间中的事故、放学后部活动中的事故、停课期间的事故、上学和放学途中的事故、设施和设备欠缺引发的事故、家长和外来者在校发生的事故。同时,对上述各类事故中有关主体应履行的义务分别作出明确具体的规定,如为防范课堂中的事故发生,日本学校规章制度规定教师必须履行以下三方面的义务:事先提醒的义务,在课堂上有指导监督的义务,事故发生后有紧急采取措施的义务。

可见,在学生人身伤害事故的立法方面,日本已形成了一套上至国家的法

律法规，再至地方有关机关的地方性法规，下至学校的规章制度，效力上高低错落、内容上相互衔接的完备而具体的法规体系。尤其需要注意的是，日本立法过程中体现出的法律的操作性很强，对校园内发生的事故做了十分细致的划分。这样做的效果是，为出现学生人身伤害事故的处理、法律责任追究提供了充分的法律依据，使实践中较少出现因为法律规定模糊导致事故不能及时解决、影响处理效率的问题。

二、日本应对大学生伤害事故的管理体系

日本应对大学生伤害事故有完善、科学的组织机构和管理系统。

(一)日本应对大学生伤害事故的组织机构

1. 日本政府公共安全管理体系

日本的公共安全管理是一个以法律、制度、功能为依托，以首相为最高指挥官，内阁官房负责整体协调和联络，通过安全保障会议、中央防灾会议、金融危机对策会议等决策机构制定危机对策，由国土厅、气象厅、防卫厅和消防厅等部门根据具体情况进行配合实施的组织体系。这一体系还包括日本各都道府县专设的危机管理机构。日本政府为了提升国家整体的安全管理能力，设立了一系列与公共安全管理有关的审议会。主要包括安全保障会议、中央防灾会议、金融危机对策会议。

2. 日本高校公共安全管理委员会

为了对火灾、自然灾害、大规模事故、环境污染等问题进行管理和监督，日本各大学相继成立了安全管理委员会。安全管理委员会的职责是负责策划制订基本计划和校园安全政策，设定学校安全的各项基准，对学校进行安全管理。为防止事故事件再度发生展开调查研究并听取各方意见，提出建议，进行安全奖励等一系列持续的、有组织的工作。

在安全管理委员会的各项职责中，制定具体的安全对策，对学校安全教育、预防对策进行立案的职责是最重要的。例如，大阪大学安全管理委员会就在其职权范围内，制定了《大阪大学安全卫生管理归责》《大阪大学安全卫生管理规则实施细则》《大阪大学安全卫生管理委员会规程》《大阪大学防灾基本规程》等规定。可见，学校成立安全管理委员会可以有效地对学校安全工作进行

管理，更好地履行学校确保师生安全的义务。[①]

(二)日本高校应对大学生伤害事故的管理系统

1. 事故预防系统

事故预防系统的主要职责有以下几个方面：首先，制订年度计划，并将活动计划与目标下达到老师、学生付诸实践，同时将活动计划与目标传输到评估系统，供日后与实际成绩比较。其次，校长和老师对危险信息须警惕并做好安全防范，且应注意收集整理与事故有关的各种信息，以避免类似事故再次发生。再次，对校内校外紧急救护用的器具、药品以及其他必备品作安全检查，指导教员正确使用救护用品的方法。最后，明确教员在事故中的职责，对事故事态的发展做最坏的打算。

2. 事故处理系统

第一，事故发生时，第一时间抢救受伤者是最重要的，不要在事故原因、责任者以及伤害者和肇事者之间的纠葛上耽误时间。第二，迅速启动学校危机紧急预案，全校分工合作处理发生的事故。第三，正确处理已经发生的事故，阻止事态进一步扩大。大学校园是社会的活跃因子，信息传播之快有时是始料不及的，一旦灾害发生势必会造成校园的危机与恐慌。因此，学校应及时发布准确消息，稳定学生情绪，阻止事态扩大。第四，及时收集有关事故信息，由校长根据信息做出明确决定，并及时准确地向全体教员、家长及教委等有关人员和机构转达校长做出的决定。第五，对事故的责任者事后再做处理，应由专门人员查清事故原因，通过教育手段，妥善地对有关责任主体进行指导，并对责任者进行相应的处罚。

3. 事故监督、反馈系统

新闻媒体的监督是学校事故监督、反馈系统的重要组成部分。新闻媒体的介入，为保证对学校事故报道的客观性和公正性，起到监督、反馈的作用。另外，事故监督、反馈的渠道还有学生信息网、教师信息网、教学管理人员信息网、毕业生信息网等。建立多条信息反馈渠道，通过调查、座谈、问卷、网络等多种形式，做到广泛准确地收集信息、意见，及时解决存在的问题，保证校园安全稳定。

---

① 崔卓兰、江乐忠：《高校公共安全法律研究》，人民出版社2009年版，第221～232页。

三、日本大学生伤害事故的赔偿与救济

高校学生伤害事故发生后，对受害者的赔偿与救济是不可避免的，也是安抚受害者情绪和维护校园安定稳定所必需的。

（一）日本高校学生伤害事故的赔偿方式

日本学生意外伤害事故可分为以下两种赔偿方式：

第一，推行国家行政赔偿责任制。日本法律强调，公立高校在经营管理过程中侵犯了公民的合法权益而造成的损害，应适用国家赔偿法，由国家负责赔偿。日本高校学生伤害事故赔偿的主要法律依据是《国家赔偿法》《日本体育及学校保健中心法》等法律法规。如因高校的设施、场地等原因引起的学生伤害事故，在依法认定高校责任范围的前提下，根据《国家赔偿法》中的相关规定，高校应承担相应的赔偿责任。

第二，建立和完善学生伤害事故赔偿责任的社会化机制。学生伤害事故的损害赔偿通常只限于受害人相对于加害人个人的关系，如果加害人的经济能力不足，要实现事故的赔偿是很困难的。日本推行高校赔偿责任的社会化机制，按照学校安全法的规定，此类赔偿通常采取"共济给付"的办法。日本大部分学校机构都加入了学校健康会，一旦出现学校或教师在学生伤害事故中负有责任并赔偿损失的情况，即可要求学校健康会支付赔偿。此外，日本绝大多数学生都参加了日本体育及学校保健中心的保险活动，并成为该机构的会员，一旦遭遇伤害事故，其成员就可以从该中心获得相应的赔偿。①

（二）日本高校学生伤害事故的救济途径

二战以后，由于日本建立了以《宪法》和《教育基本法》为核心的完整的教育法律体系，使纠纷处理有了法律依据，且该法律体系所遵循的基本原则就是保障作为国民的基本权利的受教育权，使纠纷处理有了法律依据。而在接受教育过程中，由学生人身伤害事故而引发的学生及其家长与学校或教师之间的纠纷数量越来越多且逐渐占据整个日本教育纠纷的重要地位。日本学生伤害事故纠纷首先由主管教育行政部门来处理。如各级各类国立学校、公私立大学和高等专门学校等由文部省主管，故其有关纠纷首先由文部省来处理。对主管部门的处理如果不服，可上诉到所在地区的人事院或人事委员会、公平

① 日本内外学生中心事业部共济课：《学生教育研究灾害伤害保险指南》，2001年。

委员会。如对上述机关的裁决仍不服，可上诉到司法机关。根据日本法律规定，若没有特殊情况，不经过人事院或人事委员会、公平委员会的裁决，不得向司法机关上诉。上诉到司法机关后，由于日本的司法机关由最高法院和下级法院构成，下级法院又分为高等法院、地方法院、家庭法院、简易法院。因此，有关学生人身伤害事故的案件，可依案件的性质、诉讼标的物价值等的不同，分别向不同级别、不同类型的法院提起诉讼。

第四节　国外应对大学生伤害事故的启示

国外在大学生伤害事故的预防与处理方面，经过多年的理论探索和具体实施，形成了较为成熟的理论以及相对完备的应对处置系统和模式，值得我国学习和借鉴。

一、国外应对大学生伤害事故的特点

从以上对美国、英国、日本等国家应对大学生伤害事故经验的分析，可以总结出以下几个主要特点。

(一)注重师生权利保障

各国从履行宪法的高度出发，在高校突发事件处置时，以保障师生的权利为第一目标，所采取的一切处置措施首先都是为了保护师生的生命、财产安全，而不是单纯地为了履行管理职权而只在意事件本身。这在美国校园警察从一开始的将师生视为潜在犯罪分子而打击，到后来的为保障师生权利而提供安全服务的转变以及法院对于权力和权利的选择便可得知。美国和日本坚持法律至上的原则，注重从立法角度为学生伤害事故处理提供法律上的支持与保障。

(二)注重理论研究

外国政府和高校都十分重视对危机管理的理论研究，投入大量的科研经费，设立各类研究机构。例如，美国注重对危机管理四阶段理论的研究。以此理论为基础，美国教育部制定了学校危机管理的四阶段模式，即缓解与预防、危机准备、危机反应和危机恢复四个子系统，规范了学生伤害事故的处理程序，对有效应对学生伤害事故有十分重要的意义。目前，我国高校学生伤害事

故处理工作尚处于逐步完善阶段，需要结合我国政府、高校和社会团体的实际情况，学习、总结、反思和借鉴发达国家的经验，加强理论研究和实践探索，以进一步提高学生伤害事故处理工作水平。

（三）注重立法管理

在对美国、英国和日本应对大学生伤害事故的经验介绍中，可以看出，这些国家都十分重视对大学生伤害事故处理的政策指导和支持。注重校园安全立法，在立法上把实现有效防止和妥善处置大学生伤害事故，建立安全的校园环境作为国家教育的目标，制定实施了一系列有关危机管理的法律法规，对开展校园危机管理工作起到了积极的政策保障作用。日本涉及学生自杀的法律就有30多部，尤以《日本体育及学校保健中心施行令》为代表，对学生自杀等伤害事故作原则性规定。

（四）注重系统管理

大学生伤害事故的发生及处理牵涉到多种社会因素，因此，国外在处理大学生伤害事故时，为保证校园安全，不是仅仅依靠学校，还通过政府各个职能部门、社区组织和社会媒体等多方面的支持与合作共同进行，形成了一个完整的管理系统。例如，日本的危机管理系统形成了以首相为最高指挥官，内阁官房负责整体协调和联络，通过安全保障会议、中央防灾会议、金融危机对策会议等决策机构制定危机对策，由国土厅、气象厅、防卫厅和消防厅等部门根据具体情况进行配合实施的组织体系。拥有事故的预防、事故的处理以及事故的监督反馈三个子系统，有助于有效应对大学生伤害事故。

（五）注重主动预防

美国、英国以及日本在应对大学生伤害事故时都强调“预防第一”，努力采取各种措施主动预防大学生伤害事故，最大限度地防止事故的发生。如美国教育部在2003年向全国下发的《危机计划的实用资料：学校与社区指南》和《美国国家威胁预警系统与学校行动指南》，日本编写的《危机管理和应对手册》或者《防灾教育指导资料》等，这些计划和指南对学校各类危机发生时所采取的措施和行动都作出了详细而明确的规定。这一方面对于危机事件的发生有很好的防范作用，另一方面也有利于危机发生后的及时处理、减少损失。

（六）注重使用先进科技手段

科学运用现代科学技术手段，是政府、高校加强安全防范、减少学生伤害事故的重要举措。随着现代科学技术的发展，越来越多的先进科技手段被应用到高校危机管理实践当中。国外高校十分重视高校校园技术防范系统的建设,不断加大对校园技术防范系统的资金投入,许多外国高校已经建立了电视监控报警系统、防盗报警系统、防火自动报警系统等,充分利用先进科技手段,实现高校安全管理现代化,对预防大学生伤害事故起到了重要作用。美国的高校建立了以自动化控制技术为主的安全防范措施,英国、日本高校注重运用现代通信技术、电子计算机加强校园安全防范,构建了立体化、多功能、智能化的校园安全防范网络系统,提升了预防和控制的速度及水平。

(七)注重社会参与

完善社会保险机制,形成学校与社会保障机构共同承担赔偿责任,是学生伤害事故妥善处理的关键所在。大学生伤害事故的预防和处理不是单靠政府和高校的力量就能做好的,美国、英国及日本等国注重在应对大学生伤害事故的过程中充分引入社会力量,从美国校园安全部门的做法来看,美国校园安全部门与广大师生、社区居民和政府警察等已经形成了很好的良性互动机制,他们之间同心协力、通力合作,共同维护校园的安全,起到了很好的打击和预防违法犯罪及安全事故的效果。

大学生伤害事故处置中的法、理、情三者之间本应互融共生,相辅相成,因为它们在价值追求上是内在统一的,都是为了在解决纠纷中实现公平正义。

二、国外应对大学生伤害事故经验对我国的启示

(一)以人为本的理念,履行安全保卫职责

做好校园的安全管理工作,校园安全管理部门和人员牢固树立以人为本的服务理念是基本前提。只有牢固树立以人为本的服务理念,才能从思想上高度重视校园安全管理工作,才能自觉将管理转化为服务,才能以饱满的热情、认真负责的态度和执着的敬业精神履行自身的安全保卫职责。具体来讲,要想做好校园安全管理工作,当务之急是校园安全管理部门要切实转变自身的思想观念,自觉树立以人为本的服务理念和责任意识,在开展工作、履行职责的过程中,时刻牢记自己的使命,以服务校园师生员工为本,实施人性化的管理,以自己的工作态度、敬业精神和办事效率赢得师生员工的信任,推动校园安全管理工作不断取得实效。

(二)完善校园安全立法,做到有法可依、有法必依

要想妥善处理大学生伤害事故,首先要加强我国校园安全立法,努力完善

各级行政主管部门所制定的规范性法律文件。同时，要细化法律对于归责、免责问题的具体规定，做到“有法可依、有法必依”。目前，我国学生伤害事故处理的主要法律依据为《学生伤害事故处理办法》(2010 年修订)。该办法虽然规定了事故的责任认定、处理程序等内容，但针对事故的善后处理方面可操作性不强。目前，许多高校一旦发生学生伤害事故，善后处理仍缺乏规范、权威的处理依据，处理标准也无法统一。国外已经建立了比较完善的保障校园安全法律体系，我们应充分借鉴国外先进经验，不断建立和完善校园安全管理相关法律法规。要尽快制定专门的《校园安全法》，切实保护各级各类学校和师生的安全，做到有法可依，不断走向依法治校的法治轨道。

(三)重视平安校园建设，贯彻落实平安理念

高等学校安全保障机制不单纯是一个纲领，而是广泛解决各种安全隐患的方法和途径。学校管理部门应将平安的观念融入学校发展规划，并通过安全管理制度等具体行为规范反映在日常工作中。安全管理制度既是校园安全防范体系的重要组成部分，也是高校实施依法治校、依法办学的依据和保障。根据教育部颁布的《高校内保工作规定》《学生伤害事故处理办法》等法规，不断完善安全教育制度、校园秩序管理规定、实验室及化学品安全管理制度等。同时，抓紧完善各部门的突发公共事件应急预案，建立统一指挥、协调有力、反应快速、准确应对、平危结合的应急指挥体系，落实相应保障措施，切实做到有备无患。

(四)建立应急管理机构，形成协调联动格局

大联动机制包括学校内部和外部两个方面，内部形成由学生管理部门、保卫工作部门、宣传教育部门、医务部门、心理咨询部门、后勤管理部门等联合机制；外部形成学校、社区、卫生部门、公安、消防等政府职能部门多级联动机制。这样避免了长期以来在应对和处置大学生伤害事故时往往都是独立部门“单体”工作，没有出现各职能部门协调运作，分工不明确，责任落实不到位，经常出现“头疼医头，脚疼医脚”障碍性问题，形成了多部门联动的宽域度处理机制。此外，大学生还要主动接受先进思想与正确理论，不断提高对安全问题及自我保护的认识。

(五)健全事故处理体系，做好事故处置

学生伤害事故发生，实际上校方和罹难学生家属一样，也是受害者，但目前的情况却使双方成了对立者。学生的意外伤亡，往往由多种因素造成，判定学校日常管理对这些伤害事故形成究竟存在多少影响，应当说校方和罹难学生家属的评判解释都不可避免地站在对各自有利的立场，显然缺乏公信力，这种条件下，双方的协商、谈判就更难寻平衡点。引入第三方力量的参与，有助于提供合理、公正仲裁，厘清各方责任，促进事故纠纷的解决。真正实现学生伤害事故处置由“法制化”向“法治化”转变。

（六）提高预防能力，加快安全防范措施的现代化

加快校园安全防范措施的现代化是做好校园的安全管理工作、提高预防能力的有效手段。面对犯罪形式的多样化、手段的智能化、事故起因的不可预见性以及校园日益开放的趋势，仅仅靠人、靠制度、靠传统做法来防范都是不够的，还必须依靠先进的科学技术手段。应该将技术防范网络建设作为创建平安校园的一项重要工程抓好，并着力建立一系列技防系统。尤其要在校园内重点部位和易发案区域、路段安装技防设施，逐步推行门禁系统、报警求助系统和监控系统。这样不但能震慑违法犯罪和使违法犯罪难以或无法实施，而且能在违法犯罪实施过程中便利人们举报和求助，还能使校园安全管理部门在发现犯罪、接到警报时能更及时地发出警报和采取措施。

（七）调动内外各方力量，形成安全参与机制

做好校园的安全管理工作，调动各方力量，形成广泛的校园安全参与机制是关键所在。校园安全管理是一个系统工程，不是一朝一夕所能完成，也不是校园安全管理部门单打独斗所能奏效。校园安全管理必须是人防、物防和技防的有机结合，关键是要建立一种广泛的参与机制，以调动各方的力量和积极性，增强对违法犯罪和各类安全事故的打击和预防能力。在面对和处理高校大学生伤害事故时，应通过政府、学校、家庭和学生自身的共同努力、相互配合、有机协调，形成完整的教育网络。只有建立形成校园安全管理的广泛参与机制，才能使校园安全人人有责的观念深入人心，各方人员的智慧得以充分发挥，才能使校园安全管理部门获得及时、充分的信息和帮助，增加打击违法犯罪和避免安全事故的能力和成效，才能使违法犯罪随时随地处于监视之下，难以实施或被及时控制。

第十三章　我国大学生伤害事故典型案例分析

案例一：北京某大学爆炸事故

一、案情介绍

2018年12月26日，北京某大学市政与环境工程实验室发生爆炸燃烧，事故造成3人死亡。按照《中华人民共和国突发事件应对法》等有关法律、法规，北京市政府成立了由有关部门组成的事故调查组处理工作。事故调查组按照“科学严谨、依法依规、实事求是、注重实效”的原则，查明事故发生的经过和原因，认定事故性质和责任，并提出对有关责任人员和单位的处理建议及事故防范和整改措施。

(一)事故基本情况

1. 事故现场情况

事故现场位于北京某大学东校区东教2号楼。该建筑为砖混结构，中间两层建筑为市政与环境工程实验室(以下简称“环境实验室”)，东西两侧三层建筑为电教教室(内部与环境实验室不连通)。

2. 事发项目情况

事发项目为北京某大学垃圾渗滤液污水处理横向科研项目，由北京某大学所属创新科技中心和北京京华清源环保科技有限公司合作开展，目的是制作垃圾渗滤液硝化载体。该项目由北京某大学土木建筑工程学院市政与环境工程系教授李某申请立项，并负责实施。

2018年11—12月，李某与北京京华清源环保科技有限公司签订技术合作协议；北京某大学创新科技中心和北京京华清源环保科技有限公司签订销售合同，约定15天内制作2立方米垃圾渗滤液硝化载体。北京京华清源环保科技有限公司按照与李某的约定，从河南新乡县京华镁业有限公司购买 30 桶镁粉（1 吨，易制爆危险化学品），并通过互联网购买项目所需的搅拌机（饲料搅拌机）。李某从天津市同鑫化工厂购买了项目所需的 6 桶磷酸（0.21 吨，危险化学品）和 6 袋过硫酸钠（0.2 吨，危险化学品）以及其他材料。

3. 实验室和危险化学品管理情况

(1)实验室管理情况

北京某大学对校内实验室实行学校、学院、实验室三级管理，学校层级的管理部门为国资处、保卫处、科技处等，学校设立实验室安全工作领导小组，领导小组办公室设在国资处。发生事故的环境实验室隶属于北京某大学土木建筑工程学院，学院层级管理部门为土木建筑工程学院实验中心，日常具体管理为环境实验室。

(2)危险化学品管理情况

北京某大学保卫处是学校安全工作的主管部门，负责各学院危险化学品、易制爆危险化学品等购赂（赠予）申请的审批、报批，以及实验室危险化学品的入口管理；国资处负责监管实验室危险化学品、易制爆危险化学品的储存、领用及使用的安全管理；科技处负责对涉及危险化学品等危险因素科研项目风险评估；学院负责本院实验室危险化学品、易制爆危险化学品等危险物品的购赂、储存、使用与处赂的日常管理。事发前，李某违规将试验所需镁粉、磷酸、过硫酸钠等危险化学品存放在一层模型室和综合实验室，且未按规定向学院登记。

事发后经核查，土木建筑工程学院登记科研用危险化学品现有存量为 160.09 升和 30.23 公斤，未登记易制爆危险化学品；登记本科教学用危险化学品现有存量 43.5 升和 8.68 公斤，未登记易制爆危险化学品。

(二)事故经过及抢险救援情况

1. 事故发生经过

2018 年 2—11 月，李某先后开展垃圾渗滤液硝化载体相关试验 50 余次。11 月 30 日，事发项目所用镁粉运送至环境实验室，存放于综合实验室西北侧；12 月 14 日，磷酸和过硫酸钠运送至环境实验室，存放于模型室东北侧；12 月 17 日，搅拌机被运送至环境实验室，放赂于模型室北侧中部。12 月 23 日 12 时 18 分至 17 时 23 分，李某带领刘某辉、刘某轶、胡某翠等 7 名学生在模型室地面上，对镁粉和磷酸进行搅拌反应，未达到试验目的。12 月 24 日 14 时 09 分至 18 时 22 分，李某带领上述 7 名学生尝试使用搅拌机对镁粉和磷酸进行搅拌，生成了镁与磷酸镁的混合物。因第一次搅拌过程中搅拌机料斗内镁粉粉尘向外扬出，李某安排学生用实验室工作服封盖搅拌机顶部活动盖板处缝隙。当天消耗约 3～4 桶(每桶约 33 公斤)镁粉。12 月 25 日 12 时 42 分至 18 时 02 分，李某带领其中 6 名学生将 24 日生成的混合物加入其他化学成分混合后，制成圆形颗粒，并放路在一层综合实验室实验台上晾干。其间，两桶镁粉被搬运至模型室。12 月 26 日上午 9 时许，刘某辉、刘某轶、胡某翠等 6 名学生按照李某安排陆续进入实验室，准备重复 25 日下午的操作。经视频监控录像反映：当日 9 时 27 分 45 秒，刘某辉、刘某轶、胡某翠进入一层模型室；9 时 33 分 21 秒，模型室内出现强烈闪光；9 时 33 分 25 秒，模型室内再次出现强烈闪光，并伴有大量火焰，随即视频监控中断。

事故发生后，爆炸及爆炸引发的燃烧造成一层模型室、综合实验室和二层水质工程学Ⅰ、Ⅱ实验室受损。其中，一层模型室受损程度最重。模型室外(南侧)邻近放路的集装箱均不同程度过火。

2. 事故救援处置情况

2018 年 12 月 26 日 9 时 33 分，市消防总队 119 指挥中心接到北京某大学东校区东教 2 号楼发生爆炸起火的报警。报警人称现场实验室内有镁粉等物质，并有人员被困。119 指挥中心接警后，共调集 11 个消防救援站、38 辆消防车、280 余名指战员赶赴现场处置。9 时 43 分，西直门、双榆树消防站先后到场。经侦察，实验室爆炸起火并引燃室内物品，现场有 3 名学生失联，实验室内存放大量镁粉。现场指挥员第一时间组织两个搜救组分别从东西两侧楼梯间出入口进入建筑内搜救被困人员，并成立两个灭火组设路保护阵地堵截实验室东西两侧蔓延火势。9 时 50 分，搜救组在模型室与综合实验室连接门东侧约 1～2 米处发现第一具尸体，抬到西侧楼梯间。随后，陆续在模型室的中间部位发现第二具尸体，在模型室与综合实验室连接门西侧约 1 米处发现第三具尸体。

救援过程中，实验室内存放的镁粉等化学品连续发生爆炸，现场指挥部进行安全评估后，下达了搜救组人员全部撤出的命令。同时，在实验室南北两侧各设路 4 个保护阵地，使用沙土、压缩空气干泡沫对实验室内部进行灭火降温，并在外围控制火势向二楼蔓延。11 时 45 分，现场排除复燃复爆危险后，救援人员进入建筑内部开展搜索清理，抬出三具尸体移交医疗部门，并用沙土、压缩空气干泡沫清理现场残火。18 时，现场清理完毕，双榆树消防站留守现场看护，其余消防救援力量返回。

3. 死亡人员情况

刘某辉，男，28岁，山东人，北京某大学2016级博士生，经北京市公安司法鉴定中心鉴定符合烧死。刘某轶，女，30岁，河北人，北京某大学2014级博士生，经北京市公安司法鉴定中心鉴定符合烧死。胡某翠，女，24岁，山东人，北京某大学2016级硕士生，经北京市公安司法鉴定中心鉴定符合烧死。

二、案例分析

（一）事故原因分析

1. 直接原因

(1)排除人为故意因素

公安机关对涉事相关人员和各种矛盾的情况进行了全面排查，并对死者周边亲友、老师、同学进行了走访，结合事故现场勘查、相关视频资料分析，以及尸检报告、爆炸燃烧形成痕迹等，排除了人为故意纵火和制造爆炸案件的嫌疑。

(2)确定爆炸中心位置

经勘查，爆炸现场位于一层模型室，该房间东西长12.5米、南北宽8.5米、高3.9米。事故发生后，模型室内东北部(距东墙4.7米、距北墙2.9米)发现一台金属材质搅拌机，其料斗安装于金属架上。搅拌机料斗顶部的活动盖板呈鼓起状，抛落于搅拌机东侧地面，出料口上方料斗外壁有明显物质喷溅和灼烧痕迹。搅拌机料斗顶部的活动盖板与固定盖板连接的金属铰链被爆炸冲击波拉断。上述情况表明，爆炸中心位于搅拌机处，爆炸首先发生于搅拌机料斗内。

(3)爆炸物质分析

通过理论分析和实验验证，磷酸与镁粉混合会发生剧烈反应并释放出大量氢气和热量。氢气属于易燃易爆气体，爆炸极限范围为4%～76%(V/V)，最小点火能0.02mJ，爆炸火焰温度超过1400℃。因搅拌、反应过程中只有部分镁粉参与反应，料斗内仍剩余大量镁粉。镁粉属于爆炸性金属粉尘，遇点火源会发生爆炸，爆炸火焰温度超过2000℃。据模型室视频监控录像显示，9时33分21秒至25秒之间室内出现两次强光：第一次强光光线颜色发白，符合氢气爆炸特征；第二次强光光线颜色泛红，符合镁粉爆炸特征。综上所述，爆炸物质是搅拌机料斗内的氢气和镁粉。

(4)点火源分析

经勘查，料斗内转轴盖片通过螺栓与转轴固定，搅拌机转轴旋转时，转轴盖片随转轴同步旋转，并与固定的转轴护筒(以上均为铁质材料)接触发生较剧烈摩擦。运转一定时间后，转轴盖片上形成较深沟槽，沟槽形成的间隙可使转轴盖片与转轴护筒之间发生碰撞，摩擦与碰撞产生的火花引发搅拌机内氢气发生爆炸。

(5)爆炸过程分析

搅拌过程中，搅拌机料斗内上部形成了氢气、镁粉、空气的气固两相混合区；料斗下部形成了镁粉、磷酸镁、氧化镁(镁与水反应产物)等物质的混合物搅拌区。

转轴盖片与护筒摩擦、碰撞产生的火花，点燃了料斗内上部氢气和空气的混合物并发生爆炸(第一次爆炸)，爆炸冲击波超压作用到搅拌机上部盖板，使活动盖板的铰链被拉断，并使活动盖板向东侧飞出。同时，冲击波将搅拌机料斗内的镁粉裹挟到搅拌机上方空间，形成镁粉粉尘云并发生爆炸(第二次爆炸)。爆炸产生的冲击波和高温火焰迅速向搅拌机四周传播，并引燃其他可燃物。

专家组对提取的物证、书证、证人证言、鉴定结论、勘验笔录、视频资料进行系统分析和深入研究，结合爆炸燃烧模拟结果，确认事故直接原因为在使用搅拌机对镁粉和磷酸搅拌、反应过程中，料斗内产生的氢气被搅拌机转轴处金属摩擦、碰撞产生的火花点燃爆炸，继而引发镁粉粉尘云爆炸，爆炸引起周边镁粉和其他可燃物燃烧，造成现场 3 名学生烧死。

2. 间接原因

违规开展试验、冒险作业；违规购买、违法储存危险化学品；对实验室和科研项目安全管理不到位。

一是事发科研项目负责人违规试验、作业，违规购买、违法储存危险化学品，违反《北京某大学实验室技术安全管理办法》等规定，未采取有效安全防护措施，未告知试验的危险性，明知危险仍冒险作业。事发实验室管理人员未落实校内实验室相关管理制度，未有效履行实验室安全巡视职责，未有效制止事发项目负责人违规使用实验室，未发现违法储存的危险化学品。二是北京某大学土木建筑工程学院对实验室安全工作重视程度不够，未发现违规购买、违法储存易制爆危险化学品的行为，未对申报的横向科研项目开展风险评估，未按学校要求开展实验室安全自查，在事发实验室主任岗位空缺期间，未按规定安排实验室安全责任人并进行必要培训。土木建筑工程学院下设的实验中心未按规定开展实验室安全检查、对实验室存放的危险化学品底数不清，报送失实，对违规使用教学实验室开展试验的行为，未及时查验、有效制止并上报。三是北京某大学未能建立有效的实验室安全常态化监管机制。未发现事发科研项目负责人违规购买危险化学品，并运送至校内的行为，对土木建筑工程学院购买、储存、使用危险化学品、易制爆危险化学品情况底数不清、监管不到位。实验室日常安全管理责任落实不到位，未能通过检查发现土木建筑工程学院相关违规行为，未对事发科研项目开展安全风险评估，未落实《教育部2017年实验室安全现场检查发现问题整改通知书》有关要求。

(二)事故性质

鉴于上述原因分析，事故调查组认定，本起事故是一起责任事故。

(三)事故责任分析及处理建议

根据事故原因调查，依据有关法律法规规定，对事故有关责任人员和责任单位进行事故责任认定，并提出如下处理意见：

1. 建议追究刑事责任的人员

(1)李某作为事发科研项目负责人，违规使用教学实验室，违规使用未经备案的校外设备，违规购买、违法储存危险化学品，违反《北京某大学实验室技术安全管理办法》等规定，未采取有效的安全防护措施，未告知参与制作垃圾渗滤液硝化载体人员所使用化学原料的配比和危险性，未到现场指导学生制作，明知危险仍冒险作业，对事故发生负有直接责任。由公安机关立案侦查，依法追究其刑事责任。

(2)张某作为事发实验室管理人员，未落实《北京某大学土木工程实验中心实验室安全管理规范》等实验室管理制度，未有效履行实验室安全巡视职责，未有效制止李某违规使用实验室，未发现违法储存的危险化学品，对事故发生负有直接管理责任。由公安机关立案侦查，依法追究其刑事责任。

2. 给予问责处理的人员和单位

(1)周某，中共党员，现任北京某大学党委书记，对建设平安校园重视不够，落实实验室安全"党政同责"不力，专题研究实验室安全少，对师生的安全教育培训不够，管理上存在宽松软，层层传导压力不够，对事故发生及造成的严重影响负重要领导责任。依据《中国共产党问责条例》第七条之规定，给予其诫勉问责。

(2)林某,中共党员,现任北京某大学党委副书记、校长,作为学校实验室安全工作领导小组组长,贯彻执行、监督检查落实教育部相关决策部署不到位;对教育部2017年实验室安全现场检查发现的问题督促整改不够,未召开校长办公会专题研究部署,整改不细致也没有持续深入,该整改的问题迟迟未能得到解决;2018年10月,学校成立实验室安全领导小组后至事发时也未主持召开过会议研究实验室安全工作;监督检查学校实验室安全管理制度执行情况力度不够,学校三级联动的实验室安全管理体系未落实到位,对事故发生及造成的严重影响负重要领导责任。依据《中华人民共和国高等教育法》第41条、《事业单位工作人员处分暂行规定》第17条之规定,给予其警告处分。

(3)方某,中共党员,现任北京某大学党委常委、副校长,作为学校实验室安全工作领导小组副组长,协助校长负责实验室安全管理工作,分管国有资产管理工作,联系土木建筑工程学院,对建设平安校园重视不够,贯彻执行、监督检查落实教育部相关决策部署不到位,对教育部2017年实验室安全现场检查发现的问题整改不到位;未能有效建立常态化监管机制,层层传导压力不够,实验室安全责任体系落实不到位,实验室安全管理制度监督执行和警示力度不够,未能及时堵塞管理漏洞;对个别单位违规使用实验室、私自购买并储存使用易制爆危险化学品等问题失职失责,对事故发生及造成的严重影响负主要领导责任。依据《事业单位工作人员处分暂行规定》第17条之规定,给予其记过处分。

(4)吴某,中共党员,现任北京某大学国资处处长,对学校实验室储存及使用的危险化学品、易制爆危险品监管不到位,对学校实际存放危险化学品底数不清,对日常管理中发现土建学院实验室管理方面存在的问题,跟踪整改力度不够,制度落实不到位,对事故发生及造成的严重影响负主要领导责任。依据《事业单位工作人员处分暂行规定》第17条之规定,给予其记过处分。

(5)黄某,现任北京某大学科技处处长,未完善科研项目事前安全风险评估制度,对李某横向科研项目未进行任何安全风险评估,在不了解项目的情况下即批准立项,对事故发生及造成的严重影响负主要领导责任。依据《事业单位工作人员处分暂行规定》第17条之规定,给予其记过处分。

(6)魏某,中共党员,现任北京某大学保卫处(部)长,履行危险化学品、易制爆危险化学品监管、检查职责不力,未能及时发现并防止镁粉、磷酸等物品进入学校,对事故发生及造成的严重影响负主要领导责任。依据《事业单位工作人员处分暂行规定》第17条之规定,给予其记过处分。

(7)马某,中共党员,现任北京某大学土木建筑工程学院党委书记,作为学院实验室安全工作的第一责任人,对实验室安全工作重视不够,组织领导不力,落实学校实验室安全有关规定不到位,对事故发生及造成的严重影响负主要领导责任。依据《中国共产党纪律处分条例》第121条之规定,给予其党内严重警告处分。

(8)欧某,中共党员,现任北京某大学土木建筑工程学院院长,对实验室安全重视程度不够,组织领导不力,落实学校实验室安全的有关规定不到位,对事故发生及造成的严重影响负主要领导责任。依据《事业单位工作人员处分暂行规定》第17条之规定,给予其记过处分。

(9)陈某,现任北京某大学土木建筑工程学院副院长,作为学院实验室安全工作领导小组组长,分管学院实验室安全工作,严重失职,对学校要求学院进行的岁末年初安全大检查,既不向院长、院党委书记汇报,又不组织开展检查,对李某的横向科研项目未开展安全风险评估、安全状况评价,对实验室、实验中心的各项检查流于形式,对事故发生及造成的严重影响负主要领导责任。依据《事业单位工作人员处分暂行规定》第17条之规定,给予其降低岗位等级处分;根据学校有关规定,按程序免去其行政职务。

(10)周某,中共党员,现任北京某大学土木建筑工程学院实验中心主任,未按照学院要求开展安全检查工作,对环境实验室储存、使用危险化学品情况不了解;执行实验室安全日常检查制度流于形式,未通过巡查发现安全隐患;在原实验室主任出国后,未及时提请学院任命代理主任,致使环境实验室安全责任人长期空缺;未对临时负责实验室的人员明确责任、进行安全培训,对事故发生及造成的严重影响负主要领导责任。依据《事业单位工作人员处分暂行规定》第17条之规定,给予其降低岗位等级处分。

(11)陈某,现任北京某大学土木建筑工程学院实验中心副主任,未按要求到现场开展学院实验室安全自查,未及时发现环境实验室储存、使用危险化学品的安全隐患,未按照要求落实实验室日常检查制度,对事故发生及造成的严重影响负主要领导责任。依据《事业单位工作人员处分暂行规定》第17条之规定,给予其降低岗位等级处分。

(12)姚某,中共党员,现任北京某大学土木建筑工程学院市政与环境工程系主任,对李某疏于管理,对其私自用危险方法试验及储存使用危险化学品的情况不清楚、不掌握;在发现李某违规使用本科教学实验室并堆放大量不明物品的情况下,仅要求李某清理,未进行现场查验,未询问存放物品属性,未及时上报学院，对事故发生及造成的严重影响负主要领导责任。依据《事业单位工作人员处分暂行规定》第17条之规定，给予其降低岗位等级处分。

(13)北京某大学土木建筑工程学院党委，对所属实验室安全工作重视不够，落实学校各项制度规定不力，对学院老师李某违规使用实验室、储存使用易制爆危险化学品等问题失察失管，对事故发生及造成的严重影响负全面领导责任。依据《教育部党组贯彻落实〈中国共产党问责条例〉实施办法(试行)》第15条之规定，对北京某大学土木建筑工程学院党委进行问责，责令整改，并在全校范围内通报。此外，对于调查中发现的北京京华清源环保科技有限公司等有关企业购买、运输危险化学品的违法线索，由公安机关、交通部门另行立案处理。

三、案例启示

高等学校必须牢固树立安全红线意识，深刻汲取此次事故教训，全面排查学校各类安全隐患和安全管理薄弱环节，加强实验室、科研项目和危险化学品的监督检查，采取有针对性的整改措施，着力解决当前存在的突出问题。一是全方位加强实验室安全管理。完善实验室管理制度，实现分级分类管理，加大实验室基础建设投入；明确各实验室开展试验的范围、人员及审批权限，严格落实实验室使用登记相关制度；结合实验室安全管理实际，配备具有相应专业能力和工作经验的人员负责实验室安全管理。二是全过程强化科研项目安全管理。健全学校科研项目安全管理各项措施，建立完备的科研项目安全风险评估体系，对科研项目涉及的安全内容进行实质性审核；对科研项目试验所需的危险化学品、仪器器材和试验场地进行备案审查，并采取必要的安全防护措施。三是全覆盖管控危险化学品。建立集中统一的危险化学品全过程管理平台，加强对危险化学品购买、运输、储存、使用管理；严控校内运输环节，坚决杜绝不具备资质的危险品运输车辆进入校园；设立符合安全条件的危险化学品储存场所，建立危险化学品集中使用制度，严肃查处违规储存危险化学品的行为；开展有针对性的危险化学品安全培训和应急演练。

各高校要深刻吸取事故教训，举一反三，认真落实国家普通高校实验室危险化学品安全管理规范，切实履行安全管理主体责任，全面开展实验室安全隐患排查整改，明确实验室安全管理工作规则，进一步健全和完善安全管理工作制度，加强人员培训，明确安全管理责任，严格落实各项安全管理措施，坚决防止此类事故发生。

涉及学校实验室危险化学品安全管理的教育及其他有关部门和属地政府，按照工作职责督促学校使用危险化学品安全管理主体责任的落实，持续开展学校实验室危险化学品安全专项整治，摸清危险化学品底数，加强对涉及学校实验室危险化学品、易制爆危险化学品采购、运输、储存、使用、保管、废弃物处路的监管，将学校实验室危险化学品安全管理纳入平安校园建设。

牢记以下几点教训：(1)高等学校实验室安全管理难度大，发生事故危险性大、危害性大，实验室安全管理要高度重视；(2)负责实验任务的教师一定要严格遵守学校的安全规定及实验室安全规定，严格按照规章制度进行操作；(3)要加强实验室管理岗位的安全教育，切实加强实验室安全监督管理；(4)要切实加强实验室安全管理制度建设，加强安全管理制度的执行落实；(5)学校安全责任重于泰山，每个学生背后都是一个家庭。三个学生连接三个家庭，学校责任事故对这三个家庭造成巨大的悲剧，这个案例值得高等学校管理者深刻反思。

案例二：实验室爆炸三位学生受伤

一、案情介绍

2016 年 9 月 21 日上午 10 时 30 分左右，上海某大学松江校区一实验室发生爆炸，三名在做实验的学生不同程度受伤。该校学生刘某介绍，事发时他就在实验室隔壁，听到爆炸声音吓坏了，已经完全想不起来要立即逃生，所幸的是，自己所在的实验室没事，反应过来之后才发现是隔壁的同学做实验的时候引发了爆炸。另有该校学生说，中午从实验楼出来的时候看到门口停了一辆救护车，有伤者被人抬出来，当时看到受伤的是个男生，面部焦黑，疑似烧伤。爆炸发生的实验室是化学化工与生物工程学院的实验楼 4 层 4114 室，事发后很快有师生报警，伤者被当地 120 救护车送到医院救治。刘某介绍，当时在做实验的是研究生一年级的学生，怀疑对实验过程不熟悉，操作不当引发爆炸。据该校目击者提供的图片显示，事发实验室靠近门口的实验台上有白色棉絮状物质，地上很大面积都有积水，还可以看到红色的液体，实验台的玻璃上有残留的水汽。21 日下午，这所大学官方微博发布消息称，10 时 30 分左右，三名研究生在实验室进行化学实验过程中引发爆炸，师生立即拨打 110 和

120电话，并进行现场紧急处置，三名受伤学生被及时送医诊治。目前一名学生受轻微擦伤，两名学生正在接受进一步检查治疗，无生命危险。该校学生吴某透露，受伤的是两名研一的男生，发生爆炸的实验室是做石墨烯实验的，实验过程中需要用到浓硫酸，还要加热，爆炸中硫酸溅到学生身上导致烧伤。同样就读于该校化学化工与生物工程学院的学生王某介绍，同学们做化学实验的地方监管特别严格，助教和任课老师不定时地都会讲很多遍安全注意事项，“按道理说实验难度不大，化学实验都存在一定的危险性，但是如果严格按程序操作，出现安全问题的概率很小”。王某称，本科生做实验的时候，助教和任课老师一般会在旁边指导，研究生都有自主实验的能力，也培养了很久的安全意识，所以大部分时间都是独立实验。

二、案例分析

这所大学对学生做化学实验的地方监管特别严格，在这次实验中研究生操作不当，引起爆炸，学校及时采取措施，拨打110和120电话，并进行现场紧急处置，三名受伤学生被及时送医诊治，尽到了学校监管和及时救助的责任。

三、案例启示

高等学校的实验室安全管理十分重要，是高等学校安全保卫工作的重点，学生做实验时的安全指导和安全规范也十分重要，要认真落实各项规章制度。

案例二：某大学学生因感情问题发生命案

一、案情介绍

2020年11月29日，成都某学院发生一起刑事案件。经公安机关初步侦查，受害人李某某（女，成都某学院大三学生，四川渠县人）与犯罪嫌疑人马某某（男，山东某学院大一学生，山东单县人）系男女朋友关系，案发前日马某某从山东到四川。当日，马某某混入学院，乘宿管员不备窜至李某某宿舍，与李某某因感情问题发生争执，从宿舍内寻得一长约12厘米的家用尖头剪刀，将受害人杀害后跳楼自杀身亡。

二、案例分析

这个案例是女大学生在校内被校外人员进入学生宿舍杀害，成都某学院是否有一定责任，关键是看学校门禁和学生管理是否存在问题，如果学校对门禁和学生宿舍管理存在漏洞，学校就有一定的责任。

三、案例启示

大学生谈恋爱，当女大学生要求结束感情时，容易出现女大学生受伤害的暴力事件，当男大学生要求结束感情时，容易出现女大学生自杀事件，在大学生安全管理工作中要充分注意。高等学校大学生宿舍的管理是大学安全管理的一个重要环节，要切实加强管理。

案例四：天津某大学张某烧炭自杀

一、案情介绍

张某，女，福建人，天津某大学初等教育学院大一学生，2016 年 4 月 10 日，她在学校单间宿舍留下遗书、烧炭自杀。

2015 年 12 月 6 日，在学校的一次义务献血之后，张某被查出大三阳，系乙肝病毒携带者。2016 年 3 月 7 日，张某被安排进单独的学生宿舍居住。她的学习与生活秩序便被彻底打乱了，原来活泼可爱、天真烂漫的小女孩，一下子变得沉默寡言，不是她性格发生了变化，而是她所处的环境让她适应不了，她最终以最极端的方式，告别了深爱她的父母。

二、案例分析

其实，张某是不必自卑，更无必要自杀的，因为“大三阳”之类的疾病，属于一种常见病，虽然有一定的传染风险，但绝非不可掌控，所以当事人特别是其周围的人没有必要产生恐慌心理，只要按照医生的嘱咐，对症下药，遵守各种禁忌，没有必要将其隔离开来。

令人遗憾的是，张某带着爱心去献血，却带回了痛苦与不安，同学们知道了她有“大三阳”，就视其如瘟疫，唯恐避之不及，明显疏远了她，面对身体与心理的双重折磨，学校安排其单独居住学生宿舍。父母不在身边，无人照应，心中的痛楚没有地方表达与宣泄，心灰意冷的张某感受不到做人的尊严，更多的则是世间的冷漠。校方理应预见到可能出现的意外，只要告诫所有的学生，不要歧视生病的同学，尽可能安排老师多与张某沟通与交流，实在不行的话，就建议病休，而不是隔离了之，这样做未免太简单化了，对当事人的伤害也是客观存在的。

三、案例启示

张某之死能否给大学的学生管理一些启示，大学今后遇到这类疾病的学生是否可以有更加妥善的处理办法，对这类学生是否应该更多一些关心关爱，对这些学生是否有更加科学的管理办法？

案例五：电信诈骗致准大学生周某玉离世

一、案情介绍

2016 年，准大学生周某玉因被诈骗电话骗走学费 9900 元，郁结于心，最终导致心脏骤停，抢救两天后不幸离世。从受骗到无法自主呼吸没有心跳，只经历了短短四个小时。出事后，其父亲曾一度自责，如果当时没有带女儿去报警，可能就没事了。但两年后，他告诉记者，最应当谴责的，是在女儿身上发生了电信诈骗。

周某玉案件揭露了电信诈骗的关键利益链条：最上游负责盗取信息的“黑客”，卖给“中间人”信息收购者，最终特定信息精确落入下游团队实施“精准诈骗”。

某报记者说：“周某玉在如花的年龄去世了，当时我们就想应该为她做点什么，我们主动联系了警方，彻夜用技术协助分析案情，很快，嫌疑人被锁定。”两年前用技术协助警方破获周某玉案的阿里安全部反诈专家说，电信诈骗层出不穷，背后的黑灰产技术和手段一直在革新，需要社会各界协同防治。技术也一直在革新，协助社会各界解决电信诈骗等社会问题。

“父母已年近半百，过了半辈子了呀！还没跟我们姐妹俩享一天清福呢！所以，我一定要很努力地学习，才能报答我的父母。”这是周某玉 15 岁参加完中考后写的一篇日记。三年后，把即将要上大学的她扼杀在梦想门前的，是一个自称教育局的诈骗电话。

2016 年高考放榜，山东省临沂市某中学高三学生周某玉以 568 分成绩考取了南京某大学英语专业。8 月 19 日，在距开学十余天前，一个 171 开头的陌生电话打到了她妈妈张某某手机上，在电话中，对方称有笔 2600 元钱的助学金要发给周某玉。

周某玉曾在 8 月中旬到当地教育部门递交过助学金的申请材料，当时得到答复将于 8 月 20 日至 9 月 10 日间发放助学金。对方提供了姓名、学校、家庭地址等信息，周某玉并未生疑。根据指示，她冒雨骑车来到家附近建行的自动柜员机，准备将存有学费的银行卡全额提现，存入对方指定的助学金账号进行激活。自动提款机前的监控探头留下了周某玉的最后影像。当天 17 时 30 分许，她取出 9900 元学费，全部存入了骗子发来的银行账号。周某玉在雨中焦急等待助学汇款的时候，福建泉州的一个自动取款机前，已经有人把她的学费全部取出。迟迟没有等到回信，周某玉开始意识到不太正常，再拨打对方电话时，已经关机。这时，她才明白自己被骗，惊慌失措地骑自行车回家，向母亲哭诉被骗走了学费。当时已临近饭点，张某某说，“咱报案吧”，刚从邻村打完零工回家的父亲周某某原本不准备报案，“可以跟亲戚再凑些钱，不会耽误上学的”。可周某玉一直懊恼自责，哭着不吃饭。

在周某玉的坚持下，周某某用电动三轮车载着女儿连夜去派出所报警。做完笔录已是当晚 21 时。周某某说，“咱们回家吧。”周某玉在后座应声“嗯”。这是这对父女间最后一次对话。周某某蹬着银灰色电动三轮车，走了两分钟，想起刚下过雨，怕女儿着凉，“想叮嘱她穿上外套”。叫女儿，却没人回答，周某某回头看，孩子坐在马扎上，双眼紧闭，脸色苍白，头歪在护栏一边。他连忙停车去抱，但感觉到周某玉的身子已经软了。120 赶到时，周某玉没有了呼吸和心跳。抢救两天后，周某玉最终还是因为被诈骗后忧伤、焦虑等情况下的心源性休克，离开了人世。

二、案例分析

社会各种犯罪行为是大学生的受伤害的一个重要原因，18 岁的准大学生周某玉被诈骗电话骗走学费后，因为被诈骗后的忧伤、焦虑等造成心源性休克，离开了人世，这是个非常典型的案例，为维护校园的安全稳定，必须持续打击各种社会犯罪。

三、案例启示

围绕大学生的犯罪——校园网络和电话诈骗行为要引起高等学校管理者的高度重视，如何有效开展预防网络和电话诈骗教育，有效应对网络和电话诈骗是高等学校安全保卫工作的重要内容。

案例六：痴情女大学生因情变自杀

一、案情介绍

杨某某系福建某高校管理学院大二学生，2011 年 3 月 3 日上午 10 时 35 分左右，杨某某舍友夏某回宿舍时发现宿舍门被反锁，宿舍内却有音乐的声音，她就拨打了杨某某的电话但没人接听。随后，该同学下楼叫该楼楼管员通知学校维修部的人撬开宿舍门后，发现杨某某已在自己床沿的铁护栏上上吊，医院抢救后于 11 时 40 分宣布其死亡。根据杨某某生前留下的遗书、电脑提取的相关文字材料，以及公安机关对死因的勘察过程，最终认定该女生因与本院男生恋爱，男生提出分手后产生感情问题导致自杀。

初某某系福建某高校法学院研究生一年级学生，2011 年 4 月 15 日凌晨 2 时 30 分左右，该校学生公寓保安发现有人跳楼，随即拨打 110 电话报警，待 120 救护车赶到现场时发现当事人已无生命征兆，确认死亡。经过后续调查发现，初某某有一恋爱六七年的男友。原先初某某对外都宣称其男朋友是其表兄，直到 4 月 14 日晚(事发前数小时)才对舍友说明所谓的表兄是其男朋友。2011 年年初，初某某与男友吴某某分手，分手后初某某找了该校其他学院的一男生谎称其新男友来刺激吴某某，吴某某也找了另一个女朋友。4 月初，两人又和好，清明假期初某某去看望吴某某，发现其住处有其他女性留宿的痕迹，于是认为男友对她不忠诚，当父母的感情危机同样在自己身上重演，小时候的悲惨经历的回忆再次体验，当这种感觉成了生命中不可承受之重，理智崩溃，进而采用了极端的方式逃避。

二、案例分析

在这两起案例中，杨某某及初某某的自杀是悲剧，不仅夺取了自己的生命，也深深伤害了疼爱她们的家人、朋友。从法律层面上说，杨某某和初某某属于自杀行为，属于受害人故意，学校本身并无法律上的过错，因此，学校可以根据受害人故意的抗辩事由而免责，不承担责任。根据《学生伤害事故处理办法》(2010 年修订)第 12 条规定："因下列情形之一造成的学生伤害事故，学校已履行了相应职责，行为并无不当的，无法律责任：……(四)学生自杀、自伤的。"因此，学校在事件中并无主观上的过错，在校大学生，均已经成年，应当具有对一定行为后果的认识能力和判断能力，对生活中的挫折应该具有一定的抵抗能力。法律作为一种维护权利、保障秩序的制度构架，只调整整个社会生活中的一部分，不可能照顾到社会的方方面面，也不可能对任何情况的损害都进行弥补。法律对于受害人故意自伤行为引起的损害就不会去弥补，毕竟是受害人故意造成了自己的损失，只能由自己来承担。在大学生自杀事件中，判断学校是否承担责任关键是看学校是否从事了违反教学管理法律法规的事情，如体罚学生、侮辱学生，限制或者剥夺学生的人身自由等，如果出现这些情况，学校是存在过错的，应当承当相应的责任；若由于学生自身或者其他因素采取了自杀等行为，学校没有过错，不承担任何责任。

三、案例启示

近年来，大学生因情感危机进而采取自杀、暴力伤害等事件屡见网络报端。虽然从法律层面说其属于个人行为，但也折射出学校在教育管理过程中的部分疏漏，例如，在学生自杀行为发生前，往往会出现征兆，但校方信息渠道不畅通，无法及时介入干预，又如对学生关怀不够等。因此，要求全体教职员工应当关心爱护学生，辅导员应当做到工作精细化，经常性深入学生宿舍、晚自习教室等，不定期找学生谈心，掌握学生的纪律、学习、生活等方面情况，了解学生之间人际关系的一般状态，以及学生中同乡交往、异性交往之间的情况等。同时，加强对学生干部、党员、宿舍长、信息员的教育，发挥其报告信息的作用，第一时间了解学生产生的各类矛盾并予以适时调解，严防学生因各类矛盾引发突发事件。及时、适当介入学生之间因恋爱发生的纠纷，了解纠纷原委，以老师、长辈的身份进行协调处理，教育学生正视现实、正确处理恋爱挫折、树立良好的恋爱观。学校应在已开展的诚信教育、感恩教育基础上，大力开展大学生珍爱生命教育，通过了解生命的起源、学习励志事迹，使学生认识到生命的意义和责任，学会爱和给予爱，让学生重视对父母、家庭以及对社会的责任，关爱父母、学会感恩；鼓励学生勇于面对挫折，引导学生怀着感恩和责任的心学习、生活，培养战胜挫折的能力和良好的社会适应能力。同时，重视学生心理健康教育，建立长效机制，完善危机干预体制，多管齐下，分工负责。通过全员、全方位、全程掌握学生的心理动态，及时了解学生的需求，自觉引导学生养成良好的心理素质，增强学生克服困难、经受考验、承受挫折的能力，有针对性地帮助大学生处理好学习成才、择业交友、健康生活等方面的具体问题，提高学生的思想认识和精神境界。在日常生活中，注意收集特别关注学生信息，具体包括问题类型、目前情况、处理方法、是否在校，并建立相关的信息数据库。在沟通谈心和调查的基础上，重点对经济贫困、学习困难、适应困难、新生心理普查中异常、经咨询师会谈评估认为应当特别关注的学生、有伤害自己及他人的意念和行为的学生、网络成瘾的学生、因违反校纪校规受到处分、恋爱出现问题、离校待考的学生、人际关系障碍或紧张的学生进行特别关注，定期对这些学生的信息进行更新，对需要帮助的学生提供尽可能的帮助，并及时进行转介心理咨询中心。一旦发生心理突发事件，校方应对学生发生的危机事件进行准确评估和快速决策，及时化解心理危机。

案例七：大学生饮酒过量意外坠楼

一、案情介绍

林某某，男，系福州某学院大四学生。2017 年 4 月 25 日凌晨 4 时许，该生从学生宿舍楼 7 楼阳台坠楼死亡，经公安机关调查，认定系自身饮酒过量意外坠楼死亡。

二、案例分析

本案中，该生外出吃饭饮酒至深夜未归，辅导员及宿舍管理部门未能得知，校方信息不畅通，若能够及时发现将其找回，或许能够避免悲剧的发生。虽然事件最终认定为意外，但也折射出学校在学生宿舍管理方面的某些缺失。一方面，学生宿舍生活区管理整体较为松散，除学生宿舍卫生情况不佳外，主要还暴露出门禁、楼管形同虚设，生活区大门晚间未及时关闭等问题，造成了学生晚归、不归及随意进出等问题。学生晚间外出聚餐饮酒、醉酒的现象长期存在，尤其进入毕业季，深夜校外大排档、校内的奶茶铺等小店仍聚集大量学生，为醉酒闹事等意外事件的发生埋下安全隐患。另一方面，虽然高校晚间实行查铺制度，即由学生晚点名负责人进行查铺，向辅导员汇报晚间学生是否回到宿舍、去向是否明确等情况。但执行却流于形式，学生晚点名负责人责任意识不强，校方未能及时掌握学生的准确动态。2015 年，湖北某大学大二学生小梁在网吧通宵上网 4 天后，于 12 月 5 日上午 6 时回到寝室睡觉，一直到晚上 7 时还没醒来，室友觉得有些不对劲，用手推了他一下，却发现小梁早已浑身冰凉，室友赶紧将他送到医院却为时已晚。医院鉴定小梁为猝死。孩子的突然死亡让小梁的父亲觉得不可思议，他不断质问校方，学生通宵不回寝室为何没有管理人员制止，辅导员、管理员没尽到应尽的责任，使得学校工作陷入被动状态。

三、案例启示

醉酒意外坠楼事件发生后，学校及时、积极处理该事件，但学生家长并不认可学校告知的意外坠楼原因，纠集家属堵在学校门口，甚至到上级主管部门拉横幅、打标语，严重影响了学校的正常教学秩序及声誉。学生家长普遍认为，将孩子送入大学进行学习生活，大学就成为学生的“人才保险箱”，学校必须对学生的学习、生活、人身安全等全方面负责，一旦发生意外事故，不管责任是否在于学校，学生家长认为学校作为一个组织，完全有能力给付“赔偿/抚恤费用”，大多提出巨额赔偿要求，当校方不能满足这些要求时，学生家长不是纠集很多人围堵学校大门，就是无休止地纠缠、上访。对此，学校常常陷入束手无策、无可奈何的尴尬境地。根据现行法律法规和最高法院司法解释，相关条款对学校责任承担、免责情形等均进行了规定。例如，《学生伤害事故处理办法》(2010 年修订)第 12 条规定：学生自杀、自伤的，学校已经履行了相应职责，行为并无不当的，不承担法律责任。据此，虽然高校对学生有教育管理的责任义务，但大学生在不服从教育管理或者个人过错情形导致一些意外事件的发生，不能将所有责任全部归于学校一方。当事件发生时，应当分析具体情形，划分责任主体，明确高校的有限责任。希望全社会就大学生培养形成齐抓共管的局面，在突发事件发生后协助高校共同处置。建议省、市级政府成立高校突发事件应急领导小组，成员包括公安、司法、媒体、医疗和教育等系统，统一领导协助高校应对突发事件，特别是在学生意外死亡的事件的原因等情况由公安系统向学生家属进行确认、告知；媒体在学生意外伤害事件发生时，不应仅作为新闻点进行报道，而忽视其报道背后的社会负面影响。

案例八：大学生坠楼身亡

一、案情介绍

2011年11月6日17时58分，某高校学生听到重物落地的声音，确认系该校学生卓某(单亲家庭，性格文静，积极上进，学习成绩优异)坠楼，随即拨打110，120与110同时赶到现场，将坠楼学生送往医院抢救。同时，该生辅导员第一时间将事件上报，启动应急预案，并联系学生家属，其母亲在亲属陪同下于20时20分到达医院。11月7日凌晨1时10分卓某因抢救无效死亡。事件后续处理中，卓某弟弟在网络上散布所谓"事件真相"的虚假信息，其30多名亲属陆续到校要求学校尽快拿出赔偿方案。学校随即就网络上传播虚假信息的事件与卓某家属进行沟通，要求立即停止传播谣言的行为，并每日到酒店陪同家属，安抚其情绪，做好后勤安排，及时通报情况。11月11日上午，公安部门、学校以及部分学生家属召开会议，警方公布事件调查结果以及卓某尸检报告，认为卓某系坠楼身亡，排除他杀。随后几日，经过多番艰苦谈判，卓某家属与校方谈妥补助金额。

二、案例分析

该事故是卓某自杀行为引发的，按照《学生伤害事故处理办法》(2010年修订)的规定，学校履行了救助义务，及时将卓某送往医院抢救，学校是不需要承担法律责任的。在事故预防方面，卓某平时表现良好且担任学生干部，其心理问题具有一定的隐蔽性，学校难于发现和预测，需要学校更加关注单亲家庭学生的心理问题。在事故处置过程中，学校及时组织人员安抚周围同学的情绪，并做好家属的后勤保障工作。针对卓某家属利用网络散布谣言的突发情况，学校做到依据公安机关的尸检报告及时发布事故的真实情况，并对家属提出严正交涉，来遏制谣言的传播。面对家属发动宗亲围堵学校的行为，学校紧紧依靠公安机关的力量维持校园秩序，确保事故处置工作的正常进行。

三、案例启示

在危机事件中，当人们无法获得所需要了解的信息时，通常会寻求某些未经证实的信息来源，而不满足于缺乏信息这一现实，从而造成谣言的传播。高校应对谣言的最佳途径就是做好信息发布，及时通过权威渠道，将事故及处置情况公之于众，在第一时间抢占信息高地。针对案例中卓某弟弟恶意在网上传播事故的虚假信息、制造谣言这一情况，高校应做好事故信息发布，同时建立舆情监控机制，通过互联网、学生信息员等途径，及时了解学生思想动态，把握舆论导向，进而防止谣言的传播。在日常管理中，高校要加强对特殊家庭学生的关注，卓某虽是单亲家庭，但日常表现积极向上，学习优秀，未表现出自杀倾向，高校往往忽视了对这类学生的关注。针对该案例中卓某的情况，高校今后应加大对单亲家庭学生普遍关注，建立特殊家庭学生档案制度，加大对单亲家庭学生心理危机排查力度，建立与学生及其家长的双向联系交流机制，通过多种措施来保障特殊家庭学生的心理健康，从而减少由家庭问题而诱发的学生伤害事故。

案例九：大学生突发疾病身亡

一、案情介绍

2016年11月10日傍晚5时40分左右，某校学生丁某在宿舍急性哮喘发作，由辅导员和同学报120急救，后经抢救无效死亡。当天晚上家长和部分家属赶到了医院，十分悲痛，但情绪较为正常，并对师生救治丁某表示感谢。第二天上午情况发生变化，家长和赶来的亲友17人责备学校在学生生病期间没有关心该生，没有通知家长，才导致了该生死亡，要求学校负责。根据老师和同学反应，该学生在事发前两三天，只是出现过头晕、牙疼，曾于11月8日请假半天，随后该生正常上课，并未发现其有明显的异常病兆，该学生也没向同学及老师说过有不舒服的症状。由此，学校明确表示，该学生属于因病意外死亡，学校已经尽了救治义务，对学生的死亡没有责任，但学校会协助做好善后工作并给予人道主义关怀。学生家属表示严重不满，认为学校负有责任且情绪激烈，在提出巨额赔偿金要求得不到答复时谩骂和围攻学校，并扬言上访等。事故处置人员始终秉持诚恳的态度，经过连续数日的谈判协商，家长最终接受了学校的善后方案。

二、案例分析

该事故是由于丁某突发疾病导致的死亡，学校事先并未了解到丁某患有特定疾病，在丁某发病后，学校迅速将其送医救治。依据《学生伤害事故处理办法》（2010 年修订）规定，学校在事故中不承担法律责任。在事故的预防方面，由于该事故是突发疾病，学校很难做到有效预防，唯有在日常学生管理工作中下功夫，确保及时发现，迅速救治。在事故处置过程中，丁某家属的闹校行为经过了事先策划，有核心人物的指挥，组织性很强，加上适逢党代会召开前夕，学校有维稳压力，这些都给高校的处置工作带来了巨大的挑战。学校能够及时找出核心人物，通过依靠学生家属工作单位的力量，有针对性地开展工作，确保了事故的顺利处置。

三、案例启示

高校应重视事故处置中与学生家属的沟通。沟通是在社会系统中一定的主体基于特定的情境，为了达到相互理解、彼此合作、协调统一的目标，通过一定的媒介而进行的信息、思想、情感以及价值观念的传递、交流、理解、反馈的活动。良好的沟通有利于建立高校与学生家属的信任关系，协调双方的利益，推动事故协商工作的顺利开展。在沟通过程中高校管理人员应做好以下两个方面：一方面，高校管理人员应当首先查清事故的真实情况，依法及时搜集证据，确保掌握真实可靠的事故信息。另一方面，高校管理人员应当合理运用沟通策略。高校管理人员要做到态度诚恳，有理有节，对受害学生家属给予慰问，安抚他们的情绪，积极帮助学生家属安排食宿。针对案例中出现有核心人物负责组织闹校行为的情况，应当找出该核心人物进行有针对性的沟通协调，确保事故处置工作的顺利进行。

案例十：留级学生自杀身亡

一、案情介绍

陆某为某学院留级学生。2012 年 6 月 13 日，该生同班同学林某告知辅导员该生有异常情况，并出示了具有自杀倾向的短信。在得知此消息后，学院立即报告学校,并安排人员查看该生宿舍、通过监控探头了解该生离校时间、安排相关同学了解情况,并及时告知该生哥哥。在联系该生同学吕某后得知,该生于6月12日19时至20时左右抵达厦门,曾与厦门同学电话联系过。6月12日21时40分,该生给现舍友发送短信,告知舍友“这几天不回去了”。6月12日23时后,同学吕某收到该生有自杀倾向的短信。收到短信后,吕某立即拨打该生电话,但电话已关机。故吕某与该生哥哥取得联系,并向厦门警方报案,家长和同学12日晚上开始在漳州进行寻找。6月13日17时左右,厦门警方已在漳州内海发现尸体,初步确认该生已身亡,经公安机关认定该生为自杀身亡。家长和校方工作组于当晚22时左右赶到事发地处理该生的身后事宜。

二、案例分析

该案事实认定明确,系个人行为,学校不承担任何责任。就其自杀原因是多方面的,有社会原因:该生未能完成学业,不符合社会、家庭、学校的主流评价,导致在学业上压力过大;之前的大学同班同学都已毕业,或工作,或读研,只有自己留在陌生的班级和陌生的宿舍里,环境发生巨变,难以像以前一样重新融入,感觉被遗弃,有孤独感。有心理原因:该生在认知方面存在一定偏差和不合理信念,特别是对自我评价、学业问题、恋爱问题;且该生有很强的道德感和责任意识,觉得自身在很多方面不符合家庭、社会和学校对他的期望,在面对学业压力时内心冲突大,导致自我否定、自责,有很强的内疚感;在情绪上过分压抑,有抑郁倾向,但自我伪装,虽然有很多朋友,但都没能发现他在事发前有情绪异常;在情感上,和女友已分手三年,据同学反映现在仍然没有真正放下,没有真正释怀。

三、案例启示

各高校要加强对留级学生的教育与管理。该案例中的学生处于留级状态,此部分学生本身有较大的学业压力和来自家庭的压力,并且由于原来大学同学都已经毕业,辅导员更换,宿舍也是其本人申请后安排在其他年级中,是学生管理中容易被忽视的一类学生。而在自身内在压力和周围环境发生巨大变化的双重压力下,这类学生的心理不安全感加剧,十分脆弱,是心理问题高发的群体,受到刺激后容易采取过激行为,甚至自杀或伤害他人。在今后的学生管理中,要高度重视此类学生,给予其更多学业、经济等各方面的帮助和心理方面的关注及干预，帮助其度过人生低潮，尽量在事前发现并进行干预，避免类似事件的发生。同时学校还应当完善和规范此类离校待考或延长修业年限学生的具体工作条例与管理办法，出台相关的规定来规范管理，消除此类学生管理中存在的隐患。

案例十一：体育测试大学生猝死

一、案情介绍

2001 年 12 月 11 日，山东某大学机械系机制专业组织学生进行体育测试，在进行男生 1000 米长跑测试时，一名黄姓男生在快速奔跑中突然栽倒在地，经抢救无效死亡。淄博市中心医院确定死亡原因：到院前死亡、猝死。黄父无法接受丧子的残酷现实，于 2002 年 12 月 2 日，向淄博市张店区法院提起诉讼。黄父诉称，儿子的死亡与学校有直接的责任关系，如果校方不让其跑步，儿子就不会死。黄某在昏倒后，校方没有立刻拨打 120，而是在条件简陋的校医院徒劳抢救，耽误了宝贵的抢救时间，这是导致黄某死亡的重要原因。黄父要求校方承担过错赔偿责任，赔偿精神损害抚慰金 20 万元。

二、案例分析

近年来，高校学生在运动中猝死的案件时常发生，家校双方往往就校方是否应承担过错责任产生纠纷。对于此类案件，争论关键在于学校是否履行了国家相关法律法规对学校设定的对学生的教育、管理和保护的义务，即如果因过错没有尽到相应的义务，致发生学生伤害事故的，学校应当承担与其过错相应的民事责任。根据《学生伤害事故处理办法》（2010 年修订）第 12 条规定："因下列情形之一造成的学生伤害事故，学校已履行了相应职责，行为并无不当的，无法律责任：……（三）学生有特异体质、特定疾病或者异常心理状态，学校不知道或者难于知道的。"本案中，首先，该校进行学生体育测试是任课教师按照学校教学计划组织进行的，校方没有违反相关的教学规定。2001 年 5 月，黄某高考招生体检显示一切正常，9 月入校后的体检也未发现异常，因此对于平时身体健康、没有特异体质或特殊疾病的黄某来说，从学校安排的运动内容看，强度是适度的，持续时间是合理的。其次，事件发生后，学校首先及时在校医院对其进行抢救，后经校医院和淄博市中心医院救治无效死亡，并未耽误抢救时间，不存在措施不当，而学校医院是国家卫健委核准登记的医院，并非像黄父所述条件简陋。因此，黄某的死亡与自身的特异体质有关，从而引发的猝死，事发后学校已经在第一时间及时采取有效的救护措施，不存在责任承担的问题。法院最终驳回了黄父的诉讼请求。

三、案例启示

与运动猝死案件类似，每年全国各地的大学新生军训常爆出学生猝死事件。如 2010 年湖北武汉高校新生连发“军训猝死”事件等。众所周知，军训是每个大学新生入学后的必修课，军训能够磨炼意志，增强学生的国防意识和组织纪律观念，增强学生的集体荣誉感和责任心，培养学生吃苦精神，帮助他们养成良好的行为习惯。但军训暴露出的一些问题是值得重视的，除了军训猝死的极端事件，每年军训均有许多学生晕倒或者生病。这一方面折射出了学生身体素质问题，另一方面也反映出体检制度、预防措施等方面的不完善。那么，此类悲剧该如何避免呢？关键就在于强调预防为主、加强防护措施，包括学校应该通过事前对学生进行有关军训安全与保护方面的教育，可通过面向新生教授“校园安全救护”第一课，预先教会学生简单的心肺复苏等人工抢救方法等。此外，应把好军训前体检关，凡因身体原因不适合参加军训的学生，应免于参加技能训练；学生家长应务必向校方实事求是地讲明情况，校方应尽可能掌握和了解有无不适应军训的特异体质和特殊疾病的学生情况，做到防患于未然；在训练过程中，学校要从实际出发，根据气候变化、训练环境等因素，及时调整军训计划和训练项目，在训练安排上避开高温天气和易发自然灾害的时段，在训练项目上要充分考虑学生身心的特点和强度的承受性，科学安排训练内容，做到组织合理、有序；在军训现场应安排医疗抢救设施以及医护人员，实行训前健康询问、巡查制度，一旦发生突发事件，学校应在第一时间及时采取有效的救护措施。

案例十二:网上交友不慎

一、案情介绍

杀人者:章某某,男,1977年8月30日生,重庆市人。被害者:谢某某,女,1983年5月1日生,海南儋州人,2001年5月参加全国成人高等教育考试,同年7月被某某大学继续教育学院录取,死前系该院脱产专科2001级国际贸易专业三班学生。被害人谢某某于2001年初,在广州学习期间网上聊天时认识了杀人者章某某,同年6月两人见面后开始交往。2001年9月初谢某某来校报到,随后章某某也来京找工作(陪读),2002年2月两人开始同居(谢称到其小姨家住)。2002年5月30日16时,章某某在其暂住地因琐事与其女友谢某某发生口角,遂用双手扼掐谢某某的颈部,致谢某某机械性窒息死亡。

案件发生后,北京市朝阳公安分局、北京市教工委和某某大学党委高度重视,学校和公安机关迅速做出反应,连夜进行布置,专门成立了案件善后处理领导小组。根据北京市公安局和北京市法医中心的尸检结果认定,谢某某系窒息(被掐窒息)死亡,属他杀,系普通刑事案件。6月3日上午被害人谢某某的父亲在《关于谢某某同学被害案的基本情况和善后处理意见》上签字后,乘飞机返乡。2002年6月29日凶手章某某在四川攀枝花市被抓获。2003年2月28日章某某被北京市高级人民法院驳回其过失杀人的上诉,核准其故意杀人罪成立,判处其死刑,立即执行并剥夺政治权利终身。

二、案例分析

《学生伤害事故处理办法》(2010年修订)第12条规定,因来自学校外部的突发性、偶发性侵害造成的学生伤害事故,学校已履行了相应职责,行为并无不当的,无法律责任。因此,本案的发生系谢某某受到学校外部第三人的暴力侵害造成的,校方并无责任。

三、案例启示

当代大学生情感已由情绪型向理智型转变,多数学生以自我为中心,由于自我意识的发展及远离家乡和亲人的现状，大学生与人交往的愿望变得更加强烈，上网聊天、交朋友便成为释放情感的一条渠道。而在互联网的虚拟世界中，鱼龙混杂，不少人动机不纯。据公安机关资料统计，因上网交友不慎，导致被骗、被杀的案件呈逐年上升的趋势。因此，学校应当加强安全教育，加强大学生自我保护的安全防范意识，提高学生自立、自强、自爱、自尊的能力，学会如何做人、交友，一旦发现被骗，应及时报案。另外，现在大学生校外租房的现象较为普遍，有的是为寻求良好的学习环境，有的是希望改善住宿条件，当然其中也不乏学生情侣外出租房同居的情况。据 2007 年教育部办公厅发出的《关于进一步做好高校学生住宿管理的通知》(教思政厅〔2007〕4 号)规定："严格校外住宿学生的教育和管理。原则上不允许学生自行在校外租房居住。对特殊原因在校外租房的学生，要履行相关备案手续，加强信息沟通，严格教育管理。"因此，高校在学生外宿问题上应当严格程序，一般不允许学生外宿，并明确规定学生租房前必须向学校提交书面申请，征得家长同意并签订相关协议；校方应认真审核出租屋是否符合出租标准及是否存在安全隐患等问题；租房后，要做到人防物防技防，并要求学生经常和学校联系，校方应当定期掌握外宿学生的情况。

案例十三：踢球骨折校医院误诊

一、案情介绍

2002 年 9 月 20 日下午 6 时许，武汉某大学大二学生小胡在操场踢球摔伤了腿。次日去就诊时，校医院医生得知他是踢球抬腿过高而摔伤，便给他开了消炎药和伤湿止痛药膏，让他回去休息。转眼到了 10 月 7 日，由于伤情不见好转，小胡又去校医院，医生诊治认为其系肌肉拉伤，并开了关节止痛膏，让他继续休息。可到了 10 月中旬，腿还没见好，小胡再次来到校医院，医生这次让其到理疗科进行物理理疗，并为其开了一盒三七片。11 月 10 日，小胡眼看不行，到武汉市第一医院一检查竟傻了眼，诊断结果为左股骨颈陈旧性骨折。他随后到广州军区武汉总医院、同济医院求诊，诊断结果均如此。为此，小胡只得住院，并接受手术，学校支付了全部医疗费用。3 年时间过去，2006 年，小胡需做手术将内固定取出，预计费用需 5000 元。2006 年 3 月到 6 月，小胡找学校及校医院相关负责人要求支付其后期治疗费，但校方称其已毕业，不在公费医疗范围。双方协商未果。为此，小胡进行了司法鉴定，并将母校告上法庭，要求其赔偿后期治疗费 5000 元，法医鉴定费 300 元，并承担本案诉讼费用。

二、案例分析

经法庭调查，小胡在校踢球受伤后曾多次到校医院就诊，由于校医院医生未为其做必要的医疗检查，简单地认为腿伤系肌肉拉伤，致使其左股骨骨折未得到及时有效的治疗，造成左股骨颈陈旧性骨折。因此，小胡的损害结果与校医院未及时确诊及未能进行有效治疗有直接的因果关系。根据《学生伤害事故处理办法》第 9 条第 8 款规定："学生在校期间突发疾病或者受到伤害，学校发现，但未根据实际情况及时采取相应措施，导致不良后果加重的，学校应当依法承担相应的责任。"校医院作为学校面向全校师生提供医疗救助服务的机构，应当对病人诊疗的全过程负责，积极帮助患者解决问题。本案中，校医院医生在医治病人的过程中，未尽到最大的注意义务，未能够时刻注意病人的病情发展情况并随时采取有效的治疗措施，造成不必要的错误诊断，给小胡带来不必要的伤害，因此，存在过错，基于侵权行为的过错责任原则应当承担责任。同时，校医院医生作为学校雇用的工作人员，其诊治行为构成职务行为，根据相关法律法规，因学校教师或者其他工作人员在履行职务中的故意或者重大过失造成的学生伤害事故，学校应当予以赔偿，因此，法院最终判决学校承担小胡的后期治疗费及鉴定费。学校辩称小胡并没有拿出在校医院看病的收费票据，也无其他能够证明他与校医院间存在医患关系的书证、物证，同时也不能指认当时为其看病的医生，故原、被告间不存在医患关系等理由均不能成立，与庭审查明的事实不符，不予支持。

三、案例启示

学校工作的正常运转是依赖学校教师及全体工作人员共同完成的，每一位教职员工都应当在本职岗位上认真履行工作职责。认定教师及学校其他工作人员的职务侵权行为主要在于侵权行为发生时主体是否执行职务，即职务行为的认定是关键。教师及其他工作人员致学生损害的行为必须是执行职务的行为，即代表学校开展工作、表达学校意志的行为。如果是其个人行为导致他人权利受损，则学校不必承担责任。解决了职务行为的认定问题，根据一般的侵权法原理，即可认定教师及其他工作人员的职务侵权行为。对于每个教师来说，其职务行为就是教育教学行为，而对于校医院而言，其职务行为就是提供医疗救助行为，一旦这些行为过程中发生侵害他人权利的行为即属于职务侵权行为。同时，因学校应对教师及其他工作人员的职务行为承担责任，所以学校应当加强对所属教职员工的教育和管理，使全体教职工树立依法执教的意识，增强相关的法律法规知识，强化严谨的教学育人思想，这样才能有效地预防职务侵权行为和学生伤害事故的发生，避免学校承担相应的替代责任。

案例十四：西北某大学艺术学院女大学生跳楼状告母校

一、案情介绍

2002 年 11 月 6 日晚，西北某大学艺术学院 16 岁的女大学生娜娜（化名），因不堪五位女同学的辱骂、殴打，从 4 楼跳了下去，造成创伤性气胸、肋骨骨折、颈椎骨折、全身多处软组织挫伤。2003 年 9 月 30 日，娜娜一纸诉状将五位同学和学校学推上了被告席。2004 年 1 月 15 日，兰州市安宁区人民法院经过审理判决学校和其他五被告赔偿原告娜娜精神损失费 4 万元，医疗等其他费用 22058.31 元。安宁区人民法院一审判决后，该校提出上诉，提出的上诉状要求法院纠正一审判决其承担 20%民事责任的判决，同时认为一审判决所支持受害人的精神损害赔偿费过高，与甘肃地区的经济现状严重不符。6 月 2 日，兰州市中级人民法院在按法定程序进行调解时，学校主动提出在补偿娜娜一审判决赔偿金额的条件下调解，娜娜及其家属也同意此条件，但其他被告却不同意如此调解，最后法庭调解失败。兰州市中级人民法院经过审理后最后判决驳回该学校的上诉，维持原判。

二、案例分析

从本案案情可以看出，该校五位女生长期的漫骂甚至踢打等过激行为是造成娜娜跳楼行为及身体损害的直接原因，与娜娜的受害存在法律上的因果关系，五位女生是本案的直接侵权人，因其过错侵害了娜娜的权益，应当承担直接侵权责任。作为校方，其诉称该事故发生在凌晨，此时段是学生休息时间，学校无法直接管理和保护学生，学生在此时段应自行约束其行为。同时，由于学生发生争执时声音不大，公寓工作人员难以获知情况，也无法及时处理。因此，学校在巡视时履行了职责，尽到了谨慎注意义务。但经过法院调查，事发宿舍当晚并未按学校规定时间熄灯，而校方未及时发现并制止，对学生未尽到应尽的管理义务，因此，学校的观点不能成立。根据《学生伤害事故处理办法》第5条规定："学校应当按照规定，建立健全安全制度，采取相应的管理措施，预防和消除教育教学环境中存在的安全隐患；当发生伤害事故时，应当及时采取措施救助受伤害学生。"因此，虽当时事发时间已晚，但作为集体住宿的学生仍属于学校管理的范畴之内。校方因监管不力，未能及时发现并救助受害学生，最终导致事故的发生，其行为与娜娜的受害存在间接的因果关系，应承担相应的责任。二审法院最终判决维持原判，根据受害人的受害程度以及侵权人的过错程度及侵害手段、场合以及侵权人承担责任的经济能力综合考虑侵权人的责任承担。

三、案例启示

高校后勤社会化改革经过若干年的实践，在公寓建设、物业管理等方面积累了一定经验，但由于学生人数的增多及学生公寓社会化程度的提高，在学生思想政治教育工作和学生行为管理等方面都出现了若干问题。例如，部分后勤部门注重经济利益、公寓管理人员素质不高、辅导员长期入住学生公寓存在困难等。针对上述问题，根据2002年《教育部关于进一步加强高等学校学生公寓管理的若干意见》规定："明确责任，各负其责。对学生公寓的管理，要贯彻物业管理和学生管理相分开的原则。学生公寓的物业管理，可以由高等学校后勤服务实体或其他部门（单位）管理；对学生的思想政治与日常行为管理，主要由高等学校负责。"因此，高校各部门应当分工协作、各司其职。高校学生工作系统有责任对学生进行思想政治教育，督促学生形成一个良好的生活习惯，并组建一套完善的学生综合测评系统，以制度管人；就后勤部门而言，既然实行物业化管理，就必须对学生公寓进行相应管理，组建一支经验丰富、责任心强的管理队伍，定期或不定期地对学生宿舍进行检查和巡逻，而对于学生生活区大环境的安全保卫工作，学校必须提出明确的要求，否则学生的人身、财产安全方面得不到保障，势必影响学校的安定稳定。

案例十五：学生踢足球受伤状告学校

一、案情介绍

原告张某和被告刘某系同学，某日在校，利用午休时间与其他数名同学在学校操场上踢足球。原告作为守门员，被告射门踢出的足球经过原告手挡之后，打在原告左眼，造成伤害。北京同仁医院诊断为，左外伤性视网膜脱离，经行左网膜复位术，网膜复位，黄斑区前膜增殖，鉴定为十级伤残。原告以刘某和所在学校为共同被告起诉，请求人身赔偿损害。法院认定，足球运动具有群体性、对抗性及人身危险性，出现人身伤害事件属于正常现象，应在意料之中，参与者无一例外地处于潜在的危险之中，既是危险的潜在制造者，又是危险的潜在承担者。足球运动中出现的正当危险后果是被允许的，刘某的行为不违反运动规则，不存在过错，不属侵权行为。此外，学校对原告的伤害发生没有过错，在本案中不承担赔偿责任。依照《民法典》第 1186 条规定，由当事人刘某及原告张某依照公平原则的规定来分担损害后果。

二、案例分析

在本案中，双方当事人都是在校学生，在课余时间进行正常的踢球体育活动，刘某作为进攻队员踢球射门，张某作为守门员进行扑球，都是正当的行为，无不当行为，他们对于损害的发生也不存在过错。就校方而言，根据《学生伤害事故处理办法》(2010 年修订)第 12 条规定："因下列情形之一造成的学生伤害事故，学校已履行了相应职责，行为并无不当的，无法律责任：……(五)在对抗性或者具有风险性的体育竞赛活动中发生意外伤害的。"因此，学校也不存在任何过错，不应承担责任。综上，本案应适用《民法典》第 1186 条规定的公平责任原则，那就是由双方当事人分担损失，被告对原告的损失给予一定的补偿。法院对本案做这样的判决，是符合法律规定的。足球运动是一项对抗强烈的体育活动，冲撞、抢夺、扑救、冲击是基本的运动行为。在强烈的身体对抗中，发生人身损害是极有可能的。任何人参加这样的体育运动，都应当意识到这样的风险，发生人身损害的事实之后，不能简单认定对方的行为是侵权行为。既然是参加或者参观体育活动，就应当预见到风险，只要不是运动员故意或者违反运动规则的行为，而是在正常的体育活动中造成其他运动员或者参观者的伤害，属于意外事故，都应当适用公平责任原则判决分担损害。

三、案例启示

近年来，因大学生参加学校体育运动而产生纠纷逐渐增多。对于此类事件，首先应强调的是现场处理的及时性、有效性和准确性，抢救及时、诊断准确能够将伤害事故的负面影响最大限度地降低。在后续的处理过程中，第一步应明确事故的责任主体，即由谁来承担，如果由于学校提供的体育器材造成学生运动伤害的，应由学校承担相应的法律责任。第二步是明确责任人的具体赔偿责任。这其中又涉及和解、调解和诉讼等各种纠纷解决方式。但在现行法律法规中，并无针对性较强的法律条文来处理此类事件，保障制度并不完善。因此，应当借鉴某些发达国家经验，尽可能预防和避免体育伤害事故。首先，加大学校体育设施的安全建设，加强学生的安全运动意识，从源头上减低运动伤害的概率。其次，高校可考虑建立学生运动伤害专项基金，由财政拨款、社会捐助等方面筹措资金，用于体育运动活动中学生的伤害救助，而申请该项救助的前提是受伤学生或责任主体确实无力支付必要的医疗救助费用。

案例十六：拍毕业照意外受伤　女大学生状告母校

一、案情介绍

四年大学毕业，毕业班的同学拍摄集体照本是件值得欢喜的事情，可南京某高校在拍毕业照时却因为安排不周，让一个参加拍摄的同学从摄影所搭建的台阶上重重摔下，结果该同学照片没拍好就先住进医院，之后又将母校告上法院。2015 年，南京某地方法院调解了这样一起案件。小刘在 2010 年考入南京某高校，2014 年是她要毕业找工作的一年。此时即将毕业的她，一边在校外找工作实习，一边又参加学校组织的一些活动。2014 年 5 月 21 日，学校组织毕业班集体留念拍照活动，作为毕业前的一件大事，小刘积极参加。对此毕业留念拍照，学校也很重视，也联系了专门的摄影社。由于拍摄的学生较多，为方便拍照，摄影社搭建了专用的台阶。可当小刘踏上貌似结实的台阶时，台阶却突然倒塌，小刘一下从台阶上摔下，结果导致右脚踝骨粉碎性骨折。

拍毕业照没拍好，小刘就先住进了医院，从摔伤到2015年的1月25日，小刘就一直住院治疗。治疗期间，学校为小刘支付了各种花费1万元左右，还专门派人上门进行慰问。但是小刘认为学校所付出的费用还远不能补偿她所遭到的损失，2015年5月18日，小刘就将母校告到了法院，要求赔偿医疗费、误工费、护理费、营养费等各种费用42000多元和精神损害抚慰金15000元。

二、案例分析

本案例是关于学校的校舍、场地、其他公共设施，以及学校提供给学生使用的学具、教育教学和生活设施、设备不符合国家规定的标准，或者有明显不安全因素的典型案例。给学生提供一个安全的学习生活环境是学校的基本义务，也是学校开展教育教学活动的前提和基础。因此，《教育法》《学生伤害事故处理办法》都规定了学校应当完善体育、卫生、校舍等设施，以维护学生的人身和受教育的安全。学校客观环境的安全是学校安全工作的头等大事，对于学校来讲，认真履行相关职责是减少事故、避免责任的重要方面。如果学校疏忽大意，没有尽责提供符合标准的教学设施、生活设施等，则可能会给学生造成人身损害等后果，如此一来，学校就应当承担对受害学生的赔偿责任。

三、案例启示

《中华人民共和国教育法》第27条规定："设立学校及其他教育机构，必须具备下列基本条件：(一)有组织机构和章程；(二)有合格的教师；(三)有符合规定标准的教学场所及设施、设备等；(四)有必备的办学资金和稳定的经费来源。"随着高校扩招，全国各地大学城建设不断加大投入，教学楼、学生公寓、图书馆等大型公共场所是首要的建设项目。因此，如何为学生提供安全稳定的学习生活环境成为学校各项工作开展首先应思考的问题。基于此，各高校应当从校园硬环境建设方面入手，在学校发展状况、负担能力允许的条件下，配置良好的教学设施、购置先进的教学设备、建设优质的教学辅助设施及提供优质的后勤保障，并在一些重点部位设置安全警示标志。各高校还应尽早出台各类应急预案，涵盖后勤保障方面安全事故，如集体食物中毒、楼房坍塌等，建立起安全应急处置小组，加强安全教育，并就事故报告制度、医疗救援、家长联系、人员调度、信息公开等环节做出明确的规定，一旦发生突发事件，能够做到处置及时、有序、有效，确保学生安全。

案例十七：大学生校园溺水身亡

一、案情介绍

2007年5月2日上午，汕头某大学理学院学生陈某（男）独自到学校水库钓鱼。11时35分左右，在附近水坝上一学生发现有人落水，马上呼救，并向学校保卫科和110指挥中心报警。接到报告后，校卫队员立即赶到现场，并跳入水中进行搜捞，同时请当地农民用渔船、钩网帮助打捞，派出所接到报警后也马上派出警察到达现场。由于出事地点水文地质情况复杂，水很深，搜捞无果。保卫科马上向市公安局水上派出所求援，水上派出所派出潜水员，到现场协助搜寻。至16时10分打捞起尸体，经市公安局法医检验，系溺水窒息死亡。

2011年6月7日晚，福州某高校化学化工学院某大一新生林某某晚间未回宿舍，学生向辅导员报告后，辅导员立即与其联系，发现手机已关机，同时组织学生干部外出寻找，未果。次日，在校内池塘发现该生鞋子。6月9日清晨，该生尸体在池塘被发现。经公安部门认定，该生系意外落水身亡。

二、案例分析

据了解，在每年高校大学生意外死亡事件统计中，溺水死亡事件比例居高。除大学生游泳溺水事件，由于目前许多高校中设有池塘、水库、湖泊等水域，大学生意外落水溺毙的事件也时有发生。针对此类案件，校方是否存在责任，关键在于学校在安全教育、发布相关安全通知和校园内警示标志等方面是否做好了相关工作并采取了有效措施，倘若没有，则意味着学校未能够向学生提供符合国家规定、符合安全指标的公共设施和生活学习环境，一旦发生学生伤害事故，学校应当依法承担相应的责任。除校园水域，由于目前全国不少高校均搬迁至大学城新区，往往占地面积较大，不少地域人烟往来稀少，较为偏僻，高校保卫部门应当连同当地公安部门，加强对校区的监管和巡逻。对于学生意外事件，尤其是由校内因素诱发的学生意外事件，其发生概率和危害程度是可以通过有效地防治得以降低的。

三、案例启示

在第二个案例中，据了解，事件发生后该生家长情绪激动，亲属、当地村民等共几十余人赶赴学校，并做出过激举动。如阻止警方进行尸检、手持标语等冲击学生生活区，并至省政府干扰其正常办公等。本着为学生家长着想、最大限度减轻学生家长苦痛、及时处理好该生事故的原则，学校积极采取措施，各方力量通力合作，最终事情得以较为稳妥解决。事故发生后，校方随即成立工作小组，从相关学院抽调富有经验的人员，连同事发学院相关人员负责与学生家长进行沟通、商谈。同时，在事情处理过程中，单靠校方力量存在着诸多困难，因此，校方及时动用各种资源，联系各方支持。一方面，学校通过走访联系学生生源地当地党政部门及有关方面，争取其帮助和支持。当地党政部门迅速派出分管的党政领导干部赶赴学校，与学生家长进行沟通交流，规劝部分亲属、当地村民返回，劝导其理性商谈并避免做出过激行为。当地党政部门以及有关方面的及时干预，收到了良好的效果，赢得了学生亲属在事故处理工作上的配合。另一方面，积极取得公安部门的支持，充分依赖当地公安部门的力量。事发后，由于警方调查的需要，需要对尸体进行检验，以此确定学生死因，因学生家长情绪激动，导致现场几近混乱，公安部门派出大量警力，迅速控制现场，确保了事件依法迅速处理。因此，当类似事件发生时，各高校应坚决杜绝民众擅自冲击校园秩序的破坏性言行，要及时、依法处理，消除不良影响。辖区公安机关应当会同学校及教育管理部门控制事态局势，进行劝告疏导。在劝说无效的情况下，应严厉警告甚至采取强制处置措施，防止矛盾扩大、激化。

案例十八：郑州一大学女生叠被子从上铺坠床身亡

一、案情介绍

2007 年 9 月 6 日 21 时 40 分，郑州大学城某高校音乐系大二女生张曼(化名)，正在自己宿舍里看书，突然楼上一声闷响把宿舍里所有的人吓了一跳。“咋回事？会不会是谁从床上掉下来了！”张曼赶紧跑到楼上的 528 宿舍。“康某从上铺摔下来了！”张曼看到同班同学康某躺在宿舍进门的地板上，一床被子凌乱地堆在地板上。该宿舍的李琳(化名)和郭茵(化名),正用力抬着她往床上挪动。李琳回忆,康某的床属上铺,事发前她正在自己床上叠被子。"她当时双腿跪在床上,一只脚耷拉在床沿上,可能是要展开被子,结果用力过猛,头往后一仰就从上铺翻了下来。"郭茵当时几乎被这一幕吓傻了。"就听见'咚'的一声,她后脑部重重地砸到了地板上。"郭茵说,康某当时就昏迷了,还口吐白沫。同学们赶紧给她掐人中,做人工呼吸,但康某没有反应。当日 22 时 20 分,康某被 120 急救车送到了河南省煤炭总医院。经诊断,康某头左侧颞顶部着地,蛛网膜下腔出血。9 月 8 日 22 时 40 分,康某抢救无效死亡。康父认为,学校床铺设计不合理,应该承担一定的赔偿责任。

二、案例分析

本案中,康父认为,学校床铺设计不合理,宿舍上铺床板距离地板 182 厘米,护栏高度 17.5 厘米,而护栏和床头之间的缺口有 78 厘米。应该承担一定的赔偿责任。他根据《学生伤害事故处理办法》第 9 条第 1 款规定称,学校提供给学生使用的学具、教育教学和生活设施、设备有明显不安全因素的,因此造成的学生伤害事故,学校应当依法承担相应的责任。但是,寻求国家关于高低床相关技术和安全标准时可以发现,目前国内还没有专门制定高低床的国家标准和行业标准,对高低床的高度并没有限制。这样一来,给责任的认定造成困难。而康某就读的学校表示,康某坠床事件纯属意外,康某作为成年人,应当预见可能发生的危险。学校在学生入校时,均进行过必要的安全教育,且学校已为康某垫出了医药费。最后,双方经过协商,学校赔偿康某父母损失费 4.5 万元。案件的发生为高校设施的设计敲响警钟。以学生宿舍为例,学生用床应当具备与学生住宿相应的安全性能。如果学校的住宿管理和床具设置确实存在安全隐患,那么学校就应该承担相应的赔偿责任。

三、案例启示

除学校住宿设施存在安全隐患外,不难发现,目前,各高校学生宿舍均存在着较为严重的消防安全隐患。随着生活水平的提高,电脑、电视已进入宿舍,学生生活、学习用品增多,可燃物也随之增多,学生违反宿舍安全管理规定的现象屡见不鲜,火灾隐患随处可见。如私接乱接电源(在床上安装台灯、微型电风扇、电褥子等)、违规使用高功率电器(私自使用热得快、电炉、电饭锅等)等,上述行为极易造成火灾事故。2008 年 5 月 5 日,北京某大学某女生宿舍楼6层某间发生火灾,所幸消防员及时赶到将千名学生紧急疏散,事故才没有造成人员伤亡。后事故判断为接线板使用不规范引发线路短路,火花引燃该接线板附近的布帘等可燃物蔓延向上造成火灾。2008年11月14日早晨6时10分左右,上海某大学徐汇校区一学生宿舍楼发生火灾,火势迅速蔓延导致烟火过大,4名女生在消防队员赶到之前从6楼宿舍阳台跳楼逃生,不幸全部遇难。火灾事故判断原因是,寝室里使用"热得快"引发电器故障并将周围可燃物引燃所致。高校火灾事故频发为学生工作带来了血淋淋的教训,因此,各高校应当将学生宿舍的消防安全管理工作纳入全年的工作计划和管理的重点,多管齐下、多措并举地做好该项工作,牢固树立"安全第一、预防为主"的思想,深入教育,为学生从思想上真正筑起防火墙。学校应充分利用新生入校、老生毕业、开课假前和每年的"119"防火宣传日等时机,充分利用学校广播、宣传栏等有利条件,对全校师生员工进行消防常识宣传和消防法治教育,以此提高广大师生员工的防火安全意识和法治观念。

案例十九:大学生离校失踪死亡

一、案情介绍

2007年10月1日中午11时30分左右,有人在福州金沙园发现一具男尸并报案,水上派出所到现场勘察并将尸体保存。10月9日,水上派出所在《东南快报》刊登认尸启事。由于无人认领,经过刑侦部门尸体解剖、DNA鉴定后,水上派出所于10月16日将尸体火化。10月24日上午,福州地区某高校管理学院2004级国贸专业学生蔡某某父亲因长时间无法联系孩子,在学院辅导员陪同下至公安机关报案,后于26日至水上派出所了解情况,确认上述死者确系其子。得知学生死亡后该生家长情绪非常激动,将学院院楼玻璃门砸坏。回顾整个事件,该生存在一定的心理问题并多次就诊。9月29日,蔡某某说要去房产中介面试,之后离校。国庆长假过后,其舍友及班长发现其未按时返校,认为他是在家调养身体。10月11日,辅导员召开年段会,其未出席。当晚,班长黄某某打电话给他,然而他的手机一直处于关机状态。她认为蔡某某必定是在家休养,就没再打电话,学生干部及舍友均没有意识到事情的严重性,也没有将此事的特殊性上报学院;另一方面,9月30日中午蔡某某因为就业观念不同而跟其父发生争执，且产生情绪，将手机留在其伯父家中，并乘“摩的”离开。当晚，蔡某某父亲打电话叫他吃饭，然而接手机的是其伯父，这才发现他将手机放在其伯父家而并未带走。蔡某某父亲以为他已回学校，所以没有引起思想上的重视。

二、案例分析

本案中，该生从9月29日离开学校到10月26日被确认死亡，此期间无论是校方还是学生家长都未能得知该生的情况。从学校工作层面谈，因学生干部未能及时向辅导员反馈情况，辅导员一直被学生干部所蒙蔽，导致无法得知该生并不在校。同时，此段时间内该生均未前往课堂上课，专业课教师未能通过定时考勤发现该情况。在长达一个月的时间内，校方对该生的情况一无所知，学校无法说明学生是何时离校，为何短期内未与家长联系，导致学校工作陷入被动境界，暴露出学校在教育管理过程中的疏漏，学校存在一定的管理失职责任。

三、案例启示

该事件的发生为高校学生工作提出以下警示：一是学校要及时掌握学生的去向信息，要建立每天学生去向安全零报告的制度，并将责任落实在二级学院。辅导员应执行好学生去向安全零报告制度，建立各班级每日零时学生安全零报告制度，确保在这个时间点所有学生都可以联系得上。辅导员应通过联系学生、不定期走访学生宿舍等制度，积极与学生沟通交流，了解学生的具体动态，学生干部、党员应当承担起信息员的职责，一旦发现异常情况及时向学校反映。二是由于目前高校施行学生学分选课制，学生的上课时间、地点各不相同，听课方式较为分散，常常使辅导员不知道自己所管辖的学生身在何处，自然也就较难准确把握学生的学习情况，尤其是学生的出勤情况。而任课教师往往将考勤视为辅导员的工作职责，对学生的到课情况不予理睬，在一定程度上造成了校方无法及时掌控到学生的去向，一旦发生意外事件校方易陷入被动状态。因此，应当明确教师职责，将课堂考勤视为维持教学基本秩序的重要环节，并及时进行反馈。学校应当注重教育教学管理的理念转变，除辅导员外，应充分发挥专业课教师的作用，做到“教书”与“育人”紧密结合，提倡教师在关注学生学业进步的同时，注重对学生的道德、品质的培养，使学生成长为一个自尊、自信、宽容的人，培养学生学会学习、学会生存、学会生活。建议各高校积极推动专业教师担任班主任，推行“班主任责任制”，尤其建议由年轻教师担任，并将此作为年轻教师晋升的考核内容，从而形成班主任与辅导员互相配合、共同协作的局面。

案例二十：大学生遭遇交通事故意外死亡

一、案情介绍

2008 年 3 月 8 日，福州某高校软件学院 2005 级软件工程 1 班学生自发组织去大学城新区另一高校附近烧烤，该班学生镇某某借用某饮食店老板的摩托车装载烧烤用品到烧烤地点，9 时 30 分左右骑摩托车从烧烤点返回取剩余的烧烤用品，在某村附近路边水渠旁发生交通意外，不治身亡。

同年 12 月 13 日，该校计算机专业研究生杨某某在上学途中骑电动车与一辆小轿车发生交通事故身亡。

二、案例分析

第一例事件是在学院不知情的情况下由学生自发组织外出时发生的，根据《学生意外伤害处理办法》第 13 条规定：“下列情形下发生的造成学生人身损害后果的事故，学校行为并无不当的，不承担事故责任；事故责任应当按有关法律法规或者其他有关规定认定：……（二）在学生自行外出或者擅自离校期间发生的。”高校大学生均是具备完全民事行为能力的成年人，有权自主决定其做出一定的行为，依据上述条款，该生是在自行外出的情况下发生事故的，属于意外事故，校方并不存在责任。在第二例事件中，该生在上下学途中发生交通意外，根据《学生伤害事故处理办法》第 13 条规定：“下列情形下发生的造成学生人身损害后果的事故，学校行为并无不当的，不承担事故责任；事故责任应当按有关法律法规或者其他有关规定认定：（一）在学生自行上学、放学、返校、离校途中发生的。”因此，学校并不承担事故责任。

三、案例启示

学生交通安全事故的发生对学校各种管理工作提出了新的要求，要求学校对在校学生的动向需要做出较为明确的掌握。对于学生集体外出活动，建议高校应当建立起一套完备的学生外出活动审批备案制度，对乘坐的交通工具，是否有带队老师均提出明确的要求，并详细记录活动的人数、时间、地点和联系人的姓名、联系方式，经批准备案后方可外出，在活动的过程中，应定期联络和清点人员、及时和校方沟通活动信息。此外，在活动出发前，学校应当对学生进行必要的安全教育和自护自救教育，提醒学生注意外出活动安全。作为高校，安全教育责任义不容辞，高校应当加强校园内及校园外交通安全教育工作，尤其做好节假日学生返乡乘驾合法交通工具的提醒工作，提醒学生不得无证驾驶、酒后驾驶。

案例二十一：施工爆破飞石砸伤学生

一、案情介绍[①]

2008 年 10 月的某天上午 9 时左右，某学校的学生正在上课，突然，一声巨响传来，紧接着，教室的门窗被什么东西砸破了，碎石如雨点般袭来。老师和学生都趴到桌子下面躲避，有些学生吓得大喊。等碎石慢慢减少，老师和同学才从桌底钻出来。他们被眼前的景象惊呆了，教室的窗户全部被砸碎，碎玻璃散落一地，墙根的地上都是碎石和沙砾。不一会儿，就发现有学生受伤。原来，砸破窗门的是从学校不远处的山上飞来的石块。巨大的响声传出后，震动了整个校园，教学楼、办公楼等门窗玻璃大面积脱落、损坏，30 名上课的学生头部、面部、手、脚等部位受轻伤。学校启动安全工作紧急预案，迅速将受伤师生送往医院救治。后经查明，爆破意外系爆破公司在距学校不远处的山上实施爆破引起的，由于事先没有考虑到爆溅的碎石会飞到学校里，就没有通知学校，也没有做好相应的防范措施，造成了损害后果。

受伤的学生的家长多次找到学校协商，要求学校承担责任，学校辩称自己也是被侵权的一方，全部责任应当由爆破公司承担，因而不同意承担责任。学生家长又去找爆破公司，爆破公司却只同意承担部分责任。在协商无果的情况下，受伤学生的家长将学校和爆破公司一起起诉到了法院。

---

① 吴春岐、杨光磊：《校园事故侵权责任》，知识产权出版社 2010 年版，第 210～211 页。

二、案例分析

在本案中,爆破公司实施的爆破活动属于高度危险作业。从爆破公司自身来看,爆破公司本身并不存在侵权致害的故意,但是爆破公司实施了爆破这一损害行为,造成碎石飞溅,发生致使 30 名学生受伤的损害结果。根据相关法律规定,爆破行为已经符合了高度危险致人损害的构成要件,爆破公司难辞其咎,因而,爆破公司承担责任是毫无疑问的。那么,受伤学生的家长向学校要求赔偿有无法律依据呢?学生是在学校的课堂上遭受损害的,学生的家长必然会要求学校承担责任。但是,学校不能无缘无故就承担责任,必须在学校存在过错的情况下才能要求其承担。从本案的事实来看,事故是在上课时发生的,爆破公司事先并未通知学校,学校也并不可能预见到事故的发生,因此,学校对事故的发生不存在管理不当的问题,在学校得知学生受伤后,及时采取救济措施,善后处理及时,并无任何过错。因此,向学校要求赔偿的做法于法无据。同时,学校的"教学楼、办公室等门窗玻璃大面积脱落、损坏",作为被侵权的一方,也可以依据法律的相关规定向爆破公司主张赔偿。

三、案例启示

高度危险作业是指利用现代科学技术设施从事对于周围环境的人身和财产安全具有高度危险性的业务操作活动。根据我国《民法典》第 1236 条规定:"从事高度危险作业造成他人损害的,应当承担侵权责任。"即是说,高度危险作业造成他人损害的,承担责任是原则,不承担责任是例外,这种责任适用的是无过错责任原则,即只要存在着损害事实,行为与损害结果之间有因果关系,行为人就应依法承担民事责任,除非具有法律规定的免责事由,而目前法律规定的免责事由只有一个——受害人的故意。校园中的高度危险作业致人损害事件,除了如本案中的第三人侵权情况外,还会出现学校或者学校的雇用工作人员从事高度危险作业致学生和教职员工损害的事件。但是,无论何种情况,危险作业人都需要承担无过错责任,而学校的责任要根据《民法典》的相关规定,结合具体案件的情况来确定。在日常生活中,损害赔偿只是作为事后救济的一种途径,更重要的还是事前预防。因此,学校应尽量避免在校内及学期中从事高度危险作业,并做好警示和提醒工作,避免发生损害事故。

案例二十二：大学生实习受伤索偿

一、案情介绍

南京一大学生戴某被学校安排到无锡一企业进行工作实习，戴某工作时不慎被机器割伤了手指，送到医院后，被诊断为小指、无名指粉碎性骨折。因协商赔偿事宜与学校、实习单位未能达成一致意见，无奈之下，戴某一纸诉状将学校和实习单位告上了法庭，要求两被告赔偿其因受伤产生的费用合计10余万元。

张某系天津某大学在校学生，2016年6月，张某经学校推荐到某装饰设计有限公司实习，具体从事住宅楼装修的辅助性工作，实习期为半年。同年8月，张某在装修过程中不慎受伤，双方就赔偿事宜发生争议。协商未果后，张某向当地劳动部门申请工伤认定。后经劳动部门做出了不予认定工伤的决定。张某认为在工作过程中发生工伤事故，应依法享受工伤待遇，遂向劳动争议仲裁委员会申请劳动仲裁，要求认定工伤，并要求公司赔偿医疗费等各项损失6万余元。

二、案例分析

案例一，案件审理过程中，学校辩称，戴某虽然是该校的学生，但发生事故是在企业正常的实习期间，学校与实习单位之间也签订了协议，戴某受伤时是在为单位工作，故学校不应承担责任，学校已经尽到了对学生教育管理的义务。实习单位则认为，其同意赔偿，只是多次与原告协商均无法达成一致意见。地方法院查明事实后，召集三方进行调解，最终达成协议，由实习单位赔偿戴某医疗费、误工费、残疾赔偿金、精神损害抚慰金等合计5.5万元。

案例二，仲裁委认为，张某系在校生，不符合就业条件，不具有建立劳动关系的主体资格，双方之间的争议不属于劳动争议范围，故驳回了张某的仲裁申请。无奈之下，张某向人民法院起诉。法院认为，张某基于学校的安排到该装饰公司实习，是其学校课堂教学内容的延伸。张某与该装饰公司之间不存在劳动关系，也未建立实质意义上的劳动者与用人单位间的身份隶属关系，双方的权利义务不受《劳动法》的调整。张某在实习单位虽然是因实习受伤，但不能享受工伤待遇，其所受损害应按一般民事侵权纠纷处理。最终，法院判决该装饰公司向张某赔偿人身损害赔偿金共计 56000 元。

三、案例启示

大学生外出实习伤害案件需要讨论的问题主要有以下四点：第一，大学生外出实习是否适用《劳动法》和《劳动合同法》的调整？第二，实习期间发生伤亡事故，是否能进行工伤认定？第三，实习单位需要承担工伤赔偿责任还是侵权赔偿责任？第四，学校是否需要承担责任？

首先，外出实习的主体身份是学生，实习是为了熟练掌握某些技能和印证某些理论而在校外积累实践经验。而《劳动法》中的劳动者，是指达到法定年龄、具有劳动能力、以从事某种社会劳动获取收入为主要生活来源的自然人。如要适用《劳动法》及《劳动合同法》，其主体必须符合建立劳动关系的主体资格。而《劳动部关于贯彻执行〈中华人民共和国劳动法〉若干问题的意见》第 12 条规定："在校生利用业余时间勤工助学，不视为就业，未建立劳动关系，可以不签订劳动合同。"可见，在校实习生与用人单位之间不属于劳动关系，在身份认定上，在校生并不是劳动者，自然不适用《劳动法》《劳动合同法》之调整。

其次，国务院颁布的《工伤保险条例》并未列出实习期间受伤学生的权益追索保护的相关规定。因此，学生实习期间的权益保护问题处在"真空"状态，不能按照《工伤保险条例》的规定进行工伤认定，进而不能依法享受工伤保险待遇。

再次，在校实习生不具备独立劳动者身份。实习单位为用工单位，而非用人单位，其与在校实习学生不构成劳动关系而仅为劳务关系。实习单位安排在校实习生从事相应的工作，致使在校实习生在工作过程中遭受损害的，二者之间存在因果关系，符合一般侵权行为的构成要件。因此，在校实习生只能通过提起人身损害赔偿诉讼来维护自己的合法权益。

最后，学校是否需要承担赔偿责任，关键看学校自身是否存在过错。如果学生是经学校推荐的，在实习单位受到伤害的，则应依据学校、实习单位和在校实习生三方在人身损害事故中的过错大小或原因按比例确定各自承担的赔偿数额。

参考文献

罗伯特·希斯:《危机管理》,中信出版社 2001 年版。

梁军:《危机干预与创伤治疗方案》,中国轻工业出版社 2004 年版。

秦梦群:《美国教育法与判例》,北京大学出版社 2006 年版。

夏保成:《美国公共安全管理导论》,当代中国出版社 2006 年版。

崔卓兰、江乐忠:《高校公共安全法律研究》,人民出版社 2009 年版。

崔卓兰:《高校公共安全法制建设》,人民出版社 2010 年版。

教育部思想政治工作司主编:《走进美国高校学生事务管理》,中国人民大学出版社 2011 年版。

夏雪:《校园安全事故预防与救济》,人民法院出版社 2012 年版。

卓宇轩:《教育行业法律风险防控大全》,法律出版社 2013 年版。

《学生伤害事故处理办法注解与配套》,中国法制出版社 2014 年版。

法律出版社法规中心:《学生伤害事故处理办法(注释本)》,法律出版社 2014 年版。

姜信峰:《学生伤害调查研究与预防》,安徽大学出版社 2014 年版。

桂城:《大学生安全教育》,国家行政学院出版社 2016 年版。

石连海:《校园安全事故分析与预防:教师读本》,中国法制出版社 2016 年版。

法律出版社专业出版编委会:《学生伤害索赔技巧和赔偿计算标准》,法律出版社 2015 年版。

张密丹:《大学生安全教育》,人民邮电出版社 2017 年版。

李进付:《教育法治化与大学生伤害事故处置》,社会科学文献出版社 2017 年版。

陈晓林、陈祖朝:《交通安全事故防范与应对》,中国环境出版社 2017 年版。

翁铁慧、何雪松等:《学生校园体育运动伤害事故的社会治理:基于上海的研究》,华东师范大学出版社 2017 年版。

马抗美:《新时期大学生成长成才法制环境研究》,中国政法大学出版社2018年版。

法律出版社法规中心:《最新学生伤害事故处理注释版法规专辑》,法律出版社2018年版。

焦宇、胡泽辰:《生产安全事故隐患排查与治理》,中国劳动社会保障出版社2018年版。

中国法制出版社:《学生伤害事故处理办法(案例应用版):立案·管辖·证据·裁判》,中国法制出版社2018年版。

李峥嵘:《大学生安全教育》,教育科学出版社2019年版。

俞海燕:《故事中的师生关系调整》,福建教育出版社2019年版。

佟瑞鹏:《生产安全事故报告和调查处理条例》,中国劳动社会保障出版社2019年版。

汪家兵:《大学生安全教育教程》,科学出版社2020年版。

邹富元:《学生伤害事故中学校承担的民事赔偿责任研究》,西南财经大学硕士学位论文,2007年。

简敏:《校园危机管理策略与大学生应急能力培养途径研究》,西南政法大学硕士学位论文,2007年。

周日波:《大学生心理危机干预研究》,南昌大学硕士学位论文,2007年。

吕柳玲:《学生伤害事故中学校安全保障义务研究》,广西师范大学硕士学位论文,2009年。

王维铭:《学生伤害事故中损害赔偿立法研究》,西南交通大学硕士学位论文,2010年。

吴红枝:《浅析学生伤害事故的认定和处理》,华中师范大学硕士学位论文,2010年。

张英超:《我国高校大学生危机事件应对问题研究》,山东大学硕士学位论文,2011年。

苗娣:《校园风险管理研究》,武汉大学硕士学位论文,2012年。

吕亮:《大学生伤害事故中高校民事责任探究》,贵州民族大学硕士学位论文,2014年。

胡晓娜:《思想政治教育视野下大学生伤害事故研究》,河北科技大学硕士学位论文,2014年。

马巍亮:《大学生人身伤害事故的法律思考及预防机制的完善》,武汉工程大学硕士学位论文，2015 年。

陈玉芳：《情景应对型高校社会安全突发事件应急准备体系构建研究》，中国科学技术大学硕士学位论文，2017 年。

黄思：《大学生人身伤害事故预防与处理的公共政策研究》，南昌航空大学硕士学位论文，2018 年。

徐迎春：《高校学生伤害事故防范与处理研究——以山西省 X 高校为例》，山西师范大学硕士学位论文，2018 年。

赵禹东：《思想政治教育视角下高校校园危机事件法治化管理研究》，内蒙古农业大学硕士学位论文，2019 年。

毛琳：《高校突发事件法律应对机制研究》，淮北师范大学硕士学位论文，2019 年。

孙盼盼：《高校突发事件的防范与应对研究》，沈阳航空航天大学硕士学位论文，2019 年。

赵雪莹：《高校突发事件的思想政治教育应用对策研究》，华北水利水电大学硕士学位论文，2019 年。

梁栋：《英国青少年犯罪的国家干预措施简介》，《青少年研究》2003 年第 3 期。

苏宏杰：《英国中小学校的风险评价》，《劳动保护》2003 年第 2 期。

王学东、靳宝昌：《高等学校学生管理工作法治化探析》，《高等工程教育研究》2003 年第 6 期。

崔晓敏：《美国高校与学生法律关系的演变——从“代理父母地位说”到宪法论、契约论》，《高教探索》2006 年第 4 期。

王建国：《大学生心理危机干预的理论探源和策略研究》，《西南大学学报》(社会科学版)2007 年第 3 期。

赵国秋：《心理危机干预技术》，《中国全科医学》2008 年第 1 期。

李涛、张兰君：《高校危机事件后的心理危机干预模式》，《心理研究》2008 年第 5 期。

高菲：《从高校学生伤害事故归责原则看大学生安全教育》，《法制与社会》2008 年第 7 期。

刘宁、徐其涛：《论高校辅导员在大学生心理危机干预中的作用》，《当代教育论坛》2008 年第 9 期。

常爱芳：《学生伤害事故赔偿制度在侵权法与保险法上的融合》，《山东师范大学学报》(人文社会科学版)2008 年第 1 期。

张本钰、林丽华:《大学生心理危机干预体系和运行机制的研究与实践》,《福建师范大学福清分校学报》2008 年第 1 期。

刘将、葛鲁嘉:《眼动脱敏与再建治疗的回顾与展望》,《心理研究》2009 年第 4 期。

许璐璐:《大学生人身伤害事故责任承担之管见》,《重庆电力高等专科学校学报》2009 年第 1 期。

梁继遍、王一洁:《厘清法律关系,实现依法治校》,《河北旅游职业学院学报》2009 年第 2 期。

钟英:《我国高校学生受教育权的合法保障问题探究》,《福建论坛》(社科教育版)2009 年第 6 期。

万洁:《关于大学生意外伤害事故应急处理的思考》,《科教文汇》2009 年第 9 期。

鲁峥:《试论学校事故处理的归责原则》,《湖北教育学院学报》2009 年第 1 期。

杨敏:《浅谈校园伤害事故中学校的责任承担》,《科教园地》2009 年第 8 期。

徐兴丽、陈华桂:《从辅导员工作的角度谈大学生危机事件管理的预防策略》,《思想教育研究》2009 年第 S1 期。

陈丽平、李义发:《试论高校突发事件成因及应对策略》,《牡丹江教育学院学报》2009 年第 4 期。

胡星、李献涛:《浅议大学生心理危机及干预系统的建构》,《中外企业家》2010 年第 14 期。

侯双霞:《高校突发事件与心理危机干预研究》,《牡丹江大学学报》2010 年第 8 期。

唐立:《对地方院校与学生法律纠纷的几点思考》,《法制与社会》2010 年第 12 期。

朱慧:《高校学生伤害事故救济途径探析》,《科教导刊》2010 年第 9 期。

赵月琴:《高校学生突发事故预警机制及应急处理》,《中国电力教育》2010 年第 36 期。

史晶晶:《高校校园伤害事故探析与对策研究》,《安徽工业大学学报》(社会科学版)2010 年第 4 期。

杨微梅、黎琳:《大学生心理危机干预体系建构探析》,《高教论坛》2010年第1期。

伍新春、林崇德、臧伟伟、付芳:《试论学校心理危机干预体系的构建》,《北京师范大学学报》(社会科学版)2010年第1期。

崔静:《学生校园伤害事故的界定》,《法学视野》2011年第23期。

何志军:《契约式管理模式下高校学生工作应实现的转变》,《成功教育》2011年第6期。

鲍桂楠、王博:《大学生伤害事故法律责任界定》,《煤炭高等教育》2011年第2期。

蒋湘玲、郭敏、高允锁等:《海南热带岛屿非常规突发事件心理危机干预体系脆弱性评价模型初探》,《现代预防医学》2011年第18期。

马宁奇:《高校突发事件预防对策探析》,《国家教育行政学院学报》2011年第1期。

傅霞:《我国高等学校学生管理法治化路径探析》,《高教与经济》2011年第4期。

张开江、王建武:《从大学生伤害事故看高校的可为》,《黑龙江高教研究》2011年第8期。

曾庆欣:《国外学校体育伤害的防范处理对我国的启示》,《河北师范大学学报》(教育科学版)2011年第8期。

谢丹、丁社教:《新制度主义视角下大学生伤害事故的应对机制》,《现代教育管理》2011年第11期。

辛自强、张梅、何琳:《大学生心理健康变迁的横断历史研究》,《心理学报》2012年第5期。

佚名:《美国大学生意外伤害事故处理实践及经验借鉴》,《安全与健康》2013年第9期。

张勇:《大学生伤害事故处理与防范机制探析》,《现代阅读》(教育版)2013年第1期。

郭沛:《我国高校危机教育与大学生应急能力培养研究》,《教学研究》2013年第3期。

甘霖:《大学生心理危机干预网络的优化研究》,《中国高教研究》2013年第10期。

朱美燕:《实然与应然:大学生心理危机干预的人文关怀》,《中国青年研究》2013年第4期。

刘红霞:《心理疏导疗法在大学生心理危机干预中的应用》,《湖北民族学院学报》(哲学社会科学版)2014年第1期。

郝占辉:《大学生人身伤害事故的处置规范及警示意义》,《学理论》2014年第26期。

刘文婷:《系统构建大学生伤害事故应急处置机制》,《沈阳农业大学学报》(社会科学版)2014年第1期。

宋冰、齐宪涛:《在校大学生意外伤害概况及对策研究》,《淮海工学院学报》(人文社会科学版)2014年第2期。

马巍亮、曹寅啸:《大学生人身伤害事故的法理学分析及其法律解决策略》,《法制博览》2015年第11期。

林礼文:《大学生伤害事故处置的困惑与对策探析》,《兰州教育学院学报》2015年第10期。

陈亮:《大学生伤害事故的法律责任与处理机制》,《高校辅导员学刊》2015年第4期。

彭艳红:《大学生伤害事故发生的原因及预防策略研究》,《湖北第二师范学院学报》2015年第12期。

张世伟:《试论大学生人身伤害事故中高校的法律义务》,《韶关学院学报》2015年第9期。

刘俊:《贵州高校大学生伤害事故的法律追责问题研究》,《法制博览》2015年第23期。

吕利珊:《高校辅导员处理大学生意外伤害事故的经验探究与思考》,《萍乡学院学报》2015年第2期。

吴蕴君:《反思私力救济,推动依法治校——高校大学生人身伤害的解决对策》,《湖北函授大学学报》2015年第7期。

宋红丽、迟沂军:《大学生伤害事故校方法律归责研究》,《山东理工大学学报》(社会科学版)2015年第1期。

郑晶:《对高校大学生意外伤害事故处理的几点思考——以长江职业学院为例》,《湖北成人教育学院学报》2015年第1期。

景琦、李尧远:《突发事件信息传播的渠道、过程与舆情管理》,《西安电子科技大学学报》(社会科学版)2015年第6期。

杨华、杨光:《突发事件中大学生自我应对能力提升研究》,《西安航空学院学报》2016 年第 4 期。

李进付:《大学生伤害事故处置中的法理情冲突及平衡》,《思想理论教育》2016 年第 10 期。

姚书志、加婷婷:《美国高校突发事件应急管理经验借鉴》,《人民论坛》2016 年第 26 期。

王鑫明:《高校校园危机及干预机制》,《教育与职业》2016 年第 15 期。

王磊、李进付:《高校学生伤害事故引发的舆情危机研判及疏导研究》,《思想教育研究》2016 年第 5 期。

陈小花:《高校教育管理法律纠纷分析及其预防》,《教育评论》2017 年第 10 期。

刘洋:《反思与重塑——大学生伤害事故之法理分析》,《法制与社会》2017 年第 8 期。

林英涛、钱俊、孟跃:《高校突发事件的概念、成因、类型及特征》,《湖北函授大学学报》2017 年第 18 期。

贺翕:《辅导员视角下的高校突发事件应对策略》,《黑龙江教育》(高教研究与评估)2017 年第 2 期。

王兰文、邓丽萍:《大学生人身伤害事故归责原则研究》,《职工法律天地》2017 年第 12 期。

张卫容:《高校学生人身伤害事故责任分析及处理和预防对策》,《法制与社会》2017 年第 4 期。

李同果:《发达国家大学生伤害事故处理的经验及启示》,《中共乐山市委党校学报》2017 年第 5 期。

程鸣、严壮、叶佳华、梁家猛:《在校大学生校外实习意外事故法律责任》,《中南林业科技大学政法学院》2017 年第 14 期。

向晋文:《危机管理视域下高校突发事件管理探析》,《高教探索》2017 年第 3 期。

强恩芳:《校园安全与“平安校园”的建设》,《教学与管理》2017 年第 10 期。

高佳睿:《校园学生伤害事故的法律责任和防范》,《纳税》2018 年第 1 期。

王阿凡、罗邻球、吴乾圣:《基于依法治校视角的高校校园危机管理对策研究》,《课程教育研究》2018 年第 36 期。

伍春杰:《新媒体环境下的大学生安全教育引导工作》,《新闻战线》2018

年第 24 期。

沈霞:《学生校园意外伤害事故处理办法研究》,《教育教学论坛》2018 年第 19 期。

方芳、陈涛:《学生伤害事故责任认定及风险防范——基于 2017 年 510 例司法诉讼案件的实证研究》,《复旦教育论坛》2018 年第 6 期。

申素平、周航:《我国学生伤害事故处理立法的回顾与展望》,《全球教育展望》2018 年第 12 期。

曾英姿:《高校学生伤害事故法律责任归责原则探讨》,《法制博览》2019 年第 23 期。

戴国立:《"校闹"生成的机理与法律治理路径》,《青少年犯罪问题》2019 年第 6 期。

赵宸铎:《论学生伤害事故责任》,《法制博览》2019 年第 26 期。

杨茜茜、金荣婧:《依法治校视域下高校学生伤害事故的理性反思》,《高教探索》2019 年第 6 期。

马洪亮:《创新校园安全管理工作构建校园安全管理体系》,《课程教育研究》2019 年第 10 期。

沈杨扬:《辅导员——为筑起高校学生伤害事故预防与处理的安全壁垒增砖添瓦》,《教育教学论坛》2019 年第 2 期。

唐志红:《大数据背景下大学生心理危机的干预》,《西部素质教育》2019 年第 24 期。

徐灿灿:《大学生心理健康教育与危机应对》,《当代教育实践与教学研究》2019 年第 24 期。

孙瑞、张懿涵:《实习大学生伤害事故中的权利救济研究》,《辽宁工业大学学报》(社会科学版)2019 年第 4 期。

陈春水:《活学活用〈条例〉正确处理高校大学生人身伤害事故》,《科教导刊》(电子版)2019 年第 16 期。

陈书昆:《关于妥善处理学生伤害事故的几个问题——学生伤害事故》,《法制与社会》2019 年第 12 期。

林灿东:《新常态下高校安全教育模式创新探究》,《江西电力职业技术学院学报》2019 年第 10 期。

王云鹤、曹宝刚:《思想政治教育下大学生安全意识的培养研究》,《沈阳师范大学学报》2019 年第 18 期。

马川:《"00后"大学生心理健康水平的实证研究——基于近两万名2018级大一学生的数据分析》,《思想理论教育》2019年第3期。

孟俊红:《学生伤害事故处理中的情、理、法》,《教学与管理》2019年第13期。

李永慧:《大学生心理危机干预困境与应对策略》,《中国学校卫生》2019年第4期。

梁红娥、田建伟、李娜:《民办高校校园危机类型分析及应对策略》,《新西部》2020年第5期。

程镜伊:《校园安全问题及对策探讨》,《经济师》2020年第7期。

李广海、伍秋林:《"校闹"问题的法治透视及解决路径》,《现代教育管理》2020年第6期。

何燕、曾星星:《高校危化品管理及突发事故应急处置规范探索》,《广东化工》2020年第12期。

杜冰冰、徐振辉、李湘东:《论素质拓展训练应用于大学生心理问题疏导的意义》,《中国农村教育》2020年第22期。

葛亮:《大学生心理健康教育模式的创新》,《心理月刊》2020年第16期。

张艳梅:《大学生心理健康干预的问题与对策》,《国际公关》2020年第2期。

栗文敏:《大学生心理危机特点及预防策略》,《高教学刊》2020年第22期。

刘铁峰:《论高校学生公寓安全体系构建中寝室信息员的角色认知》,《湖南人文科技学院学报》2020年第4期。

方堃、唐凯:《重大疫情期间高校辅导员心理危机干预工作探讨》,《现代农村科技》2020年第7期。

雷宏德:《大学生心理危机干预与护理常见问题研究》,《国际公关》2020年第7期。

张澜、孙思宇:《大学生心理危机以及干预对策研究》,《广西教育学院学报》2020年第1期。

杨恒、吕晗:《高校突发事件中网络谣言的传播和应对研究》,《新闻研究导刊》2020年第10期。

刘志刚:《高校学生管理中如何构建和谐的师生关系》,《国际公关》2020年第7期。

张英俊:《建立平等的师生关系是课程改革的关键》,《黑河教育》2020 年第 5 期。

刘文静:《从社会实践活动和创新创业两方面简析大学生安全教育的隐患与对策》,《当代教育实践与教学研究》2020 年第 12 期。

毛宇锋:《新媒体背景下高校突发事件网络舆情传播模式及应对》,《江苏高教》2020 年第 6 期。

刘璞、陈丽竹:《〈民法典〉与学生伤害事故责任认定规则及其展望》,《教育发展研究》2020 年第 18 期。

骆莎:《论大学生心理危机干预的现代转型》,《思想理论教育》2020 年第 1 期。

湖北省人大常委会法规工作室:《立法护航学校安全助力学生健康成长》,《湖北日报》2020 年 6 月 15 日。

后 记

在中国高等教育大众化的过程中，在校大学生的数量大大增加，随之，大学生伤害事故也在增多，影响着高等学校的稳定发展，越来越受到社会的广泛关注。高等学校安全稳定工作十分重要，不断加强对高校大学生伤害事故管理的研究与实践总结，把安全管理关口前移，加强对大学生伤害事故的预防，把大学生伤害事故消灭在萌芽状态；加强高等学校处置大学生伤害事故突发事件快速反应能力，提升高等学校应对大学生伤害事故的处置能力，明确界定伤害事故法律责任，在保护学生及家长的合法权益与保障高校正常的教学、管理活动之间找到一个合理合法的平衡点，是高等学校与法律界需要共同努力研究的课题，具有重要的理论和现实意义。《高校学生伤害事故管理研究》一书是福建省高等学校思想政治教育研究会重点课题和中国高等教育学会学生工作研究分会课题的研究成果。本书的成功出版，得益于厦门大学出版社的大力支持，本书在写作过程中，得到阳光学院管理干部、福州大学管理干部和福建省司法厅庄国敏博士的大力支持，在此一并对为本书写作、编辑与出版做出努力的同志们表示诚挚的感谢。写作中我们参考和引用了国内外有关研究成果和文献，尽可能进行了标注，列出了参考文献篇目，对各位作者致以衷心感谢，如有疏漏，敬请海涵。学术研究和工作实践没有止境，我们还将继续努力，本书也存在需要完善之处，恳请专家学者和广大读者批评指正。

编 者

2021 年 6 月